청소년을 위한 경제학 에세이

청소년을 위한 **경제학** ECONOMICS 에세이

한진수 교수와 함께 경제학으로 세상 바라보기

한진수 지음
경인교육대학교 사회과교육과 교수

해냄

청소년들의 사고력에 '경제'를 더하다

"경제는 삶이라는 재료로 최고의 것을 만들어내는 것이다."

1925년 노벨문학상을 수상한 작가 조지 버나드 쇼가 한 말이다. 경제학은 기본적으로 인간의 일상적인 삶을 이해하고, 그 이해를 바탕으로 더 나은 삶을 만들어가는 방법을 고민하는 학문이다.

경제적 사고를 통해 세상을 바라봄으로써 우리는 일상생활 속에서 마주친 여러 가지 현상의 의미를 보다 잘 이해할 수 있으며, 더 나아가 새로운 변화를 이끌어낼 수도 있다.

그렇다면 '경제적 사고'란 무엇일까?

가죽을 생산하는 과정에서 오염된 물을 그대로 흘려 보내 환경 오염을 초래하는 기업들이 있다고 해보자. 법학자들은 법적 처벌 수위가 높아질수록 오폐수를 방류하는 기업들이 줄어들 것이라고 생각한다. 그렇기에 이들은 오폐수를 방류하는 기업들을 철저하게 통제할 수 있는 법을 만들기 위해 노력한다.

공학자들은 물을 오염시키지 않으면서 가죽을 만들 수 있는 신기술이나 새 약품을 개발하는 데 몰두한다. 하지만 언제 그런 기술이 개발되고 보급될지, 그런 일이 가능하기나 한 것인지 알 수 없다는 문제가 있다. 한편 윤리학자들은 이웃에게 해를 끼치는 오폐수를 방류하는 일은 비윤리적이라며 기업 측에 윤리적 경영을 요구한다.

경제학자들은 이들과 사뭇 다르게 생각한다. 오폐수를 방류해 환경 오염을 초래한 기업들에게 엄청나게 무거운 처벌을 내리거나 윤리적 경영만을 강요한다면, 생산 활동 자체가 중단되어 시장에서 가죽이 사라지게 된다. 그러면 사람들은 더 이상 가죽 제품을 사지 못한다. 환경 오염도 중요한 문제이지만 가죽 가방을 좋아하는 소비자들이 더 이상 가죽 가방을 멜 수 없게 된다는 점 역시 문제다.

그뿐만 아니라 가죽 생산을 전면 금지하기 위해서는 막강한 경찰력과 엄청난 비용이 필요하다. 모든 경찰이 이 일에만 매달려야 할지도 모른다. "열 경찰이 한 도둑을 못 잡는다"라는 말이 있듯이 전면 금지는 여러모로 실효성이 떨어진다.

경제학자들은 오폐수를 방류하는 기업에 환경 오염세를 부과하는 방법이 가장 효율적이라고 생각한다. 이러한 사고의 밑바탕에는 경제 원리가 자리하고 있다. 즉, 기업을 경영하는 사람들이 환경 오염세 때문에 스스로 생산 활동 내용을 수정하게 된다는 것이다.

기업들은 가죽 생산량을 줄일 테지만 생산을 중단하지는 않을 것이다. 그리고 소비자들은 조금 비싼 가격에 가죽 가방을 메고 다닐 수 있다. 가격이 비싸진 만큼 환경을 오염시킨 대가를 치르는 셈이다.

사람들은 영화관을 가거나 살 집을 고를 때도 경제적 사고방식에 의존한다. 결혼을 할지 말지, 결혼 후 몇 명의 자녀를 낳을지, 맞벌이를 할지 외벌이를 할지 선택할 때에도 마찬가지다. 잘 들여다보면 아이돌 그룹의 결성, 예능 프로그램의 운영, 프로 야구 등에도 경제적 사고가 작동하고 있다. 우리 주변에서 경제적 사고와 관련이 없는 일은 언뜻 잘 떠오르지 않는다.

그러므로 경제적 사고는 이 땅에서 살아 숨 쉬는 사람들이라면 남녀노소를 가리지 않고 모두에게 필요한 삶의 필수 소양이다. 경제학 전공자든 비전공자든, 기업 경영자든 전업주부든, 돈이 많든 적든, 믿고 있는 종교가 무엇이든 간에 경제적 사고를 할 수 있어야 한다는 점에서는 차이가 없다.

청소년이라고 해서 예외일 수는 없다. 공부를 잘하든 못하든 관계없다. 장래 희망이 과학자든 예술가든 예능인이든 경제적 사고가 필요한 것은 마찬가지다.

복잡하고 빠르게 돌아가는 세상에서 경제적 사고를 제대로 활용하려면 많은 연습이 필요하다. 그러한 과정에서 우리는 종종 잘못된 결정을 내리기도 한다. 그렇다고 지레 겁낼 필요는 없다. 경제적 사고의 기초는 몇 가지 간단한 경제 원리로 구성되어 있다. 누구나 경제적으로 사고할 수 있고 약간의 훈련과 경험이 필요할 뿐이다.

갓난아이들을 생각해 보라. 처음부터 혼자 걷는 아이는 없다. 맨 처음에는 몸을 뒤집는 것부터 시작해 엉금엉금 기어 다니다가 주위에 있는 벽이나 가구에 의존해 일어선 후에야 드디어 혼자 힘으로 일어서기에 성공한다. 이 과정에서 수백 번도 넘게 실패하게 마련이다. 경제적으로 사고하는 일도 이와 같다. 경제 공부를 어려워 말고 쉬운 기초부터 차근

차근 쌓아나가면 된다.

하지만 안타깝게도 경제적 사고방식을 배울 기회조차 얻지 못하는 청소년들이 늘어나고 있다. 대학 입시를 최우선으로 삼고 좋은 대학에 가는 데 별 도움이 되지 않는다고 생각해 경제 관련 책을 멀리하기 일쑤다.

경제에 관련한 책을 멀리한다는 것은 단지 대학수학능력시험에서 경제 과목을 선택하지 않고 경제학 개념을 모르고 넘어가는 차원의 문제가 아니다. 이는 경제적 사고 결핍증에 걸리는 것을 의미한다. 우리 삶의 필수 영양소나 다름없는 경제적 사고 능력이 부족하다면 설령 좋은 대학을 나오더라도 사회생활에서 점점 뒤처질 수밖에 없을 것이다.

이 책의 목적은 청소년들이 일상생활에서 맞닥뜨리는 여러 가지 현상을 경제학자의 눈으로 바라보고, 앞으로 겪게 될 경제 문제를 스스로의 힘으로 풀어나갈 수 있도록 경제적 사고의 기초를 길러주는 것이다.

같은 재료를 사용하더라도 더 맛있고 영양가 높은 음식을 만드는 사람이 훌륭한 요리사이듯, 주위에서 쉽게 찾아볼 수 있는 현상을 예로 들어 경제 원리를 잘 풀어 설명함으로써 청소년들이 쉽게 이해할 수 있도록 돕는 것이 훌륭한 경제 교육자의 덕목일 것이다.

그래서 나는 대학교에서 강의를 할 때에도 되도록 학생들이 일상생활에서 쉽게 경험할 법한 소재와 사례를 많이 활용하려고 한다. 이 방법이 정말로 최고의 교육 효과를 낳는지는 알 수 없지만 적어도 나는 그렇게 확신하고 있다.

이 책을 집필하면서 가장 많이 고민했고 또 가장 어려웠던 부분도 여기에 있다. 청소년들이 생생하게 피부로 느낄 수 있게끔 경제 원리를 쉽게 풀어나가면서 경제적 사고의 기초를 다지게 하려면 어떤 소재를 가지고 어떻게 맛깔나게 설명해야 할지 궁리하는 데 가장 많은 시간을 할애했다.

이 책이 따르는 접근법은 한 가지다. 청소년들이 가정에서, 학교에서, 또래끼리의 모임에서 경험할 법한 사례들을 활용해 경제 원리를 설명하는 것이다. 물론 여기 등장하는 모든 사례를 청소년들이 직접 경험하고 있는 것은 아니다. 머지않아 사회생활을 하게 될 청소년들이 알아야 할 가치가 있고 경제적 사고를 기르는 데 도움이 되는 사례라면 아직 피부에 직접 와 닿지 않을 일이라 해도 책에서 다루었다.

청소년들이 이 책을 통해 경제학자의 눈으로 세상을 바라보는 시각을 조금이라도 갖게 되고, 경제학적 관점에서 세상을 이해하는 지혜를 얻게 되기를 진심으로 바란다.

2016년 11월
한진수

목차

 경제학의 세계로 떠나자

2장 경제학의 역사, 한눈에 훑어보자

3장 시장 경제의 핵심, 가격을 파헤치자

4장 시장을 해부하면 경제학의 비밀이 풀린다

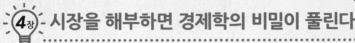

5장 국가 경제 이슈를 알고 경제학 마스터하기

'경제'라는 말은 수없이 많이 들어봤어도 정작 경제가 무엇인지, 또는 '경제학'이 무엇인지 모르는 청소년들이 많다. 경제와 경영을 구분하지 못하기도 한다.

　1장에서는 우선 경제의 의미를 알아보고 이어서 합리적 선택, 기회비용, 효율성, 시장 경제 등 경제와 관련된 글에서 빈번하게 나오는 핵심 개념을 설명한다. 경제 개념을 모르면 경제 원리를 제대로 이해하는 데 곤란을 겪을 수도 있다. 먼저 준비운동 삼아 경제 개념을 정확하게 이해하는 것에서부터 차근차근 시작해 보자.

1장

경제학의 세계로
떠나자

경제학의
정체를 밝혀라!

희소성, 경제학

　　"오늘 수업 끝!"

　학생들에게 이보다 반가운 소리가 있을까? 배에서 나는 꼬르륵 소리를 들으며 단숨에 운동장을 가로지른다. 점심 급식을 깨끗이 비웠는데도, 배는 시도 때도 없이 항상 음식을 원한다.

　누군가 말했다. 배고프니까 청춘이라고. 학원에 가기 전에 편의점에서 허기를 달래야 한다. 무엇을 먹을까? 컵라면, 삼각 김밥, 샌드위치, 음료수, 아이스크림, 과자……. 머릿속은 온통 먹거리 생각뿐이다. 지금 같아선 편의점 안에 있는 모든 음식을 다 집어삼킬 수 있을 것만 같다.

　입맛을 다시며 지갑을 열어보는 순간 뒤통수를 망치로 얻어맞은 듯한 충격이 찾아든다. 천 원짜리 3장만 삐죽 고개를 내밀고 있는 게 아닌가. 지금 먹고 싶은 것을 다 사 먹기엔 3천 원은 터무니없이 부족하다. 이걸

어쩌지? 컵라면을 포기하고 삼각 김밥과 과자를 먹어? 아니면 컵라면과 과자와 아이스크림인가? 대단한 수학 방정식이라도 푸는 양 머리는 복잡하게 그러나 재빠르게 회전한다. 뭘 먹고 뭘 포기하지?

한국 사람은 밥심으로 산다고들 하지 않던가? 삼각 김밥은 빼놓을 수 없고, 김밥에는 얼큰한 국물이 있는 컵라면이 필요하다. 그리고 밥을 먹고 나서는 음료수 하나쯤 들이켜주는 것이 인지상정이다.

3천 원밖에 없으니 아쉽지만 오늘은 아이스크림과 과자를 포기해야 한다. 마파람에 게 눈 감추듯 삼각 김밥과 컵라면을 흡입한 후 음료수 한 병을 들고 학원으로 향한다.

우리가 살아가면서 먹고, 입고, 하고 싶은 것들은 무궁무진하게 많다. 그러나 안타깝게도 갖고 있는 돈은 늘 부족하다. 가진 돈으로 하고픈 일을 다 할 수 없는 것이 세상의 이치다. 이런 상황에서 사람들의 태도는 두 가지 유형으로 나뉜다.

어차피 모든 욕구를 충족하지 못할 바에야 아무렇게나 쓰고 보자는 사람이 첫 번째 유형이다. 두 번째 유형의 사람은 그와는 정반대로 생각한다. 희소한(scarce) 돈을 어디다 어떻게 써야 조금이라도 효용을 키울 수 있는지를 따진다. 이렇게 따지는 것이 다름 아닌 경제적 사고방식이다.

대부분의 사람들에게 가장 희소한 것은 시간이다. 이는 청소년들도 마찬가지다. 기말시험이 이틀밖에 남지 않았는데 공부해야 할 과목은 아직 산더미처럼 남아 있다. 모든 과목을 공부하기에는 시간이 부족하다.

이런 상황이라면 누구든지 이틀이라는 시간을 과목별로 어떻게 할당해야 기말시험에서 총점을 1점이라도 더 높일 수 있을지를 고민할 것이다. 이것이 경제적 사고방식이다.

"국어, 영어, 수학 같은 과목은 평소에 공부해 놓아야 해. 시험 직전에 벼락치기로 공부한다고 해서 점수가 더 오르지 않거든. 그러니까 시험 직전에는 암기 과목을 집중적으로 공부해야 해" 같은 도움말은 경제적 사고방식이 낳은 것이다.

이 책을 읽고 있는 사람 가운데 지금까지 살아오면서 가지고 있는 돈으로 무엇을 살 것이며 남은 시간에 무엇을 할지와 같은 고민을 한 번도 해보지 않은 사람은 장담컨대 단 한 명도 없을 것이다. 우리 모두는 하루에도 몇 차례씩 고민을 하고 선택을 내린다.

그렇기에 비록 경제학 박사 학위는 없더라도 세상을 살아가는 누구나가 살아 있는 경제학자라 할 수 있다. 우리의 생활 자체가 경제 현상이며 수시로 경제적 선택을 실천하고 있으니 말이다.

박사 학위가 뭐 그리 중요한가? 학위가 없어도 선택만 합리적으로 할 수 있다면 살아 있는 경제학자가 될 자격이 충분하다.

✈ 나와 세상을 이롭게 하는 경제학

청소년들이 주로 고민하는 문제는 어른들이 고민하는 문제와 본질적으로 다르지 않다. 우리 부모님은 희소한 소득을 가지고 가계 전체의 효용을 최대화하기 위해서 주거비, 식비, 의류비, 통신비, 저축 등에 적절하게 지출한다.

또다른 경제 주체인 기업은 어떤가? 사업에 쓸 수 있는 자금에는 한계가 있다. 기업은 희소한 사업 자금을 가지고 어떤 재화를 얼마나 생산해서 어떻게 팔아야 이윤을 최대로 남길 수 있을지 고민한다. 한정된 생산 시설로 단맛 과자와 매운맛 과자를 각각 얼마씩 생산할 것인지도 기업이 하는 경제적 선택 가운데 하나다.

정부도 마찬가지다. 국민으로부터 많은 세금을 걷지만 쓸 곳을 생각하면 항상 예산이 부족하다. 걷은 세금을 가지고 국민 전체의 후생 수준을 조금이라도 더 높이기 위해서 예산을 세밀하게 편성하고 지출하려고 노력한다.

이와 같은 여러 가지 문제들과 관련된 내용을 연구하는 것이 경제학*이다. 한마디로 경제학은 희소한 자원을 효율적으로 활용하는 방안을 체계적으로 연구하는 학문이다.

우리는 '경제적'이라는 말을 자주 사용한다. 구두쇠처럼 무조건 돈을 쓰지 않고 모으거나 굶으면서까지 절약하는 행위는 결코 '경제적'이지 않다. 희소한 자원을 최대한 잘 활용해서 조금이라도 더 많은 욕구를 충족하려는 성향을 '경제적'이라고 부른다.

오랜 옛날부터 평범한 사람들이 자발적으로 경제적 사고방식을 가지고 자원을 경제적으로 사용해 온 덕분에 세상은 지금과 같은 모습으로 발전할 수 있었다. 경제학은 우리가 사는 세상을 비록 완벽하지는 않지만 조금이라도 더 낫게 만들어준다. 그만큼 우리의 삶도 더 풍요로워진다.

어제 내가 한 선택이 오늘의 나를 만들었고, 지금 내가 하는 선택이 내일의 나를 만든다. 경제적 사고를 통해 합리적으로 선택하고 결정한다면 그러지 않았을 경우에 비해 더 나은 자기 자신이 될 수 있다.

경제학 교수가 될 생각이 없는 사람들도 경제적 사고방식을 지녀야 하는 이유가 여기에 있다. 경제학은 평범한 사람들을 이롭게 해주는 삶의 기술이라는 데

경제학(economics)

개인 또는 가계, 기업, 정부가 주어진 제약 아래 효용, 이윤, 국민의 후생 등의 목표를 최대로 달성하기 위해 합리적으로 선택하는 방법을 연구하는 학문을 말한다.

진정한 가치가 있기 때문이다.

경제학의 목적을 올바르게 이해했다면, 돈을 많이 벌기 위해서 경제학을 배워야 한다거나 훌륭한 경제학자는 부자일 것이라는 오해를 하지 않을 것이다. 경제학은 개인이 돈을 잘 버는 비법을 알려주지 않는다. 경제학은 개인의 부를 축적하는 방법이 아니라 사회 전체의 부를 축적하는 방법에 대해 고민하고 연구하는 학문이다.

구체적으로 어떤 부분에 관심을 두고 분석할지에 따라 경제학은 다시 미시경제학과 거시경제학으로 나뉜다. 미시경제학은 가계가 효용을 극대화하고 기업이 최대 이윤을 얻으려면 어떤 선택을 해야 하고, 수요자와 공급자는 시장에서 어떻게 상호작용하며, 정부가 국민의 후생 수준을 높이기 위해 사용하는 정책에는 무엇이 있고, 이러한 정책이 가계와 기업에 어떤 영향을 미치는지 등을 분석한다.

이에 비해 거시경제학은 한 국가의 관점에서 경제 문제를 다룬다. 즉 국가의 국내총생산, 경제 성장, 경기, 실업(또는 고용), 물가 등이 어떻게 결정되며 이를 변화시키기 위해 어떤 정책을 선택해야 하는지 등을 분석하는 것이다.

경제 현상은 가계와 기업의 의사결정과 경제 활동 때문에 발생하므로, 미시경제학과 거시경제학은 떼려야 뗄 수 없는 관계이며 서로 유기적으로 밀접하게 연결되어 있다.

미시경제학과 거시경제학을 비교하자면, 나무를 연구하는 분야가 미시경제학, 나무로 가득 찬 숲을 연구하는 분야가 거시경제학이라고 할 수 있다. 1930년대 이전까지는 모든 경제 분석이 미시경제학적 접근이었으며 거시경제학은 존재하지 않았다. 세계가 장기간의 대공황을 거치면서 거시적인 접근의 필요성이 대두되었고 거시경제학 분야가 탄생하기에 이르렀다.

✈ 경제학과 경영학은 무엇이 다를까?

경제학과 유사한 이름을 가진 학문으로 경영학이 있다. 이름만 비슷한 것이 아니라 대학 진학 자료를 보면 경상 계열이나 상경 계열이라는 이름으로 같은 모집 단위 안에 속해 있다. 그만큼 다른 학문에 비해 유사한 부분이 많다는 뜻일 것이다. 그렇지만 경제학과 경영학은 엄연히 서로 다른 학문이다. 이 둘을 구분할 줄 아는 청소년들은 그리 많지 않으며 심지어 둘이 같은 학문인 줄로 오해하는 청소년들도 더러 있다.

경영학은 경제학에서 갈라져 나온 학문이다. 기업에 대한 세밀한 분석과 더불어 기업을 조직하고 관리하는 구체적인 방법을 연구하는 학문이 경영학이다. 경영학은 기업을 경영하는 사람들이 알아야 하는 기획, 생산, 마케팅, 회계, 인사 관리, 재무 관리 등 기업 운영에 필요한 실무를 주로 다룬다.

경제학이 자원의 효율적 사용을 분석하고 국가 경제와 관련된 문제를 해결하는 방법을 다루는 데 비해 경영학은 기업의 효율적 운영에 초점을 둔다. 이 점에서 경제학이 더 기초 학문에 가깝다고 볼 수 있다.

한편 둘 사이에는 공통점도 상당히 많다. 경제학과 경영학을 공부하려는 사람은 사실관계를 논리적으로 판단하는 능력과 창의적 사고력을 지녀야 한다. 또한 수학이나 통계를 많이 활용하므로 분석적이고 수학적인 재능도 필요하다.

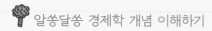
알쏭달쏭 경제학 개념 이해하기

❶ **경제 주체** 경제 활동을 하는 주체. 가계(또는 개인), 기업, 정부로 구분한다. 이 중 가계(개인)와 기업을 합쳐 민간 부문이라 한다.

❷ **효용** 재화나 서비스를 소비함으로써 소비자가 얻는 만족.

❸ **후생 수준** 구성원 전반의 만족도 수준.

❹ **희소성** 욕구는 무한한 데 비해 욕구를 충족시킬 수 있는 수단이 부족한 상태.

합리적으로
선택하는 방법은 무엇일까?

1954년 FIFA 월드컵 축구 대회가 스위스에서 열렸다. 개최국 스위스는 예선을 통과한 후 8강 토너먼트에서 이웃 나라인 오스트리아와 만났다. 홈구장의 이점을 살린 스위스는 이 경기에서 무려 5골이나 넣었다. 그러나 승리는 오스트리아의 몫이었다. 스위스가 수비 불안 문제로 7골이나 잃었기 때문이다.

축구에서는 골을 많이 넣어 '득'이 많다고 해서 승리가 보장되지 않는다. 마찬가지로 수비를 잘해서 '실'이 없다고 해도 승리를 장담할 수 없다. 득이 실보다 많아야 경기에서 승리한다.

득과 실을 따져야 하는 일이라면 경제적 선택을 빼놓을 수 없다. 우리가 일상생활에서 어떤 선택을 하든 얻는 것이 있으면 동시에 잃는 것도 있다. 선택을 통해 얻는 것이 편익(benefit)이고 잃는 것이 비용(cost)이다. 컵라면을 먹을 때 우리는 맛있음이나 배부름이라는 편익을 얻는다. 그러나 이 편익은 거저 얻을 수 있는 것이 아니다. 천 원이라는 비용을 치러야 한다(현재 편의점에서 컵라면은 종류와 크기에 따라 다양한 가격에 팔리고 있으니 설명의 편의를 위해 천 원이라고 가정하자).

청소년들이 편의점에서 천 원을 주고 컵라면을 사 먹는 이유는 무엇일까? 이걸 질문이라고 하느냐는 대답이 가장 먼저 돌아올 것이다. 그리고 이어서 터져 나오는 아우성. "당연히 배고프니까죠!" 물론 틀린 대답은 아니지만 경제학자들은 다르게 답한다. "컵라면을 먹을 때 얻는 편익이 비용보다 크기 때문이다."

그런데 편익이 비용보다 크다고 어떻게 확신할 수 있을까? 이는 청소년들이 합리적으로 사고할 것이라는 믿음 때문이다.* 합리적인 사람이라면 결코 편익보다 비용이 큰 재화를 소비할 리 없다. 만약 지금 컵라면 가격이 만 원으로 껑충 뛰어오른다면 편익보다 비용이 커진 탓에 컵라면을 사 먹는 청소년이 사라질 것이다.

나이 많은 어른들이 편의점에서 컵라면을 좀처럼 사 먹지 않는 것도 같은 이유에서다. 컵라면은 청소년에게나 어른에게나 똑같이 천 원에 팔린다. 게다가 어른들은 청소년들에 비해 돈이 더 많다. 그런데 왜 어른들은 컵라면을 잘 사먹지 않을까? 이는 어른들이 컵라면에서 얻는 편익이 천 원에 미치지 못하기 때문이다.

경제적 사고방식을 지니고 이를 실천으로 옮기는 일은 따지고 보면 별것 아니다. 편익과 비용을 비교하는 것이 경제적 사고의 첫 번째 조건이다. 어떤 제품의 편익이 비용보다 크다면 그것을 선택하고, 그렇지 않다면 선택하지 않아야 한다. 과자나 장난감을 사는

> **합리적 경제 주체**
> 경제학에서는 경제 주체가 이용 가능한 모든 정보를 활용해 주어진 조건하에서 자신의 편익을 최대화하려는 목적으로 경제 행위를 한다고 가정한다.

초등학생들도 몸소 실천하고 있는 일이다.

한 가지 예를 들어 보자. 저가 항공사의 인기가 하늘 높은 줄 모르고 치솟고 있다. 2015년에는 국내선 탑승객의 54퍼센트가 저가 항공사를 이용했다.[1] 저가 항공사를 이용할 때의 편익은 당연히 요금 절약이다. 그 대신 우리는 좁은 좌석 간격과 적은 비행 편수, 최소화된 무료 서비스, 더 엄격한 수하물 중량 제한, 게이트에서 탑승구까지 먼 거리를 걸어야 한다는 점 등과 같은 불편(비용)을 감수해야 한다.

그럼에도 불구하고 저가 항공을 이용하는 사람들이 늘어나고 있다는 사실은 우리나라 사람들이 저가 항공의 불편함으로 인한 비용보다 요금 절감에서 얻는 편익을 더 높게 평가하고 있다는 증거다.

소비자에 비해 더 복잡한 의사결정을 해야 하는 기업 또는 기업 경영자에게도 편익과 비용을 비교하는 경제적 사고방식은 그대로 적용된다. 대개의 경우 기업은 어떤 사업에서 기대할 수 있는 편익과 그 사업에 들어가는 비용을 비교한 후, 편익이 비용보다 커서 이윤을 얻을 수 있는 사업만 추진한다.

편익과 비용을 비교하자

교통사고가 나서 차량 앞부분이 휴지처럼 구겨지고 사람까지 큰 부상을 입었다는 끔찍한 뉴스를 간혹 접하곤 한다. 이런 뉴스를 볼 때마다 영화에 나온 아이언맨이 입고 다니는 슈트 같은 재질로 만들어진 자동차라면 괜찮았을 텐데 하는 상상을 해본다. 아니면 탄성이 뛰어나 충돌할 때의 충격을 흡수한 후 시간이 지나면 원래 모습으로 돌아오는 특수

금속으로 자동차를 만들면 좋지 않을까? 실제로 이러한 금속이 이미 개발되어 있다고 하니 말이다.

물론 자동차 회사들도 이런 소재가 있음을 잘 알고 있다. 문제는 비용이다. 이러한 특수 자동차는 한 대 만드는 데 드는 돈이 수십억 원에 이른다. 게다가 막상 만든다 해도 이처럼 비싼 자동차를 구입할 수 있는 사람은 극히 일부에 지나지 않는다. 현재로서는 특수 금속 자동차가 주는 편익에 비해 비용이 너무 많이 들기 때문에 생산하지 않기로 하는 것이 합리적인 판단이다.

앞으로 기술이 더욱 발전하고 경제가 성장하면 이런 특수 자동차의 생산비가 크게 감소해서 비용이 편익보다 낮아지는 시대가 올 것이다. 그러면 우리는 사고가 나더라도 부상을 입을 걱정이 없는 자동차를 타고 다닐 수 있게 된다. 기술 혁신이나 경제 성장이 중요한 이유가 여기에 있다.

한편 비용보다 편익이 큰 것을 선택한다고 해서 경제적 사고를 한다고 보기는 어렵다. 여기에는 한 가지 조건이 더 갖추어져야 한다. 바로 이왕이면 비용 대비 편익이 가장 큰 것을 선택해야 한다는 점이다.

철수가 5천 원으로 점심을 먹으려 한다. 똑같이 5천 원인 햄버거와 돈가스를 후보로 놓고 고민 중이다. 햄버거에서 얻는 편익도 5천 원보다 크고, 돈가스에서 얻는 편익도 5천 원보다 크다는 점에서는

둘 다 만족스러운 점심 후보다. 그런데 만약 햄버거에서 얻는 편익이 돈가스에서 얻는 편익보다 크다면 어떤 것을 선택해야 할까? 당연히 햄버거다. 같은 비용을 쓸 때 이왕이면 더 큰 편익을 얻을 수 있는 것을 선택해야 합리적이다.

✈ 의사결정에서의 진정한 비용은 기회비용이다

이처럼 경제적으로 사고하는 일 또는 합리적으로 선택하는 일이 쉽다면 경제학자들은 합리적 선택의 중요성을 이렇게 강조하지 않을 것이다. 안타깝게도 우리 주변에는 합리적으로 선택하지 못하는 사례가 많이 있다. 무엇이 합리적 선택을 방해하는 걸까? 그 주된 요인은 비용에 대한 오해에서 찾을 수 있다.

합리적 선택을 위해서 편익과 비용을 비교해야 한다는 사실을 설명하기 위해 지금까지 여러 가지 사례들을 살펴봤다. 이 사례들에서 '비용'은 모두 자신의 지갑에서 나가는 돈, 즉 금전 비용이었다. 자신의 지갑에서 얼마가 지출되는지를 고려하지 않거나 잘못 따지는 사람은 없다.

그런데 경제학에서 비용이라고 말할 때에는 자신의 지갑에서 나가는 돈뿐만 아니라 다른 사람의 지갑에서 나가는 돈, 그리고 시간과 노력까지 모두 포함한다. 그래서 단순히 '비용'이라고 하는 대신에 '기회비용'이라고 부른다.

여러분은 지금 이 시간에 다른 무엇인가를 할 수도 있지만 그럴 기회를 포기하고 이 책을 읽고 있다. 이 책을 직접 구입하지 않고 학교 도서관에서 빌려 읽고 있다고 하더라도 책을 읽는 기회비용은 여전히 발생하고 있다.

사람들은 자신의 지갑에서 나가는 금전 비용만 고려해서 비합리적인 선택을 하는 경우가 많다. 예를 들어 학교에서 매일 먹는 점심이 '무상' 급식이고 할인점 식품 매장에서 시식하는 것도 '무료'이므로 둘 다 공짜라고 생각하는 청소년들이 있다.

이런 오해는 비합리적 선택으로 이어진다. 급식을 한두 숟가락만 먹었다 해도 어느 정도의 편익은 얻었고 어차피 비용은 지불하지 않았으므로 아까울 것이 전혀 없다는 생각에 남은 급식을 거리낌 없이 음식 찌꺼기 통에 버리는 것이다.

그러나 의사결정에서 진정한 비용은 기회비용이다. 자신이나 부모님 지갑에서 직접 돈이 나가지는 않지만, 학교 급식을 위해 정부가 1년에 쓰는 돈이 2조 6,000억 원이다.[2] 이 때문에 학교 주변에 CCTV를 설치하거나 낙후된 시설을 보수하는 데 쓸 수 있는 예산이 줄어든다. 그 결과로 범죄에 희생당하거나 비가 새는 교실에서 수업을 해야 하는 학생들이 생겨날 수도 있는 것이다.

학교 급식을 위해서 우리 사회는 커다란 '대가'를 치르고 있다. 그러므로 우리는 자신의 지갑에서 나가는 비용만을 고려하는 비경제적 사고에서 벗어나야 한다. 기회비용에 대해 올바른 인식을 지닌 청소년이라면 결코 급식을 가벼이 여기지 않고 음식을 쉽게 버리지 말아야 한다. 이 세상에 공짜는 없다.

5천 원짜리 점심 메뉴로 햄버거와 돈가스 가운데 하나를 선택해야 했던 철수의 이야기로 돌아가 보자. 햄버거가 돈가스보다 더 큰 편익을 주므로 햄버거를 먹기로 하는 선택이 합리적이라는 결론이었다.

여기에 기회비용 개념을 적용해 보자. 철수가 햄버거를 선택하면 돈가스를 먹지 못하게 되므로, 돈가스가 기회비용에 해당한다. 좀 더 자세히 말하면, 돈가스를 먹음으로써 얻을 수 있는 편익이 기회비용이다. 반대로 돈가스를 먹기로 선택할 때의 기회비용은 햄버거에서 얻을 수 있는 편익이다. 만약 철수가 햄버거를 선택한다면 어떻게 될까?

햄버거의 편익 > 기회비용(＝돈가스의 편익)

햄버거의 편익이 기회비용보다 크므로 합리적인 선택이다. 만약에 돈가스를 선택한다면 어떻게 될까?

돈가스의 편익 < 기회비용(＝햄버거의 편익)

돈가스의 편익이 기회비용보다 작으므로 비합리적인 선택이다.

✈ 기회비용을 이해하면 경제 현상이 보인다

기회비용을 이해하면 주위에서 발생하는 여러 경제 현상을 쉽게 이해할 수 있다. 먼저 아이돌 그룹을 생각해 보자. 최근에는 국내뿐 아니라 해외에서까지 인기 있는 아이돌 그룹이 많다. 인기 있는 아이돌 그룹에게는 시간이 곧 돈이다. 하지만 동시에 국내와 해외 모두에서 공연할 수는 없다. 어느 한 곳을 선택해야만 한다.

국내 공연을 선택하면 해외 공연 포기라는 기회비용이 발생한다. 일반적으로 해외 시장이 국내 시장보다 훨씬 크므로 해외 공연에서 더 많은 수입을 얻을 수 있다. 그래서 일단 인기를 얻고 나면 아이돌 그룹은 해외 공연을 부지런히 다니며, 국내에서는 모습을 보기가 힘들다. 해외 공연의 편익이 기회비용보다 크므로 해외 공연을 선호하는 것이 합리적이다.

최근의 집밥 열풍도 기회비용과 관련이 있다. 과거에는 늘 집밥을 먹는 것이 당연했고 외식은 한 달에 한 번 할까 말까 한 시절도 있었지만, 요새는 집밥이 매일 먹을 수 있는 밥이 아니다. 오늘날 집밥은 매우 귀한 몸이 되었다.

엄마가 하루 종일 집에 있으며 집밥을 만들어줄 때와 달리 여성의 경제 활동 참여가 활발해지고 소득 수준이 향상되면서 집에서 요리하는 기회비용이 매우 커졌기 때문이다. 요리에 걸리는 시간의 기회비용까지 고려하면 집밥보다 외식이 훨씬 더 저렴해진 지 오래다.

집밥보다 외식으로 끼니를 해결하는 사람들이 늘어나자 이제는 희소해진 집밥에 대한 그리움이 사람들의 마음속 깊숙이 자리 잡게 되었다. 이러한 사람들의 그리움을 달래주고자 등장한 것이 텔레비전의 각종 집밥 프로그램들이다. 이제 사람들은 유명 요리사가 만드는 집밥을 브라운관 너머로 구경하면서 대리만족을 느낀다.

알쏭달쏭 경제학 개념 이해하기

❺ **기회비용** 어떤 것을 선택함으로써 포기한 것. 만약 포기한 것이 여러 개라면 그중 가장 가치가 큰 것 하나를 가리킨다.

❻ **합리적 선택** 여러 개의 후보 가운데 비용 대비 편익이 가장 큰 것을 선택하는 행동.

이미 쓴 돈은
쿨하게 잊어라

매몰비용

이번에는 기필코 성적을 올려 부모님을 기쁘게 해드리겠노라 굳센 다짐을 하고 시험 기간이 시작되기 일주일 전부터 역사 공부를 시작했다. 이틀 정도 공부하고 나니 하루만 더 하면 역사 시험 준비를 마칠 수 있을 것 같다. 이때 방금 역사 시험을 보지 않는다는 공지사항이 떴다고 친구들에게서 SNS가 왔다. 이럴 수가.

마음을 가다듬고 내일부터 어떤 과목을 공부해야 좋을지 생각했다. 역사 공부를 하던 중이었고 하루만 더 하면 근대사까지 마무리할 수 있으니 내일도 역사 공부를 계속한다? 이렇게 생각하는 학생은 없을 것이다. 시험을 보는 다른 과목의 공부를 시작하는 게 합리적이다.

역사 공부를 중단하고 다른 과목을 공부하는 게 합리적인 이유는 그래야 점수를 1점이라도 더 받을 가능성이 있기 때문이다. 시험을 치르지 않는 역사 공부를 계속하기로 하는 선택은 당장 코앞에 닥친 시험 점수를 높이는 데 아무런 도움이 되지 않는다.

이틀 동안 역사 공부를 하느라 내가 투자한 시간과 흘린 땀은 어차피 돌이킬 수 없는, 회복이 불가능한 매몰비용(sunk cost)이다. 깊은 물속에 잠겨 밑바닥에 파묻혀 버렸으므로 포기하라는 뜻에서 붙여진 이름이다. 들인 시간과 흘린 땀이 매우 아깝기는 하지만 과감하게 떨쳐버리고 다른 과목을 새로 공부하기 시작하는 것이 합리적이라는 데에 반론을 제기할 사람은 없을 것이다.

이러한 논리는 매몰비용이 시간이나 노력이 아닌 돈일 경우에도 달라지지 않는다. 그러나 사람들은 매몰비용이 돈일 경우에는 하던 일을 계속하기로 선택하는 경향이 있다. 지금까지 투자한 돈이 아깝다는 생각 때문이다. 그러나 돈이든 시간이든 다를 것은 없다. 매몰비용은 잊어야 한다.

어떤 결정을 내리는 시점에서 우리가 고려해야 할 비용과 편익은 앞으로 '추가로 지불할 비용'과 '추가로 얻을 편익'뿐이다. 매몰비용은 과거에 이미 지출했고 돌이킬 수 없는 비용이므로, 그것이 돈이든 시간이든 땀이든 잊고 포기하는 것이 경제적 사고방식이다. 내일은 내일의 태양이 떠오른다. 과거를 떨쳐버리고 미래를 위해 어떤 선택이 합리적인지만 따져야 한다.

소설이나 드라마를 보면 등장인물이 "포기하기에는(되돌아가기에는) 너무 멀리 왔어"라며 독백을 하는 장면이 종종 나온다. 매우 의미심장하고 그럴듯하게 들리지만 실은 지극히 비경제적인 말이다.

경제적 사고방식을 가진 우리의 주인공이라면 이렇게 말할 것이다.

"더 멀리 가기 전에 멈춰야지!"

✈ 판단을 흐리게 하는 매몰비용

"나는 절대 매몰비용 때문에 비합리적인 선택을 하지 않아!"라고 자신하는가? 다음의 몇 가지 사례 가운데 하나라도 공감한다면 매몰비용의 오류에 빠지는 것이다.

사례 ❶ 식당에서 떡볶이를 주문했다. 절반 정도 먹었는데 생각보다 맛이 없어서 더 이상 먹기가 힘들다. 게다가 너무 매워서 속도 쓰라려온다. 하지만 남기자니 비싼 돈을 내고 주문한 건데 싶어 아깝다. "음식을 남기면 쓰레기를 만드는 거야"라고 자신의 행동을 합리화하며 끝까지 그릇을 비운다.

사례 ❷ 수십만 원의 돈을 내고 수학 학원에 등록했다. 총 20회 특강 가운데 5회를 수강했는데 도저히 따라가지 못할 수준의 내용을 가르치는 게 아닌가. 더 이상 수업을 듣는 것이 아무 의미가 없지만 수강료가 아까워 계속 학원을 다닌다.

사례 ❸ 텔레비전으로 영화를 보다가 재미가 없으면 주저하지 않고 꺼버린 후 낮잠을 자거나 다른 일을 한다. 그러나 표를 구입해 들어간 영화관에서는 영화가 재미없어도 끝까지 버티고 앉아 영화를 보는 이율배반적인 행동을 한다.

정부 역시 매몰비용 때문에 판단이 흐려질 때가 있다. 미국은 2003년에 이라크와 전쟁을 시작했다. 전쟁이 예상보다 길어지자 일부 국민들이 그만 군대를 철수하라고 주장했다. 이에 대해 부시 대통령은 "이미 2,000명에 가까운 미군이 이라크 전쟁에서 희생되었다. 그들에게 빚을 지고 있으므로 전쟁을 끝까지 수행해야 한다"라고 답했다.

　이라크 전쟁을 계속해야 하는 것이 테러를 막고 미국의 국익에 도움이 되기 때문이라면 몰라도 지금까지 희생된 군인의 수라는 매몰비용 때문이라면 이는 명백히 비합리적인 판단이다.

✈ 차마 매몰비용을 잊지 못하는 심리

　왜 사람들은 매몰비용에 연연하게 될까? 계속해봤자 승산이 없고 더 많은 비용과 희생을 치러야 하는 것이 불 보듯 뻔한데도 중단하지 못하는 행동은 경제학자들에게 하나의 수수께끼였다. 이 수수께끼에 대한 해답으로 자신의 잘못을 인정하기 싫어하는 심리 때문이라는 주장이 제기됐다. 하던 일을 중단하면 자신이 애초에 잘못된 결정을 내렸음을 스스로 인정하는 셈이니 그 일을 계속하려는 집착을 보인다는 것이다.

최근 이 가설을 확인하는 실험이 있었다. 연구진은 실험 참가자들에게 인공지능을 상대로 컴퓨터 게임을 하게 했다. 인공지능 쪽이 무조건 이기게 설정되어 있어서 게임을 하면 할수록 사람들의 손해가 커질 수밖에 없었다. 즉, 승산이 없는 게임이므로 빨리 포기하는 것이 합리적인 결정이었다.

연구진은 실험 참가자들을 세 집단으로 임의로 분류한 후 각각 '직장에서 지위가 추락할 수 있는 상황', '지위가 상승할 수 있는 상황', '지위에 변동이 없는 상황'에 놓인 것으로 설정했다.

실험 결과는 지위가 추락할 수 있는 상황에 놓인 사람들이 그렇지 않은 사람들에 비해 승산 없는 게임을 더 오랫동안 지속했고 더 큰 손실을 본 것으로 나타났다. 이는 지위와 체면을 상실할까 봐 두려워하는 사람일수록 매몰비용에 의한 의사결정의 오류에 빠질 가능성이 높음을 의미한다.

사람들이 매몰비용에 연연하는 성향이 있음을 안다면 오히려 이러한 심리를 이용할 수도 있다. 전라남도 화순군은 상수원 보호 구역으로 지정되어 30년 동안 일반인의 출입을 제한해 온 화순적벽*을 2014년에 시범적으로 개방했다. 절경을 보려는 관광객들의 성화로 10분 만에 인터넷 예약이 마감될 정도로 인기였다.

하지만 관람일이 되자 예약자 가운데 22퍼센트가 오지 않았다.[3] 화순적벽을 보고 싶어 했지만 예약이 마감되어 신청하지 못한 많은 사람들의 관람 기회가 허공으로 사라진 것이다.

화순적벽
무등산에서 시작하는 영신천이 흐르면서 자연적으로 만들어낸 수려한 절벽이다. 1519년 기묘사화 후 동복에 유배 중이던 신재 최산두가 이곳의 절경을 보고 중국의 적벽에 버금간다 하여 이름했다고 전해진다. 1985년 동복댐 준공으로 절벽의 일부가 수몰되었다.

이 얼마나 안타까운 일인가. 고민 끝에 화순군은 인터넷 예약 때 관람비 5천 원을 미리 결제하도록 제도를 변경했다. 그러자 예약 당일에 나타나지 않은 관광객이 전체 예약자의 5퍼센트로 크게 감소했다.

예약금 5천 원은 매몰비용에 해당한다. 관람 당일에 더 중요한 일이 생기면 예약금을 포기하고 그 일을 하는 편이 합리적이다. 그러나 5천 원이라는 매몰비용이 아까워서 만사 제쳐놓고 화순적벽을 관람하러 오는 사람들이 늘어났음을 알 수 있다. 화순군은 매몰비용을 포기하지 못하는 사람들의 성향을 적절히 이용해 예약 부도를 줄이는 데 성공했다.

한 가지 예를 더 들어보자. 바로 인형 뽑기 게임이다.

예전에 극장에서 영화 관람 시간을 기다리다가 근처에 있는 인형 뽑기 매장에 들어간 적이 있다. 인형이 잡힐 듯 말 듯 사람들의 애간장을 태우자 여기저기서 탄성이 터졌다. 벌써 꽤 많은 돈을 썼음에도 불구하고 쉽게 포기하지 못하는 사람들이 대부분이었다.

어떤 사람은 성공할 가능성이 거의 없어 보이는 인형만 노리다가 몇 번이나 실패하고도 오기가 발동했는지 동전을 추가로 교환해 와서 계속 매달렸다. 그리고 나서도 상당한 돈을 더 잃은 후에야 비로소 포기하고 자리를 떴다. 매몰비용을 잊고 보다 일찍 과감하게 포기했더라면 그토록 많은 돈을 잃지는 않았을 텐데. 인형 뽑기는 매몰비용을 잊지 못하는 사람들의 심리를 이용해서 돈을 버는 대표적인 방법이다.

 알쏭달쏭 경제학 개념 이해하기

❼ **매몰비용** 이미 지출해서 회수할 수 없는 성격의 비용.

경제는 돌고 도는 톱니바퀴 시계

경제 활동의 순환, 절약의 역설, 돈의 기능

돌고 돈다고 해서 '돈'이라는 이름이 붙여졌다는 말이 있다. 이 말이 사실인지는 알 수 없지만 돈은 실제로 이 사람에게서 저 사람에게로, 가계에서 기업으로 그리고 다시 가계로 끊임없이 유통된다.

물물 교환밖에 모르던 원시 시대와는 달리 오늘날 우리는 돈(화폐)으로 거래를 하는 화폐 경제의 시대에 살고 있다. 그러므로 돈의 흐름을 따라가면 경제의 흐름을 이해할 수 있다.

철수의 주머니에 있는 돈의 흐름을 추적함으로써 우리 사회에서 어떤 경제 활동들이 이루어지는지 살펴보자. 어느 날 오후 철수가 컵라면을 사 먹으려고 주머니에서 돈을 꺼내 편의점 주인에게 건넸다. 철수가 컵라면을 사면서 돈을 지불하는 행위는 소비에 해당하며, 컵라면은 생산물이므로 편의점은 생산물 시장에 해당한다.

이 돈은 편의점의 금전등록기에 머물다가 다른 돈들과 함께 컵라면을 생산한 라면 회사의 수중으로 넘어가 라면 회사의 수입(또는 매출)이 되었다. 그러나 이 돈은 라면 회사에도 오래 머물지 못했다. 이번에는 라면 회사가 공장에서 일하는 근로자에게 이 돈을 월급으로 주었기 때문이다.

라면 회사가 근로자를 고용해 일을 시키고 그 대가로 임금을 주는 것은 라면을 만드는 데 근로자의 노동이 필요하기 때문이다. 동시에 근로자는 자신의 욕구 충족을 위해 필요한 재화와 서비스를 소비하려면 반드시 소득이 필요하므로 기업에 노동을 제공하고 대가를 받는다.

이처럼 기업과 근로자가 상호 이득이 되는 노동을 거래하고 그에 대한 대가를 주고받는 곳이 생산 요소 시장이다. 소득이 생긴 근로자는 이 돈으로 그동안 사고 싶었던 바지를 구입했고 돈은 이제 바지를 생산한 의류 회사의 수입으로 넘어갔다.

이처럼 소비를 위해서는 생산이 필요하고, 생산은 소비를 전제로 한다. 그리고 생산을 가능하게 하는 사람은 다름 아닌 근로자다. 이때 소비자와 근로자는 한 몸이다.

근로자(소비자)는 욕구를 충족하는 데 필요한 돈을 벌어야 하므로 갖고 있는 생산 요소(노동, 자본, 토지, 경영)를 기업에 제공한다. 기업은 생산 요소를 활용한 대가(임금, 이자, 지대, 이윤)를 근로자에게 지급하는데, 이 돈은 생산물을 판매해서 얻은 수입으로부터 나온다.

지금까지 우리는 세상에서 일어나고 있는 경제 활동을 생산과 소비와 분배(또는 소득)의 측면에서 간단하게 알아보았다. 이 가운데 어느 한 곳이라도 이상이 생기면 돈이 제대로 흐르지 못하게 되고 전체 경제 활동에 지장이 생긴다.

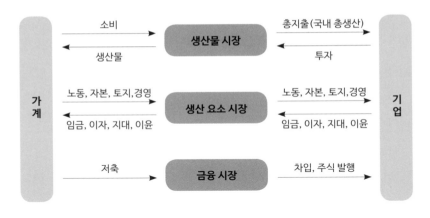

경제 활동의 순환

크고 작은 톱니바퀴들이 서로 맞물려 돌아가면서 정확한 시간을 알려주는 시계와 마찬가지로, 우리 경제를 구성하는 모든 요소가 원활히 작동해야 경제가 순탄하게 움직인다.

이러한 순환 과정을 위의 그림과 같이 도식화할 수 있다. 이를 통해 우리는 경제 활동이 어떻게 구성되고 국민 소득이 어떻게 순환하는지를 개괄적으로 살펴보고 이해해 보자.

🛫 저축이 마냥 좋은 게 아니다? 저축의 두 얼굴

가계는 생산 요소를 제공한 대가로 얻은 소득을 모두 소비하지 않고 일부는 저축한다. 이 돈은 금융 시장으로 유입되고 기업은 금융 시장에서 대출을 받거나 주식을 발행함으로써 사업 자금을 확보한다. 이렇게 확보

한 자금으로 기업은 공장을 짓거나 기계를 구비하는
등 투자에 나선다.

만약 가계의 저축이 부족하다면 기업은 투자에 필
요한 자금을 원활하게 조달하지 못해 미래의 생산 활
동에 차질이 생길 수밖에 없다. 기업이 필요한 자금을
국내에서 조달하지 못해 부득이 해외에서 조달하는
경우에는 외채가 증가한다.

우리나라가 겪었던 1997년의 경제위기를 일으킨 커다란 요인 가운데
하나가 과도한 외채였음을 떠올린다면 가계의 저축이 국가 경제에 얼마
나 중요한지 짐작할 수 있을 것이다. 이처럼 저축은 기업의 투자를 가능
하게 해주는 원천으로서 경제에서 매우 중요한 역할을 한다.

한편 저축은 기업의 매출에 부정적인 영향을 미치기도 한다. 가계가
저축한 돈은 생산물을 구입하는 데 쓰이지 않으므로 저축이 증가하면
기업이 근로자 채용 규모를 줄일 수밖에 없다.

그 결과로 가계의 소득은 감소하며, 소득이 줄어든 가계는 다시 소비
를 줄이게 된다. 이런 현상을 바로 저축의 역설* 또는 '절약의 역설'이라
고 한다.

그렇다면 우리나라 경제를 위해 저축을 해야 할까, 하지 말아야 할
까? 저축이 나쁜 영향을 초래한다면 왜 부모님과 사회는 저축을 권장
할까?

저축은 항상 좋다든지 반대로 저축은 항상 나쁘다든지 하는 식의 이
분법적 사고는 옳지 않다. 저축도 중요하고 소비도 중요하다. 소비와 저
축 가운데 어느 한쪽으로 치우치지 말고 소득을 균형 있게 나누어 써야
한다.

🐦 금융 회사는 경제의 심장이다

수많은 가계가 조금씩 저축한 돈이 모여 기업에 원활히 공급되려면 자금(돈)을 중개해 주는 역할을 하는 금융 시장과 금융 회사가 제 기능을 충실히 수행해야 한다. 은행으로 대표되는 금융 회사는 자금 수요자와 자금 공급자를 연결해 주고 거래를 도와준다.

만약 금융 회사나 금융 시장이 불안정하고 제 기능을 다하지 못하면 돈의 순환이 원활하게 이루어지지 않아 경제 활동의 순환도 삐걱거리게 된다. 마치 혈액 순환이 제대로 이루어지지 않아서 손끝 발끝까지 피를 공급받지 못하면 건강에 적신호가 켜지는 것과 같은 이치다.

그래서 종종 금융 회사를 심장에, 돈을 혈액에 비유하곤 한다. 심장이 튼튼해야 혈액이 우리 몸 곳곳을 골고루 순환하듯이, 은행을 비롯한 금융 회사가 건실해야 돈이 경제 구석구석에 공급되어 사회가 안정적으로 성장할 수 있다.

은행이 처음 등장했을 무렵에는 단순히 사람들의 금화를 보관해 주는 일을 맡았다. 그러다가 사람들이 맡겨놓은 금화를 좀처럼 찾아가지 않아 금고에 금화가 항상 여유 있게 남아 있다는 사실을 알게 된 은행은 이를 이용해 돈을 벌 생각을 하게 되었다. 돈이 필요한 사람들에게 대출을 해주고 이자를 받는 사업을 시작한 것이다.

오늘날 은행은 사람들이 맡긴 예금액 가운데 대부분을 다른 사람들에게 빌려주고 대출 이자를 받아 수입을 올린다. 물론 예금주가 자신의 예금을 찾으려 할 경우에 대비해 예금액의 일부는 금고에 보관해 둔다.

은행이 예금주의 돈을 대출해 주고 돈을 버는 행위에는 은행의 수익성을 높인다는 '득'이 있지만 동시에 은행의 불안정성이 높아지는 '실'도

뒤따른다. 예금액의 일부만 금고에 남겨둔 상황에서 갑자기 많은 예금주들이 한꺼번에 예금을 인출하려고 하면 돈을 지급하지 못할 위험이 있는 것이다.

만약 은행에서 대출을 받은 여러 기업들이 부도가 나서 대출금을 갚지 못하는 일이 생겼다고 해보자. 이 소식을 들은 예금주들은 불안한 마음에 앞다투어 예금을 인출하러 은행에 몰려갈 것이다. 이를 뱅크런(bank run) 현상이라고 한다.

뱅크런이 발생하면 은행은 지급 불능을 선언할 수밖에 없다. 이런 사태가 빈번하게 일어나면 사람들이 은행에 돈을 맡기지 않으려 할 테니 기업이 자금을 원활히 공급받지 못해 국가 경제가 어려움에 처하게 된다.

최선의 해법은 예방이다. 우리나라의 중앙은행인 한국은행은 은행 측이 과욕을 부려 대출을 너무 많이 해주지 못하도록 금고에 돈을 충분히 확보해 놓으라는 내용의 규제를 하고 있다. 또한 필요할 경우에는 각 은행에 긴급 자금을 수혈해 준다.

최악의 경우 은행이 파산하는 불행한 사태가 발생하더라도 정부가 은행 대신 예금액을 지급해 주는 예금자보호제도 *를 시행함으로써 국민들이 안심하고 은행에 예금을 하도록 유도하고 있다.

좋은 화폐의 기준은 무엇일까?

경제 활동에서 화폐(돈)는 세 가지 기능을 수행한다. 첫째, 교환의 매개체로서 구매자와 판매자 간에 지불 수단으로 사용된다. 우리가 편의점에서 컵라면을 사면서 천 원을 건넬 때 이 돈이 바로 교환의 매개체 역할을 담당하는 것이다. 오늘날 우리가 사용하는 화폐의 대표 주자로는 지폐, 동전, 수표 등이 있다.

그런데 사람들이 매우 좋아하는 금이나 땅은 왜 화폐로 쓰이지 않을까? 이는 유동성이 낮기 때문이다. 교환의 매개체로서 제 역할을 하려면 거래에서 누구나 쉽게 주고받을 수 있어야 하는데, 그러려면 유동성이 높아야 한다.

만 원짜리 지폐는 누구의 손에 있든 만 원의 가치를 지니며 언제든지 만 원에 해당하는 자산이나 재화로 바꿀 수 있으므로 유동성이 높다. 이에 비해 금이나 땅은 한순간에 가치가 떨어질 수도 있으므로 유동성이 낮아 일상적인 거래에서 사용하기가 힘들다.

둘째, 화폐는 가치를 저장하는 수단으로 쓰인다. 어떤 사람들은 부동산, 금, 골동품, 그림 등에 투자해 가치를 축적하기도 하지만, 대부분의 사람들은 화폐를 보유함으로써 가치를 저장한다. 언제든지 필요에 따라 화폐를 원하는 형태의 자산으로 교환할 수 있기 때문이다.

금이나 골동품과 같은 실물을 보유하는 경우에는 언제 어떻게 가치가 변할지 몰라 불안할뿐더러 따로 보관할 공간도 필요하지만, 화폐의 경우에는 그렇지 않다.

언제 배가 고파질지 모르니 늘 컵라면과 삼각 김밥을 가방 안에 넣고 다녀야 한다면 얼마나 불편하겠는가. 그러는 대신 우리는 지갑에 몇 장의 지폐를 넣어 다니는 것으로 충분하다. 이때 지갑 속의 지폐는 가치의 저장 수단 역할을 수행한다.

그러나 이토록 편리한 화폐에도 한 가지 약점이 있다. 물가가 계속 상승해 인플레이션이 발생하면 화폐 가치가 하락할 수도 있다는 점이다.

이런 사회에서는 사람들이 화폐를 보유하려 하지 않고 부동산이나 금 같은 실물 자산을 보유하려는 심리가 강하게 작용해 투기가 성행한다. 그러므로 정부는 인플레이션을 억제해서 화폐 가치를 안정적으로 유지해야 한다.

셋째, 화폐는 회계의 단위(또는 가치의 척도)가 된다. 빵은 2천 원, 컵라면은 천 원 하는 식으로 모든 상품의 가치가 화폐 단위로 표시되고 계산도 화폐 단위로 이루어진다.

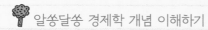
알쏭달쏭 경제학 개념 이해하기

❽ **주식** 기업에 자본금을 출자한 사람에게 발행해 주는 증서.

❾ **투자** 기업이 생산 요소인 자본을 구입하는 행위.

❿ **외채** 한 국가가 다른 국가에 갚아야 할 빚.

⓫ **뱅크런** 예금주들이 은행 파산을 우려해서 일시에 예금을 인출하려는 현상.

⓬ **유동성** 어느 자산이 현금으로 신속하고 편리하고 동등하게 전환될 수 있는 가능성.

⓭ **인플레이션** 물가가 지속적으로 상승하고 화폐 가치가 하락하는 현상.

뭣이 중한디?
효율성이 중하다!

효율성, 생산 가능 곡선, 시장 경제

우리나라 가전제품에는 1에서 5 사이의 숫자가 표시된 스티커가 붙어 있다. 에너지 소비 효율 등급을 나타내는 정보인데, 숫자가 작아질수록 에너지를 많이 절약하는 제품이라는 뜻이다.

소비자들이 에너지 소비 효율이 높은 제품을 구입해서 전기 요금을 절약하고, 기업은 되도록 에너지를 절약하는 제품을 생산하라는 취지에서 만들어진 제도이다.

이 또한 경제적 사고방식에 해당한다.

경제적 사고방식에서 '효율성' 또는 '효율적'이라는 용어는 굉장히 중요하고, 또 자주 쓰인다. 자원의 효율적 사용, 시장 경제의 효율성, 비효율적 생산 방법, 효율성 저하 등의 표현을 많이 들어보았을 것이다. 그렇다면 경제학에서 말하는 효율성은 구체적으로 무엇일까?

✈ 효율성은 최대 점수를 얻는 것

청소년들은 자신이 소비 생활만 하고 있다고 생각하기 쉽다. 생산을 시장에서 판매할 목적으로 재화나 서비스를 만들어내는 거창한 활동이라고만 생각하기 때문이다. 그러나 청소년들도 엄연히 생산 활동을 하고 있다. 공부를 통해 더 높은 점수를 '생산'하려고 노력하는 것이 청소년의 대표적인 생산 활동이다.

경제와 지리 과목을 공부하는 철수의 상황을 보자. 지금까지의 경험에 비춰볼 때 철수가 공부를 전혀 하지 않으면 경제나 지리에서 아무런 점수를 얻지 못한다. 경제를 하루 공부하면 20점, 이틀 공부하면 40점을 얻는다. 반면에 지리의 경우에는 하루 공부하면 10점, 이틀 공부하면 20점을 얻는다.

공부 시간과 점수 사이에 이런 식의 상관관계가 성립한다면 철수가 5일을 공부할 때 얻을 수 있는 경제와 지리 점수는 다음 표와 같다.

공부에 사용하는 시간(일)		얻는 점수(점)		조합 번호
경제	지리	경제	지리	
0	5	0	50	A
1	4	20	40	B
2	3	40	30	C
3	2	60	20	D
4	1	80	10	E
5	0	100	0	F

철수의 공부 시간과 점수의 관계

철수가 5일 내내 지리만 공부한다면 지리에서 50점을 얻고 경제에서는 점수를 얻지 못한다(조합 A). 반대로 5일 내내 경제만 공부한다면 경제에서 100점을 얻고 지리에서는 점수를 얻지 못한다(조합 F). 이를 그림으로 표현하면 오른쪽과 같이 철수가 얻을 수 있는 최대 점수를 나타내는 '철수의 점수 생산 가능 곡선'이 된다.

이 그림에서 조합 C는 철수가 5일 가운데 2일을 경제 공부에, 3일을 지리 공부에 할애할 경우 경제 40점, 지리 30점을 얻을 수 있음을 나타낸다. 이런 식으로 A~F는 주어진 5일 동안 철수가 최대로 얻을 수 있는 경제와 지리 점수의 조합을 나타낸다.

생산 가능 곡선 위에 있는 점들은 주어진 시간을 활용해 최대로 달성할 수 있는 점수라는 점에서 모두 '효율적(efficient)'이다.

이번에는 생산 가능 곡선 아래에 있는 점 G를 보자. 주어진 5일 동안 공부했지만 딴생각을 많이 하거나 잠을 많이 자는 바람에 경제나 지리 점수의 최대치를 얻지 못한 상태이므로 '비효율적'이다. 주어진 시간으로 달성 가능한 최대 생산에 이르지 못했으므로 결국 시간을 낭비한 셈이다. 이는 비경제적이라 할 수 있다.

반면에 생산 가능 곡선 바깥에 있는 점을 살펴보자. 예를 들어 점 H는 5일간 하루 종일 공부만 하더라도 철수의 능력으로는 달성할 수 없는 점수의 조합이다. 현재 여건으로는 달성 불가능하지만 공부하는 방법을 근본적으로 바꾼다거나 누군가의 도움을 받는다면 달성할 수 있을 것이다.

철수의 점수 생산 가능 곡선에 대한 지금까지의 설명은 기업이나 국가의 생산 활동에도 그대로 적용할 수 있다. 공부 시간을 노동으로, 경제와 지리를 재화 X와 Y로 바꾸면 된다.

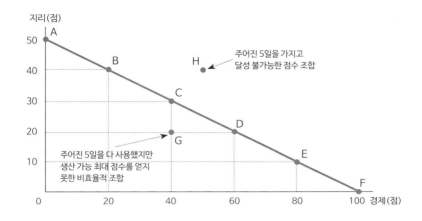

철수의 점수 생산 가능 곡선

경제학에서는 표, 그림, 수식을 많이 사용한다. 표와 그래프, 수식이 나오면 더 어려워 보이고 지레 겁을 먹게 되지만, 사실은 그 반대다. 복잡한 경제 현상을 체계적으로 이해하기 위해서는 백 마디 말보다 한눈에 확인할 수 있는 그림이나 수식이 더 쉽고 효과적이다.

여기에도 물론 경제적 사고방식이 작용하고 있다. 그림으로 그렸을 때의 편익과 비용을 비교해서 편익이 크다 싶은 소재의 경우에는 그림을 활용하는 것이다.

생산 가능 곡선도 재화와 서비스의 생산 가능한 조합이라고 말로 표현하면 무슨 뜻인지 감이 잘 오지 않을 것이다. 이에 비해 철수의 그래프처럼 생산 가능 곡선을 도식화하면 설명하고 이해하는 데 한결 도움이 된다. 그러니 앞으로 나올 표와 그래프를 조금 더 마음 편히 살펴보도록 하자.

✈ 성장의 비밀은 '혁신'이다

앞에서 살펴본 생산 가능 곡선을 이용해 기회비용의 의미를 다시 확인해 보자. 철수가 경제 공부에 하루를 더 사용할 때마다, 즉 조합 A에서 조합 F쪽으로 한 칸씩 옮겨갈수록 경제에서 20점씩 더 얻게 되지만 대신에 지리에서 10점씩을 잃는다. 경제 점수 20점의 기회비용은 지리 점수 10점이라는 뜻이다.

반대로 조합 F에서 조합 A로 이동하면서 지리 공부에 하루를 더 사용할 때마다 지리에서 10점씩 더 얻지만 그 대신 경제에서 20점씩을 잃는다. 다시 말해 지리 점수 10점의 기회비용은 경제 점수 20점이다.

철수의 점수 생산 가능 곡선은 국가의 경제에 대해서도 중요한 시사점을 던져준다. 한 국가가 보유하고 있는 자원으로 달성 가능한 최대량을 생산한다면 자원을 효율적으로 사용한 셈이다. 이때는 국민 전체의 후생 수준도 높아진다.

**조지프 슘페터
(Joseph Schumpeter,
1883~1950)**
오스트리아에서 태어나 재무장관을 거쳐 미국 하버드 대학교 교수로 재직한 경제학자이다. 혁신을 통한 창조적 파괴가 자본주의 발전의 핵심 요소라고 주장했으며 기업가 정신의 중요성을 처음으로 이론화하기도 했다. 대표 저서로 『경제발전의 이론』, 『자본주의·사회주의·민주주의』 등이 있다.

그러나 국가 경제에 실업자가 발생하고 불필요한 규제나 부조리 등으로 생산이 원활하게 이루어지지 못한다면 희소한 자원을 비효율적으로 사용한 결과, G와 같은 지점에서 생산이 이루어진다.

국가가 현재의 생산 가능 곡선을 극복하고 점 H에 이르기 위해서는 기술 혁신이 필요하다. 기술 혁신이 이루어지면 생산 가능 곡선이 밖으로 확대 이동하고 동일한 자원으로 더 많은 생산량을 얻을 수 있으므로 경제가 성장한다.

물론 혁신은 기술 개발에서만 나타나는 현상이 아니

다. 경제학자인 조지프 슘페터*는 자본주의 사회의 발전은 경쟁 속에서 나오는 다양한 혁신에 의해 이루어진다고 말했다. 새로운 발상으로 기존의 생산 방법을 뛰어넘는 것, 새로운 제품을 개발하고 새로운 시장을 개척하는 것, 기업 조직을 효율적으로 개편하는 것 등이 모두 혁신에 해당한다.

국가는 물론이고 기업, 학교, 가정, 그리고 무엇보다도 나 자신이 발전하기 위해서는 혁신을 통해 낡고 비효율적인 것을 새롭고 효율적인 것으로 대체할 수 있는 '창조적 파괴'가 필요하다.

✈ LA 다저스의 효율성은 꽝이다!

우리나라 사람들에게 LA 다저스는 매우 친숙한 미국 프로 야구 구단이다. 박찬호 선수의 뒤를 이어 류현진 선수까지 핵심 선수로 활약하고 있으니 우리나라에서 다저스 구단의 인기가 좋을 수밖에 없다. 그렇지만 경제학자의 시각으로 볼 때 류현진 선수가 활약하고 있는 요 몇 년간의 다저스는 최악의 구단이라 해도 과언이 아니다.

비록 다저스가 이 기간 동안 월드시리즈에서 우승한 적은 없지만 2013년부터 3년 연속 내셔널리그 서부지구 우승을 차지했는데 왜 최악의 구단이라는 걸까?

2015년 다저스는 선수 연봉으로 2.7억 달러를 지불함으로써 메이저리그 30개 구단 중 연봉 지급액 1위를 차지했다. 이는 팀 연봉 최하위인 마이애미 말린스의 3.9배나 되는 금액이다. 다저스 팀 연봉으로 말린스 팀 4개를 운영할 수 있다는 이야기인데, 그렇다면 다저스가 거둔 승수가 말린스의 4배일까?

그렇지 않다. 2015년에 말린스는 1승을 거두기 위해 약 100만 달러를 투자한 셈이지만 다저스는 그 세 배나 되는 300만 달러를 투자했다. 이는 말린스가 다저스보다 훨씬 효율적으로 팀을 운영했음을 의미한다. 다저스가 훌륭한 팀이라는 점은 인정하지만 효율적인 팀은 절대 아니다. 이렇게 많은 돈을 투자하고도 월드시리즈 우승을 하지 못하다니!

영화 흥행 순위도 마찬가지다. 역사상 최대 규모의 수익을 올린 영화는 전 세계에서 약 28억 달러를 벌어들인 〈아바타〉(2009)이다. 우리는 보통 총 흥행 수익을 가지고 어떤 영화가 흥행에 성공했는지를 평가한다. 그러나 효율성 측면에서 보면 이야기가 달라진다.

〈아바타〉의 제작에는 4억 달러가 넘는 엄청난 돈이 들어갔다. 그래서 제작비 대비 수익률을 보면 〈아바타〉는 명함도 못 내밀 작품이 수두룩

하다. 같은 해에 개봉한 〈파라노말 액티비티〉는 1만 5,000달러의 제작비로 1억 9,000만 달러가 넘는 수익을 올려 자그마치 약 129만 퍼센트의 수익률을 달성하고 역사상 최고로 효율적인 영화의 자리에 올랐다.

효율적인 시장 경제 체제

희소한 자원을 어떻게 효율적으로 사용해서 최대의 만족을 얻을지에 대한 고민은 인류 역사와 더불어 시작되었다. 시기와 지역에 따라 저마다 나름의 방식으로 이 문제를 해결하고자 노력했는데, 경제학에서는 이를 크게 세 가지로 구분한다.

첫째, 전통 경제 체제*는 과거로부터 내려온 관습이나 전통에 따라 자원을 이용하고 경제 문제를 해결하는 것을 말한다. 둘째, 시장 경제 체제는 시장에서의 수요와 공급에 따라 가격이 결정되고 각 경제 주체가 자신의 판단에 의해 이익을 극대화하는 방향으로 자원을 이용하는 것을 말한다. 셋째, 계획 경제 체제는 정부가 국가의 경제 활동에 대한 전반적인 계획을 수립하고 각 경제 주체에게 이에 따라 행동하도록 강요하는 것을 말한다.

오늘날 세계 각국은 거의 대부분 시장 경제에 기반을 두고 있다. 전통 경제를 기반으로 하는 나라는 찾아보기 어려우며, 계획 경제에 기반을 두었던 소비에트 연방은 해체된 지 오래다. 심지어 북한조차 계획 경제의 한계를 인식하고 시장 경제 기능을 부분적으로 허용할 정도다.

이처럼 우리가 살아가는 세계가 시장 경제 체제를

전통 경제 체제
근대 이전의 경제 체제로 그 사회의 전통과 관습(신분, 성별, 나이 등)에 따라 경제 문제를 해결한다.

따르는 이유는 시장 경제가 가장 효율적이기 때문이다. 전통 경제 사회에서는 자원을 더 효율적으로 사용할 수 있는 방법을 찾아내더라도 전통에 어긋난다는 이유로 좀처럼 채택되지 않게 마련이다.

또 계획 경제 사회의 경우에는 아무리 뛰어난 능력의 소유자라 하더라도 한 국가의 경제를 완벽하게 계획하고 각 경제 주체를 로봇처럼 명령에 따라 움직이게 할 수는 없는 일이다. 반면에 시장 경제 사회에서는 희소한 자원이 쓸데없는 곳에 사용되지 않고 가장 필요한 곳에 쓰이게 되므로 국민들에게 높은 후생 수준을 보장해 준다.

시장 경제에서는 이 모든 것이 보이지 않는 손* 덕분에 가능해진다. '보이지 않는 손'이란 한마디로 시장과 그 시장에서 결정되는 가격을 말한다. 시장 경제 사회에서는 가격이 자원 낭비를 막아줄 뿐만 아니라 더 나아가 가장 필요한 곳에 자원이 사용되도록 해준다.

스마트폰을 예로 들어 시장 경제 체제에서 가격이 맡는 역할을 알아보자. 시장에서 스마트폰에 대한 수요가 늘어나면 스마트폰 가격이 상승하므로 기업은 스마트폰 생산량을 늘리기 위해 자원을 더 많이 투입한다. 스마트폰의 생산량이 증가하면 소비자의 효용이 높아질 뿐 아니라 기업의 이윤도 증가한다.

희소한 자원이 쓸데없는 곳에 사용되지 않고 사회 전체의 후생을 증진하는 데 사용되므로 효율적이라고 할 수 있다.

만약 어떤 기업이 스마트폰의 인기를 무시한 채 폴더폰만 고집스럽게 계속 생산한다면 시장에서 팔리지 않는 폴더폰을 생산하느라 희소한 자원만 낭비하는 셈이다. 이런 기업은 이윤이 생기지 못하므로 자연

**보이지 않는 손
(invisible hand)**

개인의 사사로운 이익 추구가 뜻하지 않게 공익에도 기여한다는 점을 설명하기 위해 애덤 스미스가 사용한 은유적 표현이다. 오늘날의 경제 용어로 표현하자면 가격 또는 그 가격이 수요와 공급에 의해서 결정되는 시장 그 자체라고 할 수 있다.

스럽게 도태된다. 2011년까지만 해도 휴대 전화 생산 부문 세계 1위 기업이었던 노키아는 스마트폰에 대한 시장의 수요를 무시한 결과 엄청난 손실을 견디지 못하고 2013년에 휴대 전화 사업을 접었다.

어떤 기업이 이윤을 얼마나 벌고 어떤 기업이 문을 닫아야 하는지의 문제에 정부의 계획이나 명령은 필요치 않다. 기업이 이윤을 추구하기 위해 경쟁적으로 행동할 수 있는 시장이 존재한다면, 그 시장에서 결정된 가격에 따라 자원은 자연스럽게 효율적으로 사용된다.

이번에는 여러 기업이 스마트폰을 생산하고 있다고 가정해 보자. 다른 기업보다 비효율적으로 생산 활동을 하는 기업의 스마트폰 가격은 효율적인 기업이 생산한 스마트폰에 비해 비쌀 것이므로 잘 팔리지 않을 것이다.

당연한 결과로 효율적 기업이 이윤을 얻고, 비효율적 기업은 손실을 떠안게 되므로 시장에서 도태된다. 경쟁을 기반으로 하는 시장 경제 체제에서는 비효율적인 기업이 오래 발을 붙일 수가 없다.

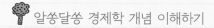
알쏭달쏭 경제학 개념 이해하기

❶❹ **효율성** 최소한의 시간이나 노력을 들여 무언가를 달성하거나, 일정한 시간이나 노력을 들여 최선의 결과에 이르는 것.

❶❺ **생산 가능 곡선** 사용 가능한 자원을 가지고 최대로 생산할 수 있는 재화나 서비스의 조합을 나타내는 곡선.

내가 좋으면
사회도 좋을까?

소비자 잉여, 생산자 잉여

각종 식당들을 소개하는 텔레비전 프로그램 가운데 이런 방송이 있다. PD가 한 식당에서 팔고 있는 음식을 행인들에게 보여주고 "당신이라면 얼마를 내시겠습니까?"라고 질문을 던진다.

대부분의 사람들이 1만 5천 원이나 2만 원이라고 대답한다. 그러나 이 음식이 실제로 8천 원에 팔리고 있다는 말을 들은 사람들은 너 나 할 것 없이 놀라운 표정을 짓는다.

1만 5천 원이라고 대답한 사람은 그 음식을 먹기 위해 1만 5천 원까지 낼 의향이 있다는 것이다. 그렇지만 실제로 해당 식당에서 음식을 먹을 때는 8천 원만 내면 된다. 그러면 이 사람은 음식 자체에서 얻는 효용 외에 7천 원이라는 '소비자 잉여'를 덤으로 얻는다.

이때 소비자 잉여는 돈으로 돌려받는 것이 아니며 소비자가 재화를 소비하면서 얻는 주관적 편익을 말한다. 만약 인터뷰에서 2만 원이라고 응답한 사람이 이 음식을 먹는다면 1만 2천 원에 해당하는 소비자 잉여를 얻는 셈이 된다.

일반적으로 소비자가 재화나 서비스를 구입할 때 지급하는 비용(또는 가격)은 그 재화나 서비스에서 얻는 효용보다 작다. 만약 효용보다 가격이 크다면 합리적인 소비자는 비싸다는 생각에 절대로 해당 제품을 구매하지 않을 것이다. 그러므로 대부분의 소비자는 재화나 서비스를 구입하면서 소비자 잉여를 얻는다.

이 프로그램은 식당을 소개할 때마다 주인에게 늘 같은 질문을 던지곤 한다. "이렇게 싸게 파시면 남는 게 있나요?" 사실 이는 매우 어리석은 질문이다. 세상에 어떤 식당 주인이 손해를 보면서 장사를 하겠는가? 이 같은 우문에 식당 주인은 현답을 제시한다. "원가에 이윤을 조금만 붙여 박리다매 하고 있어요."

그렇다. 재화나 서비스를 파는 사람도 손해를 보지 않으려면 최소한으로 받아야 하는 가격의 하한선이 있다. 그리고 이 하한선보다는 높게 가격을 책정해야 '생산자 잉여'를 얻을 수 있다.

최소한 6천 원은 받아야 손실을 면하는 음식의 가격을 8천 원으로 정한다고 할 때 식당 주인은 음식 1인분을 팔아서 2천 원의 생산자 잉여를 얻는 셈이 된다.

이 식당에서 손해를 본 사람은 누구일까? 소비자는 음식을 먹고 가격보다 큰 효용을 얻음으로써 7천 원이라는 소비자 잉여를 얻었다. 식당 주인도 2천 원이라는 생산자 잉여를 얻었다.

손해 본 사람은 아무도 없다. 각자 자신의 이익을 추구한 결과 사회 전체가 이로워졌다.

✈ 한 배를 탄 사익과 공익

만약 개인의 사익 추구가 사회 전체의 이익을 훼손한다면 사익과 공익 사이에 심각한 충돌이 발생해서 무엇을 우선시해야 하는지에 대한 논란이 끊이지 않을 것이다. 그러나 식당의 사례에서 확인할 수 있듯이 시장 경제 체제에서 사익 추구는 사회의 이익을 침해하지 않는다.

이 사실은 소비자 잉여와 생산자 잉여 개념을 통해서 다시 확인할 수 있다. 사회 전체의 관점에서 보면 소비자와 생산자 모두 사회의 구성원이므로 소비자 잉여든 생산자 잉여든 사회가 얻는 이득이다. 즉 소비자 잉여와 생산자 잉여를 합한 것이 사회가 얻는 총 잉여에 해당한다.

사회가 얻는 총 잉여 = 소비자 잉여 + 생산자 잉여

사회가 얻는 총 잉여는 언제 최대가 될까? 수요와 공급이 일치하는 가

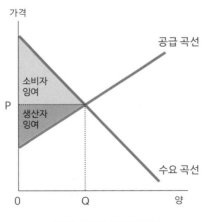

소비자 잉여와 생산자 잉여

격 P에서 거래가 이루어질 때이다. 만약 정부가 이 가격이 너무 높아 소비자들에게 부담이 된다고 생각해서 가격을 P*로 인하하도록 규제한다고 가정해 보자. 이 정책 덕분에 사회가 얻는 총 잉여가 증가할까?

가격이 P*에 묶이게 되면 기업은 손해를 보지 않으려고 재화를 Q*까지만 공급한다. 소비자로서는 물건을 더 사고 싶어도 기업이 물건을 더 이상 생산하지 않으므로 Q*까지만 소비할 수 있다. 따라서 사회가 얻는 총 잉여는 다음 그림에서처럼 사다리꼴 모양이 된다.

이 사다리꼴의 크기는 정부가 가격을 규제하기 전에 사회가 얻었던 총잉여에 비해 분명히 작다. 앞의 그림과 비교해 보면 굳이 면적을 계산해 보지 않더라도 전체 잉여의 크기가 작아졌음을 눈으로 쉽게 확인할 수 있다.

소비자는 자신의 효용을 추구하기 위해 수요 곡선을 따라 자발적으로 움직이고, 생산자도 이윤을 추구하기 위해 공급 곡선을 따라 자발적으로 움직인다.

이처럼 소비자와 생산자가 자발적으로 행동한 결과로 나타난 수요와

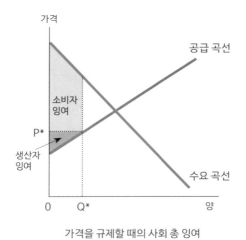

가격을 규제할 때의 사회 총 잉여

공급의 균형점에서 사회 전체의 잉여가 최대가 되며, 정부가 시장에 개입해서 소비자나 기업의 선택에 규제를 가할 때에는 오히려 사회의 총잉여가 감소한다는 놀라운 결과가 나타난다.

✈ 잉여 빼앗기 전쟁

한 사람의 소비자에 불과한 우리는 사실 시장에서 언제 총 잉여가 최대가 되고, 사회가 얻는 소비자 잉여의 크기가 얼마인지에 대해서는 별관심이 없다. 그건 경제학자들이나 관심 가질 문제다. 평범한 개인이나 기업에는 각자가 거래에서 얻는 잉여의 크기가 무엇보다도 중요하다.

시장 가격이 천 원인 컵라면 시장을 생각해 보자. 시장 전체로 따지면 하루에 수십만 개의 컵라면이 팔리지만 내가 먹는 컵라면은 이 가운데 한 개뿐이다.

만약 내가 천 원짜리 컵라면에서 1,500원 어치의 만족을 얻는다면 컵라면 하나를 먹을 때 나는 500원의 소비자 잉여를 얻는 셈이다. 그리고 편의점이 손해를 보지 않기 위해 받아야 하는 최저 금액이 700원이라면 나에게 컵라면 한 개를 판 편의점은 300원의 생산자 잉여를 얻는다.

컵라면이 정찰제로 거래되는 편의점에서는 소비자와 생산자가 각각 평온하게 자신의 잉여를 챙기지만, 흥정에 의해 가격이 결정되는 시장에서는 이야기가 달라진다. 흥정을 얼마나 잘하느냐에 따라 소비자는 생산자 잉여를, 생산자는 소비자 잉여를 빼앗을 가능성이 높다.

상인은 "학생이니까 싼값에 주는 거야. 어디 가서 이 가격에 샀다고 말하지 마"라고 생색내지만 실은 "소비자 잉여를 빼앗아서 미안해"라며

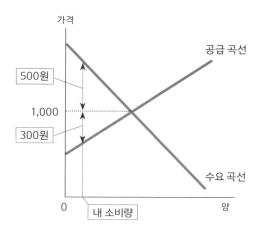

가격

공급 곡선

500원

1,000

300원

수요 곡선

0

내 소비량

양

컵라면 거래에서의 잉여

속으로 흡족해 할지 모른다.

같은 물건인데 친구보다 비싸게 사서 기분이 상한 경험이 있다면 소비자 잉여 일부를 착취당한 것이다. 반면에 한 푼이라도 가격을 더 깎고 덤을 듬뿍 챙기는 사람은 생산자 잉여를 빼앗는 데 성공할 가능성이 높다.

 알쏭달쏭 경제학 개념 이해하기

⑯ **소비자 잉여** 소비자가 지불할 용의가 있는 액수에서 실제로 지불한 액수를 뺀 금액. 만약 2만 원을 낼 용의가 있는 사람이 8천 원에 음식을 먹었다면 소비자 잉여는 그 차액인 1만 2천 원이다.

⑰ **생산자 잉여** 생산자가 실제로 받은 액수에서 최소한 받으려고 했던 액수를 뺀 금액. 만약 6천 원에 음식을 팔 용의가 있었던 식당 주인이 손님으로부터 8천 원을 받았다면 생산자 잉여는 그 차액인 2천 원이다.

수능에도 잘못 나온 '퍼센트', 똑바로 알자

퍼센트, 퍼센트포인트

　　2014년 11월에 치러진 대학수학능력시험 영어 영역에서 복수 정답을 인정하는 사태가 벌어졌다. "휴대 전화 번호 공개 비율이 2006년 2%에서 2012년 20%로 18% 증가했다"라는 5번 선택지 때문이다.

　　출제진은 이 서술이 옳다고 생각했지만 실은 틀린 것이었다. 이에 대해 한국교육과정평가원은 복수 정답을 인정했고, 한국교육과정평가원장은 수십만 명 수험생의 혼선을 초래한 데 책임을 지고 자리에서 물러났다.

　　문제를 만든 사람들이 평소에 경제 관련 기사를 주의 깊게 읽었더라면 이런 실수를 저지르지 않았을 것이다. 통계를 많이 다루는 경제 분야에서는 자연스럽게 경제 관련 통계 수치가 많이 등장하고 그 수치의 변화를 측정하거나 비율을 구하고자 퍼센트를 자주 사용한다.

퍼센트, 우습게 보면 큰 코 다친다

퍼센트는 초등학교 수학 시간에 배우는 기초 개념이지만 이를 해석할 때에는 몇 가지 주의를 기울여야 한다.

첫째, 증가율이 감소했다고 해서 수치가 줄어든 것은 아니다. 예를 들어 기업의 투자 증가율이 재작년에는 10퍼센트였는데 작년에 5퍼센트로 떨어졌다고 해서 투자 자체가 감소한 것은 아니다. 증가율이 감소하기는 했지만 여전히 양(+)의 값을 가지므로 투자는 계속 증가했다. 다만 증가하는 폭 또는 기세가 한풀 꺾였다는 뜻이다.

만약 투자 자체가 감소한다면 증가율이 음(-)의 값을 갖게 된다. 다시 말해, 증가율이 양의 값을 보이는 한 투자는 계속 증가하고 있는 것이다.

둘째, 퍼센트는 비대칭적이다. 어느 해에 소득이 20퍼센트 감소했다가 그다음 해에 20퍼센트 증가했다면, 소득이 원래 수준으로 회복되었으리라고 착각하기 쉽다. 그러나 실상은 그렇지 않다.

예를 들어 소득이 100만 원이었다가 20퍼센트 감소하면 80만 원이 된다. 그러고 나서 다시 20퍼센트 증가하면 96만 원이다. 소득이 원래 수준인 100만 원으로 회복되려면 25퍼센트 증가해야 한다.

이와 같은 비대칭성은 퍼센트를 구하는 공식에서 비롯한다. 분모에는 기준이 되는 시기의 수치가 들어가므로 증가율을 계산할 때마다 분모의 값이 달라지게 마련이다.

비대칭성에 대한 착각은 주식 투자를 하는 사람들에게서 쉽게 찾아볼 수 있다. 지난 달 주식 투자에서 30퍼센트 손실이 발생했지만 이번 달에 30퍼센트 수익을 얻었으므로 두 달 동안 원금은 그대로라고 믿는 투자자들이 여기에 해당한다. 그러나 손실을 완전히 회복하려면 주가가 더 높은 비율로 상승해야 한다. 즉 30퍼센트 수익을 올린 후 30퍼센트 손실이 발생하는 경우는 본전이 아니라 손해를 본 것이다.

셋째, 비율이 같다고 해서 수치까지 같지는 않다. 예를 들어 인구가 100만 명인 국가와 1,000만 명인 국가가 있다고 하자. 두 국가의 실업률이 5퍼센트로 같더라도 실업자 수는 5만 명과 50만 명으로 큰 차이가 있다.

더 나아가 인구가 1,000만 명인 국가의 실업률이 3퍼센트로 하락했다 하더라도 실업자 수는 30만 명인 셈이므로, 실업률이 5퍼센트인 인구 100만 명 국가의 실업자 수 5만 명보다 여전히 많다.

✈ 퍼센트? 퍼센트포인트!

1월 4일 코스피 지수가 전날보다 42.55포인트 하락하며 마감했다. 이날 중국 증시는 제조업 부진에 대한 우려로 상하이 종합 지수가 전날보다 6.9퍼센트 하락했다.

2016년 1월 5일자 신문에 실린 우리나라 주식 시장 기사의 일부다. 여기서 코스피 지수를 설명하며 쓴 '포인트'라는 단위는 뭘 의미하는 걸까?

길이나 무게를 측정할 때는 미터나 킬로그램 같은 단위를 사용한다. 그래서 키가 170cm인 사람과 175cm인 사람의 키 차이는 5cm라고 말한다. 그러나 소비자 물가 지수, 행복 지수, 경쟁력 지수, 주가 지수 등 경제 지수(index number)에는 특별한 단위가 없다.

말 그대로 지수, 즉 숫자이다. 2015년 12월 우리나라 소비자 물가 지수는 110.21이며 단위가 붙지 않는다. 2015년 12월 30일 코스피 지수인 1,961.31 역시 아무런 단위가 없다.

이런 지수가 일정 기간 동안 얼마나 변했는지를 표현하는 방법에는 두 가지가 있다. 첫째, 퍼센트로 변화율을 측정하는 것이다. 코스피 지수가 2,000에서 2,020이 되면 1퍼센트 상승했다고 말한다.

둘째, 그냥 수치상으로 지수가 어느 정도 변했는지를 나타내는 방법이다. 코스피 지수가 2,000에서 2,020으로 변했으므로 20포인트 상승했다고 말하는 것이다. 이때 포인트(point)는 지수의 차이를 측정할 때 사용하는 단위이며 줄여서 p로 표시한다. 코스피 지수가 2,000에서 '1퍼센트 상승했다'는 것과 '20포인트 상승했다'는 것은 같은 뜻이다.

마찬가지로 퍼센트(변화율 또는 비율)의 차이를 말할 때도 포인트라는 단위를 사용한다. 예를 들어 저축률이 1년 사이에 20퍼센트에서 23퍼센트로 증가할 경우 저축률이 3퍼센트포인트(%p) 상승했다고 말한다. 이를 저축률이 3퍼센트 상승했다고 말한다면 잘못된 표현이다.

간단한 예를 하나 더 살펴보자. 전체 수험생 가운데 제2외국어로 중국어를 선택한 학생들의 비율이 2010년 40퍼센트, 2015년 30퍼센트라고 가정하자. 이 기간 동안 중국어를 선택한 학생의 비율은 10퍼센트포인트 감소한 것이다.

앞에서 이야기한 수능 영어 문항의 경우 휴대 전화 번호 공개 비율이 2006년 2퍼센트에서 2012년 20퍼센트로 18퍼센트 증가한 것이 아니라 18퍼센트포인트 증가했다고 표현해야 옳다.

 알쏭달쏭 경제학 개념 이해하기

⑱ **코스피(KOSPI) 지수** 우리나라 주식 시장을 대표하는 종합 주가 지수.

⑲ **퍼센트포인트** 두 퍼센트 수치 간의 산술적인 차이를 나타내는 단위.

용어를 정확히 알면
경제가 보인다

돈, 투자, 자본, 희소성, 공짜, 지출

"기업의 투자가 부진해서 경제 성장 활력이 떨어지고 있는 가운데 주식 투자에 나섰던 개인들이 큰 손해를 보고 있다." 이 문장에는 '투자'라는 말이 두 차례 나온다. 둘은 같은 의미일까 아니면 다른 의미일까?

혹은 다음 문장을 살펴보자. "길거리에 떨어진 돈을 줍는 사람 가운데에는 돈이 많은 사람과 돈을 한 푼도 벌지 못하는 사람이 섞여 있었다." 한 문장 속에 '돈'이 세 차례 나온다.

무언가를 새로 배우기 시작하는 사람들이 겪는 어려움 가운데 많은 부분은 개념에 대해 정확하게 이해하지 못한 데에서 생겨난다. 그동안 일상생활에서 사용해 온 의미와는 다른 뜻으로 쓰이는 개념이 많아서 핵심 내용을 이해하는 데 어려움을 겪고 혼란을 느끼게 되기도 한다. 그래서 하나의 분야를 제대로 이해하려면 무엇보다도 먼저 그 분야에서 사용하는 개념의 의미를 정확히 알아야 한다.

경제학에도 여러 가지 개념이 많이 등장한다. 청소년들 또한 경제학을 배우면서 수많은 경제 개념의 정확한 의미를 파악하는 일을 어려워 한다. 엎친 데 덮친 격으로 경제 용어 중에는 글자는 같은데 뜻이 다른 동음이의어까지 있어 청소년들을 더욱 괴롭힌다. 더 나아가 어떤 용어는 우리가 일상생활에서 사용하는 것과는 전혀 다른 의미로 사용되어 헷갈리기 그지없다.

돈, 자본, 투자 등이 이에 해당하는 대표적인 용어다. 이들 용어는 여러 가지 뜻을 지니고 있으므로 문장 속에서 앞뒤 맥락을 통해 그 말이 어떤 의미로 사용되고 있는지를 잘 파악해야 한다.

✈️ 같은 소리, 다른 뜻을 지닌 알쏭달쏭 경제 개념

가장 먼저 '돈(money)'부터 생각해 보자. 우리가 "돈을 많이 버는 사람"이라고 말할 때의 돈은 소득(income)을, "돈이 많은 사람"이라고 말할 때의 돈은 자산(asset)이나 재산 혹은 부(wealth)를 의미한다.

그리고 "금융시장에서 돈의 흐름"이나 "돈의 경제적 역할" 등에 대해 이야기할 때의 돈은 화폐(money)를 뜻한다. 일반적으로 경제학 관련 서적에서 돈이라고 할 때에는 화폐를 의미하는 경우가 많다.

또 많은 청소년들이 오해하고 있는 개념으로 '자본(capital)'이 있다. 자본에는 두 가지 의미가 있다. 첫 번째 의미는 '자금'이다. 자금은 사업이나 장사를 하는 데 밑천이 되는 돈을 말한다. "사업을 하려면 충분한 자본이 있어야 해", "자본이 부족해서 가게를 확장하지 못했어"라고 말하는 것이 이에 해당한다. 경제학을 전공하지 않은 사람들이 자본이라고 말할 때는 대체로 자금을 뜻한다.

자본의 두 번째 의미는 이와는 전혀 다르다. 경제 활동의 세 가지 생산 요소로서 노동, 자본, 토지가 있다고 말할 때의 자본이 여기에 해당한다. 첫 번째 뜻과 구분하기 위해 어떤 책에서는 자본재라고 표현하기도 한다.

생산 요소로서의 자본은 사람들이 만들어낸 물건 가운데 기업이 다른 생산 활동을 하는 데 다시 투입되어 쓰이는 것들을 말한다. 이러한 자본의 예로는 건물, 기계, 도구 등을 들 수 있다.

예를 들어 제과점이 빵을 만들기 위해서 사용하는 그릇, 믹서, 빵틀, 오븐 등은 모두 자본에 해당한다. 이는 모두 사람들이 만들어낸 것이며, 빵이라는 생산물을 만들기 위해 사용하는 물건이라는 공통점이 있다. 또한 자본은 한 번 사용하고 사라지는 것이 아니라 오랫동안 반복해서 사용된다는 특성이 있다.

기업이 굳이 돈을 들여가며 자본을 구입해서 활용하는 것은 자본 없이 생산 활동을 하는 것에 비해 생산성이 올라가고 생산 능력 자체가 향상되기 때문이다. 제과점에서 빵틀, 믹서, 오븐 없이 빵을 만든다고 상상해 보라. 빵을 만드는 데 시간이 훨씬 오래 걸릴 테고 빵의 모양도 일정하지 않으며 맛도 들쑥날쑥할 것이다. 이처럼 적절한 자본이 없다면 기업의 생산 활동은 매우 비효율적인 것이 된다.

'투자(investment)'는 기업이 생산 요소인 자본을 구입하는 행위를 말한다. 기업이 투자를 하면 새로운 자본이 축적되어 생산성이 향상되므로, 투자는 국가 경제가 성장하기 위한 중요한 요건 가운데 하나다.

투자를 통해 구비한 자본은 재화나 서비스를 생산하는 과정에 반복 사용되면서 점점 낡고 닳아 시간이 흐른 후에는 폐기된다. 그러므로 기업은 꾸준히 투자를 해서 새로운 양질의 자본을 마련해야 한다.

그런데 투자에는 또다른 뜻이 있다. 여러분도 많이 들어보았을 "주식 투자"나 "부동산 투자"라는 말에서 투자는 앞에서 이야기한 기업의 투자 활동과는 전혀 다른 의미를 갖는다. 이때의 투자는 사람들이 돈을 불리려는 목적 또는 재테크 차원에서 주식이나 부동산을 구입한 후 가격이 올랐을 때 팔아 시세 차익을 남기려는 행위를 말한다.

✈ 경제학 고유의 의미를 지닌 개념들

국어사전에서 '희소하다'라는 단어를 찾아보면 "매우 드물고 적다"라는 뜻풀이가 나온다. 대부분의 사람들은 이런 의미로 '희소'라는 표현을 사용한다. 그러나 경제학에서는 "욕구에 비해서 부족한 상태"를 '희소'하다고 정의한다.

어떤 재화가 아무리 드물고 수가 적다 해도 그에 대한 사람들의 욕구가 없으면 경제학에서는 희소하다고 말하지 않는다. 반대로 어떤 재화에 대한 사람들의 욕구가 무한하다면 그 재화의 수가 아무리 많더라도 무한한 욕구에 비해서는 부족한 셈이므로 희소하다고 할 수 있다. 이처럼 경제학에서의 희소성은 상대적인 개념이다.

예를 들어서 우리나라에는 수천만 대의 자동차가 존재한다. 이는 분명 "매우 드물고 적은" 상태가 아니다. 그러나 경제학에서는 자동차가 희소한 재화라고 규정한다. 자동차에 대한 사람들의 욕구가 너무 커서 수천만 대의 자동차로도 다 충족하지 못하기 때문이다.

자동차와 대비되는 사례로 타자기를 들 수 있다. 타자기는 과거에 서

류를 작성할 때 사용되었지만 컴퓨터가 등장한 이후 자취를 감추었다.
현재 우리나라에 타자기가 몇 대나 있는지는 정확히 알 수 없지만 얼마
되지 않는 것만은 분명하다. 그러나 타자기를 원하는 사람들의 욕구가
없다면 경제학에서는 이를 가리켜 희소하다고 말하지 않는다.

"이 세상에 공짜는 없다"라는 말이 있다. 흔히 쓰는 말 같지만 이는
사실 경제의 핵심 원리 가운데 하나다. 여기서 공짜라는 말에 유념해야
한다. 사람들은 자신이 직접 돈을 지불하지 않고 무엇인가를 얻을 때 공
짜라고 말한다.

그래서 백화점 시식 음식, 65세 이상 노인이 이용하는 지하철, 빈곤
층이 지원받는 정부 보조금처럼 아무런 대가 없이 얻을 수 있는 것들이
우리 주변에 많이 있으므로 "이 세상에 공짜는 없다"라는 경제 원리가
틀렸다고 오해하는 사람도 있다.

경제학에서는 자신이 직접 지불한 돈 외에도 어떤 활동에 들인 시간과 노력, 그리고 사회의 다른 사람들이 간접적으로 지불하는 돈과 시간 등을 모두 비용, 즉 기회비용으로 간주한다. 따라서 "이 세상에 공짜는 없다"라는 경제 원리는 옳다. 이 책에서는 자신이 직접 돈을 지불하지 않는 상태를 '무료'라는 용어로 표현함으로써 공짜와 구분하고자 한다.

> **비소비 지출**
> 세금, 국민연금, 건강보험료 등 법에 따라 의무적으로 해야 하는 지출을 말함

'지출'이라는 용어에도 주목할 필요가 있다. 보통 사람들은 일상 대화에서 지출을 소비와 같은 의미로 사용하지만 경제학자들은 둘을 구분한다. 경제학에서 말하는 지출은 소비 지출 외에 비소비 지출*, 저축, 부동산 구입비 등을 모두 포함한다.

다시 말해 지출은 어떤 목적을 위해 지급하는 모든 돈을 가리키며, 소비보다 포괄적인 개념이다. 소비가 지출에서 가장 큰 비중을 차지하기는 하지만 전부는 아니며 저축, 세금 등도 지출에 해당한다.

🌳 알쏭달쏭 경제학 개념 이해하기

⑳ 돈 ① 화폐 ② 소득 ③ 자산, 재산, 부.

㉑ 자본 ① 생산물 가운데 기업이 다른 재화나 서비스를 생산하는 데 투입되는 재화로서, 자본재라고도 함. ② 장사나 사업에 기본이 되는 자금.

㉒ 투자 ① 기업이 생산 요소인 자본을 구입하는 행위. ② 주식 투자처럼 시세 차익을 기대하고 돈을 운용하는 행위.

㉓ 지출 소비, 저축, 세금 등 어떤 목적을 위해 지급하는 모든 돈.

조기 교육보다 조기 저축이 중요하다

조기 교육 만큼, 아니, 조기 교육보다 중요한 것이 있다. 바로 조기 저축이다. 그렇다면 조기 저축이 왜 중요한지 꼼꼼하게 따져보자.

단리보다 복리가 유리하다

저축의 출발점은 은행 예금이다. 예를 들어 은행 정기 예금에 가입해 100만 원을 예금하고 이자율이 2퍼센트라고 하면 1년 후 이자로 2만 원을 받는다. 은행마다 제시하는 이자율이 조금씩 다르므로 어떤 예금 상품을 선택할 것인지를 결정하기에 앞서 반드시 이자율을 비교해야 한다.

이자율은 금리라고도 한다. 이왕이면 금리가 조금이라도 높은 상품에 가입하는 것이 합리적이다.

저축 이자에도 세금을 내야 한다

"소득 있는 곳에 세금 있다"라는 과세 원칙처럼 모든 소득에는 세금이 부과된다. 예금 이자도 예금주 입장에서는 소득에 해당하므로 우리나라에서는 이자 소득에 대해 15.4퍼센트의 세율을 적용하고 있다. 결국 예금주는 세금을 납부하고 남은 이자만을 손에 쥐게 된다.

다만 여기서는 계산을 단순화하기 위해 세금을 납부하기 전의 이자를 가지고 설명하기로 한다.

금리와 관련해서 반드시 알아두어야 할 것이 하나 더 있다. 비록 금리가 같다 하더라도 계산하는 방법에 따라 이자 액수가 달라질 수 있다는 점이다. 이자를 계산하는 방법에는 '단리'와 '복리' 두 가지가 있다.

단리는 대부분의 사람들이 알고 있는 이자 계산법으로, 원금에 대해서만 이자율과 예금 기간을 곱해서 이자를 지급하는 방식이다.

$$단리\ 이자\ =\ 원금\ \times\ 금리\ \times\ 기간$$

반면에 복리는 일정 기간이 지난 후 발생한 이자 또한 원금으로 취급해 여기에 대해서도 이자를 지급하는 방식이다.

$$복리\ 이자\ =\ 원금\ \times\ (1+금리)^{기간}\ -\ 원금$$

단리의 경우에도 매년 이자가 발생하지만 맨 처음 맡긴 원금에 대해서만 이자가 붙는다. 그러나 복리의 경우에는 이자에 다시 이자가 붙으므로 단리에 비해 더 많은 이자를 받을 수 있다.

금리가 같더라도 단리보다는 복리로 이자를 계산해 주는 금융 상품에 가입하는 편이 합리적이다. 그러나 안타깝게도 현재 우리나라 시중 은행이 판매하고 있는 금융 상품 가운데 복리 상품은 찾아보기 어렵다. 그 대신 저축 은행이 판매하는 금융 상품 중에는 복리 상품이 많이 있다.

그런데 저축 은행은 일반 은행에 비해 규모가 작아 안정성 측면에서 상대적으로 취약하다는 문제가 있다. 물론 저축 은행의 예금 상품도 예금자 보호제도의 대상이므로 크게 염려할 것은 없지만, 안전성을 강조하는 사람이라면 일반 은행 쪽을 선호하게 된다.

일반 은행을 고집하는 사람이라면 스스로 복리 효과를 만들어낼 수 있다. 정기 예금에 가입한 후 발생한 이자와 원금을 한 푼도 인출하지 않고 그대로 다시 예금하는 것이다. 매년 발생하는 이자가 새로운 원금이 되는 셈이기에 이자에 이자가 붙는 복리 효과가 나타난다.

지금 당장 저축을 시작하라

예금주가 복리의 장점을 제대로 누리려면 저축하는 기간이 길어야 한다. 만약 1년 동안만 저축을 한다면 단리 이자와 복리 이자 간에 아무런 차이가 없다. 단리와 복리의 차이는 예금 기간이 늘어날수록 확대된다.

사람들이 종종 저지르는 실수 가운데 하나는 돈이 없다는 핑계로 저축을 미루는 것이다. 나중에 여유 자금이 생기면 그때부터 저축해야지 하는 사람은 일찌감치 저축을 시작해 복리 효과를 누리는 사람을 이길 수 없다.

40살부터 60살까지 저축하는 사람은 20년 동안만 복리 효과를 누릴 뿐이다. 이 사람은 20살부터 저축해서 40년 동안 복리 효과를 누리는 사람을 따라잡을 도리가 없다. 저축에서 시간만큼 소중한 것은 없다.

중요한 것은 얼마나 많은 돈을 저축하느냐가 아니라 언제 저축을 시작하느냐이다. 비록 적은 돈이라 할지라도 일찍 시작할수록 복리의 혜택을 더 많이 누릴 수 있다.

2011년에 개봉한 영화 〈푸른소금〉을 보면 신세경이 송강호에게 이 세상에서 가장 소중한 세 가지 금에 대해 말하는 장면이 있다. 황금, 소금, 그리고 지금. 맞는 말이다. 그러나 안타깝게도 많은 사람들이 '지금'의 소중함을 모르고 산다. 특히 저축에서 '지금'의 중요성은 더욱 크다. 지금 당장 저축을 시작하면 돈이 돈을 불러 모으게 할 수 있다.

저축할 돈이 없다는 말은 핑계에 불과하다. 저축을 시작하는 데 큰돈은 필요 없다. 조금씩 모아 큰돈을 마련하기 위해 저축을 하는 것이다.

지금 당장 저축할 돈 몇천 원이 정말 없는가? 우리는 비교적 비싼 물건을 살 때는 자로 재듯 꼼꼼히 따지고 생각에 생각을 거듭해 신중하게 결정한다. 그러나 이에 비해 싼 물건은 깊이 생각지 않고 대충 결정하는 경향이 있다. "천 원짜린데 뭐 어때?" 하면서 허투루 써버리는 돈을 아낄 수만 있다면 저축할 돈은 충분히 마련할 수 있다.

매일같이 소소하게 나가는 돈, 속된 표현으로 '껌 값'에 해당하는 지출부터 줄이고 한 푼 두 푼 저축하는 것이 합리적 선택의 출발점이다.

경제는 인류의 탄생과 더불어 시작되었다는 말이 있다. 인간의 생활 자체가 경제 문제의 연속이므로 이 말은 결코 과장이 아니다. 스미스, 리카도, 케인스 등 인간의 경제 생활을 근본적으로 뒤바꿔 놓고 오늘날까지 지대한 영향을 미치고 있는 위대한 경제학자들의 생각을 이해하는 것은 경제학을 배우는 과정에서 빼놓아서는 안 될 일이다. 2장에서는 경제학을 세계사 시간에 배웠던 내용과 연결해 한층 흥미롭고 유익한 경험으로 만들어보자.

2장

경제학의 역사,
한눈에 훑어보자

경제학 탄생 이전의
경제 사상가들

헤시오도스, 크세노폰, 아리스토텔레스

경제학이 언제 처음 시작되었는지 또는 경제학을 처음 만들어낸 사람이 누구인지를 논하는 것은 큰 의미가 없다. 인류 역사가 시작되면서부터 자연스럽게 생산, 소비, 욕구 충족 등의 경제 문제에 대한 고민과 논의가 시작되었다고 보는 게 옳을 것이다.

🌷 희소성의 문제를 인식한 헤시오도스

인간이 노동을 해야 하는 이유는 신이 음식을 계속 숨기기 때문이다. 그렇지 않다면 너는 하루만 일해도 1년 동안 일하지 않고 살기에 충분한 것을 얻을 수 있을 것이다.

이는 기원전 8세기 무렵 고대 그리스의 시인 헤시오도스*가 쓴 시 「노동과 나날(*The Works and the Days*)」에 나오는 내용으로, 역사상 가장 오래된 경제 관련 기록 중 하나다.

헤시오도스는 인간이 최초로 거주했던 에덴에서는 원하는 것을 언제든지 마음껏 얻을 수 있었으므로 경제 문제나 희소성 문제가 존재하지 않았지만, 인간이 천국에서 쫓겨나 지금의 세상에 살게 되면서 나날이 노동과 슬픔에서 벗어날 수 없는 상태에 놓이게 되었다고 생각했다.

헤시오도스는 이처럼 열악한 상태에 처하게 된 것은 '희소성' 때문이므로 노동, 자원, 시간을 효율적으로 배분해야 한다고 강조했다. 또한 그는 인간은 (부를 낳는) 노동과 (신과 같은 상태인) 여가 사이에서 선택을 해야 하는 존재라고 말함으로써 기회비용의 개념 또한 인지하고 있음을 보여주었다.

헤시오도스는 경쟁에 대해서도 언급했다. 경쟁은 서로를 모방하도록 만들어 생산을 자극하므로 희소성 문제를 해결하는 데 중요한 역할을 하는 '좋은 갈등'이라는 게 그의 생각이었다.

**헤시오도스
(Hēsidos, B.C.?~B.C.?)**
기원전 8세기 무렵에 활동한 그리스의 시인이다. 신들의 전설을 다룬 「신통기」와 시골 생활을 묘사한 「노동과 나날」이라는 두 편의 시가 온전한 형태로 남아 전해진다.

단, 공정한 경쟁이 이루어지려면 강도질같이 부당한 방법으로 부를 획득할 수 없게끔 사회 질서를 유지해야 한다고 덧붙였다. 오늘날의 관점에서 볼 때에도 자연스러운 경제 인식일 뿐 아니라 기원전에 이미 시장 경제의 핵심을 꿰뚫고 있었음이 그저 놀라울 따름이다.

🌷 '경제'라는 말을 처음 사용한 크세노폰

헤시오도스가 살았을 당시에는 오늘날 우리가 사용하는 '경제 (economy)'라는 용어가 존재하지 않았다. 경제라는 말이 처음 등장한 것은 그로부터 몇백 년 후 크세노폰*이 저술한 『오이코노미코스 (Oikonomikos, Oeconomicus)』에서다.

그리스어로 '오이코노미코스'는 가계의 관리라는 뜻이다. 이 무렵 그리스는 노예제 사회였기에 하나의 가계가 많은 수의 노예와 대규모 농장으로 구성되어 있었다. 그러므로 크세노폰이 말한 가계의 관리란 오늘날처럼 단순히 가정 살림을 의미하는 것이 아니라 농장의 관리 전반을 의미한다고 볼 수 있다.

『오이코노미코스』에서 크세노폰이 주로 관심을 둔 부분은 효율성이었다. 가계, 즉 농장을 어떻게 효율적으로 관리하고 생산물을 어떻게 잘 보관할 것인가가 이 책의 핵심 내용이다.

그는 효율적으로 돌아가는 훌륭한 조직이 가계의 생산성을 높일수 있다고 믿었다. 그리고 효율적인 조직을 만들기 위해서는 관련 분야에 정통한 지도자와 질서가 반드시 필요하다고 생각했다.

이는 오늘날 경제학이 추구하는 효율성과 크게 다르지 않다. 효율성을 높이고자 고민하고 노력해 온 인간의 역사가 매우 오래전까지 거슬러 올라감을 확인할 수 있다.

오늘날 대부분의 사람들은 분업 하면 애덤 스미스를 떠올리지만, 분업이 생산성을 높일 수 있다는 주장을 가장 먼저 한 사람은 크세노폰이다.

> **크세노폰(Xenophōn, B.C.430?~B.C.355?)**
> 고대 그리스의 사상가이자 저술가, 군인이다. 플라톤과 함께 소크라테스의 제자였으며 당시 그리스의 역사, 생활사, 소크라테스의 가르침 등에 대한 많은 기록을 남겼다.

그는 작은 마을에서는 한 사람의 일꾼이 의자, 문, 쟁기, 탁자 등을 모두 만들어야 하지만 한 사람이 이 모든 활동을 능숙하게 할 수는 없다고 지적했다. 반면에 큰 도시에서는 충분한 수요가 있으므로 한 사람이 한 가지 기술만 가지고 생계를 꾸릴 수 있으며, 각자가 맡은 업무에 충실할 때 더 효율적인 생산이 가능하다고 말했다.

이러한 분업은 부엌에서도 이루어질 수 있다. 커다란 부엌에서 여러 사람이 역할을 나누어 만들어낸 음식은 한 사람이 모든 일을 수행해야 하는 작은 부엌에서 마련한 음식보다 낫다는 주장도 크세노폰의 입에서 처음 나왔다.

분업과 특화로 전문성을 향상시킬 수 있다는 오늘날의 경제 원리를 그는 기원전 5세기 무렵에 이미 깨닫고 있었던 것이다.

🌷 상업을 싫어했던 아리스토텔레스

아리스토텔레스*는 철학, 정치학, 윤리학, 자연과학, 의학 등 거의 모든 학문 영역을 다룬 사상가로서 지금까지도 이 분야들에 큰 영향을 미치고 있다. 그는 경제 문제에도 관심이 많았는데, 특히 정의와 분배에 주목했다.

아리스토텔레스는 '정의'에 세 가지 유형이 있다고 생각했다. 첫째 유형은 사람들이 저마다 기여한 정도에 비례해서 상품, 재물, 명예를 분배해야 한다는 '분배적 정의'이다.

당시에는 국가가 전쟁에서 획득한 전리품을 국민

> **아리스토텔레스**
> **(Aristoteles, B.C.384~B.C.322)**
> 고대 그리스의 철학자로서 플라톤의 제자이다. 소크라테스, 플라톤과 함께 고대 그리스 철학이 현재 서양 철학의 근본이 되는 데 기여했다. 논리학, 니코마코스 윤리학, 자연학, 형이상학 등 다양한 주제의 저서를 남겼다.

에게 분배해 주었는데 어떤 기준으로 나누어야 하는지가 문제가 되었다. 이에 대해 아리스토텔레스는 분배적 정의를 제시했다. 분배적 정의는 근로자의 생산성에 따라 임금이 결정된다는 현대 경제 이론과 유사하다.

아리스토텔레스가 생각했던 둘째 유형은 '교정적 정의'이다. 손해를 본 사람에게 보상을 해줌으로써 부정의(injustice)를 정의(justice)로 교정할 필요가 있다는 것이다. 이는 오늘날의 경제 개념으로 볼 때 소득 재분배를 통해 형평성(equity)을 이루려는 원리와 유사하다.

셋째 유형은 교환을 통한 '호혜적 정의'이다. 뚱뚱한 소년이 작은 옷을 갖고 있고, 마른 소년이 큰 옷을 갖고 있다고 해보자. 두 소년이 옷을 교환하면 모두에게 이익이 되므로 정의로운 교환이라 볼 수 있다는 것이 아리스토텔레스의 생각이었다.

한 재화를 다른 재화와 교환하려면 두 사람이 교환 비율에 합의해야 한다. 예를 들어 열 시간을 들여 밀 2킬로그램을 생산한 농부와, 마찬가지로 열 시간을 들여 신발 한 켤레를 만든 신발 제조업자가 있다고 하자. 아리스토텔레스는 각 재화의 정당한 가치는 생산에 투입된 노동의 양으로 측정할 수 있다고 생각했다. 그러므로 신발 한 켤레는 밀 2킬로그램과 교환할 수 있다.

그러나 농부가 신발을 원하지 않거나 신발 제조업자가 밀을 원하지 않을 때에는 교환이 성립하지 않는다. 이러한 욕망의 상호 일치* 문제에 대해서 아리스토텔레스는 화폐를 답으로 제시했다.

농부와 제조업자가 상대방의 물건을 원하지 않더라도 화폐를 이용해 밀이나 신발을 사고팔 수 있으므

욕망의 상호 일치 (double coincidence of wants)
물물 교환의 경우에 거래가 성사되기 위해 두 사람의 욕구나 필요가 서로 일치해야 하는 현상을 말한다.

로, 결국 신발과 밀의 가치는 화폐 가격으로 측정하고 비교할 수 있다는 주장이었다. 이는 화폐가 수행하는 교환의 매개체 및 회계 단위로서의 기능에 해당한다.

지금까지 살펴본 개념들과 관련해 아리스토텔레스의 철학은 현대 자본주의 경제학과 통하는 바가 많지만 부를 취득하는 문제에 있어서는 차이를 보인다. 아리스토텔레스는 부를 얻는 방법에는 자연스러운 방법과 부자연스러운 방법의 두 가지가 있다고 말했다.

그에 따르면 토지에 밀을 심는다거나 양봉으로 부를 얻는 것은 자연스러운 방법이다. 반면에 상업, 고리대금 등으로 부를 얻는 것은 다른 사람의 손해를 대가로 자신의 이득을 취하는 것이므로 부자연스러운 행위라는 것이다.

아리스토텔레스는 시민들이 선한 생활을 해야 하고 생활하는 데 필요한 부를 취했다면 더 이상의 부를 가지려 들 필요가 없다고 여겼으며, 부를 축적하는 행위를 질타했다. 부에 대한 아리스토텔레스의 생각은 다음의 문장에 잘 나타나 있다.

화폐를 벌려는 행위는 충동에 의한 것이며, 부는 우리가 추구하는 선(善)이 아니다. 부는 단지 유용할 뿐이지 다른 어떤 것을 위한 것이 아니기 때문이다.

이런 그에게 부를 무제한적으로 축적할 수 있게 해주는 상업은 당연히 불편한 존재일 수밖에 없었다. 상업을 통한 부의 축적에 대한 부정적인 시각은 아리스토텔레스 이후에도 오랫동안 지속되었으며 17세기에 이르러서야 비로소 시장 경제와 상업에 대한 새로운 사고방식이 자리를 잡을 수 있었다.

🌷 경제 문제 때문에 멸망한 로마 제국

로마 제국은 유럽 대부분과 북부 아프리카, 동쪽으로는 시리아에 이르기까지 거대한 영토를 지배했지만 경제학에는 크게 기여하지 못했다는 평가를 받는다. 로마인들은 사상가라기보다는 실천가나 공학자에 가까웠기에 플라톤이나 아리스토텔레스에 견줄 만한 철학가를 보유하지 못했다.

로마 제국을 붕괴로 이끈 결정적인 요인은 다름 아닌 경제 문제였다. 침략자들을 따라온 역병으로 인구의 3분의 1이 감소하고 이 때문에 새로운 영토를 정복하러 나서기가 어려워지자 식민지로부터의 금 유입도 줄어들었다.

당시에는 금이 곧 화폐였으므로 금 공급이 끊기자 동방과의 무역이 붕괴해 경제 사정이 급속히 악화되었다. 통치자들은 군사력을 유지하려고 국민들에게 과도한 세금을 부과했으며 이로 인해 사람들의 삶은 더욱 곤궁해졌다.

이게 다가 아니다. 말기의 로마 제국은 통화 관리에도 어려움을 겪었다. 군대와 빈민을 부양하고 대규모 토목 공사를 수행하기 위해 주화를 남발하기 일쑤였고, 그 결과 극심한 인플레이션이 발생했다. 물가 상승을 억제하기 위해 301년 디오클레티아누스* 황제는 가격과 임금을 고정한다는 칙령을 발표했다. 이른바 가격 통제 정책을 실시한 것이다.

이 칙령에 따라 가격을 올려 받는 상인은 사형에 처하고 동결 가격 이상을 지불하는 소비자에게도 벌을 내렸다. 현대 경제학에서도 강조하듯이 가격 통제

> **디오클레티아누스 (Diocletianus, 244~311)**
> 284년부터 305년까지 로마를 통치했던 황제. 위기에 빠진 로마 제국을 살리기 위해 여러 가지 개혁을 도입했지만 오히려 국가 재정을 더 악화시켰다는 평가를 받는다.

는 또다른 부작용을 낳는데, 당시의 역사도 이를 잘 보여준다.

동결 가격 때문에 이익을 기대할 수 없게 된 사람들은 물건을 생산하고 판매하길 거부했고 경제는 더욱 어려워졌다. 결국 로마 제국은 경제를 제대로 다스리지 못해 몰락의 길로 접어들었다.

🌷 『성경』 속에서 만나는 경제학

기독교의 『성경』에 기록되어 있는 경제적 사고에 관한 구절을 일일이 나열하려면 책 한 권을 새로 써야 할 정도다. 『성경』은 토지, 노동, 자본 등에 대해서도 자주 언급하고 있다. 여기에서는 그중 일부만 살펴보고자 한다.

우선 『성경』은 인간에게 신이 맡긴 것을 최상으로 이용해야 할 책임이 있다고 본다. 이는 오늘날의 경제적 사고방식과도 정확히 일치한다. 또한 노동은 좋은 것이므로 아담에게도 땅을 경작하고 돌보도록 요구했다.

『성경』에는 재물과 그 책임에 대한 구절이 2,300개가 넘는다고 한다. 예수가 든 비유 38가지 가운데 16가지가 돈에 대한 비유일 정도로 돈에 대한 이야기는 『성경』에 빈번하게 등장한다. 사람들은 어쩔 수 없이 재물에 마음을 두게 마련이라는 점을 인정하고 있는 것이다. "너희의 재물이 있는 곳에 너희의 마음도 있다."(「마태복음」 6장 21절)

예수는 이를 책망하기보다는 탐욕이 아니라 하나님의 뜻대로 벌고 쓰도록 권장했다. 그렇게 하면 더 많은 것으로 채워주겠다는 약속도 빼놓지 않았다. 다만 아무리 생산을 해도 무한한 욕구는 채워지지 않으므로 희소성 문제를 해결하기 위해서는 생산을 촉진하기보다 욕구를 제한하라고 『구약성경』은 밝히고 있다.

> 돈을 사랑하는 사람치고 돈으로 만족하는 사람이 없다. 욕심 부린다고 더 생기는 것도 아니다. 그러니 이 또한 헛된 일이다.(「전도서」 5장 9절)

『성경』이 모든 부를 부정적으로 본 것은 아니다. 신의 명령에 따른 결과로 발생하는 부는 정당한 부로 간주했으며, 부정한 방법으로 축적하는 부를 비난한 것이다. 이스라엘 사람들에게는 민족을 돌보고 정당하게 행동하기만 한다면 사업 활동에 힘쓰도록 장려했다.

반면에 이자를 받으며 돈을 빌려주는 행위는 부정한 방법으로 보고 금했다. 이자를 받는 행위는 사람들이 생존을 위해 없어서는 안 되는 음식, 옷, 난방 등의 필수재를 빼앗는 정의롭지 못한 행위라고 꾸짖었다.

너희 가운데 누가 어렵게 사는 나의 백성에게 돈을 꾸어주게 되거든 그에게 채권자 행세를 하거나 이자를 받지 마라. 만일 너희가 이웃에게서 겉옷을 담보로 잡거든 해가 지기 전에 반드시 돌려주어야 한다.(「출애굽기」 22장 24~25절)

같은 동족에게 변리를 놓지 못한다. 돈 변리든 장리 변리든 그 밖에 무슨 변리든 놓지 못한다.(「신명기」 23장 20절)

『성경』은 결코 가난함이 자랑이 아님을 강조하면서 게으른 자를 동물에 비유해 탓하고 있다. 개미 같은 하찮은 곤충도 추운 겨울에 대비해 여름에 땀을 흘려 열심히 저장하는데, 하물며 사람이 개미보다 못해서야 되겠느냐는 것이다. 게으름이야말로 가난의 원인이며, 노년을 대비해 젊었을 때 열심히 저축해야 한다고 『성경』은 전한다.

게으른 자는 개미에게 가서 그 사는 모습을 보고 지혜를 깨쳐라. 개미는 우두머리도 없고 지휘관이나 감독관이 없어도 여름 동안 양식을 장만하고 추수철에 먹이를 모아들인다. 그런데 너 게으른 자야, 언제까지 잠만 자겠느냐? 언제 잠에서 깨어 일어나겠느냐? "조금만 더 자야지, 조금만 더 눈을 붙여야지, 조금만 더 일손을 쉬어야지!" 하겠느냐? 그러면 가난이 부랑배처럼 들이닥치고 빈곤이 거지처럼 달려든다.(「잠언」 6장 6~11절)

수입은 막고 수출은 많이, 콜베르의 중상주의

중상주의, 보호 무역

무엇이 정의로운 부의 추구이며 무엇이 정의롭지 못한 부의 추구일까? 농업을 통해 부를 축적하는 것과 달리 상업을 통한 부의 축적은 정의롭지 못하다는 시각이 오랫동안 세상을 지배했다. 그러나 시간이 흐르면서 상업을 통해 부를 축적하는 행위를 긍정적으로 보는 시각이 점차 확산되어 나갔다.

기독교는 종교 전쟁을 거치면서 구교(가톨릭)와 신교(프로테스탄트)로 분리되었다. 이 가운데 신교는 부의 추구를 인정하는 입장을 취했다. 15세기 서유럽에서 시작된 프로테스탄트 운동＊은 교황 중심의 권위를 부정했고, 모든 직업은 신의 부름(calling)에 따른 거룩한 직업이라는 소명설을 내세웠다.

> **프로테스탄트 운동**
>
> 성경의 권위와 하나님의 은혜를 강조함으로써 부패한 교회를 새롭게 변혁시키려고 했던 신학 운동. 이 운동을 계기로 우리말로 개신교라고 불리는 교파가 생겨났다.

자신의 직업에 성실히 임하는 것이야말로 신을 따르는 일이며, 무역이나 상업 역시 신을 받드는 하나의 과정이라는 생각이 널리 퍼져나가기 시작한 것이다.

이처럼 상업이나 무역을 통해 부와 이익을 추구하는 행위가 점차 사회적으로 용인되고 더 나아가 이를 권장하는 분위기가 형성되면서 유럽에서는 상업과 유통이 급속히 발전하기 시작했고, 마침내 자본주의가 태동했다. 돈과 생산이 철학적, 윤리적 사고의 틀에서 벗어나 경제학적 사고의 영역으로 넘어오게 된 것이다.

🌷 강력한 왕권과 함께 중상주의가 싹트다

16세기 중반부터 18세기에 걸쳐 유럽을 지배했던 경제 사상은 중상주의＊였다. 중상주의는 한마디로 상업을 중요하게 여기는 사상이다. 중상주의에 대해 제대로 이해하려면 14~15세기 유럽의 상황을 먼저 이해할 필요가 있다.

당시 유럽 각국의 군주들은 생각만큼 강력한 힘을 보유하지 못했으며 군사력도 약했다. 오히려 군주의 영토 안에 거주하는 귀족들이 상당한 힘을 나누어 갖고 있었다.

중상주의(mercantilism)
수출을 많이 하고 수입은 억제하는 등 상업과 무역을 통해 흑자를 냄으로써 국가의 부를 축적해야 한다는 경제 사상이다.

그러나 15세기에 접어들면서 이러한 상황은 달라지기 시작했다. 군사력과 정치력을 겸비한 강력한 왕들이 등장하면서 자신이 통치하는 영역 안에 거주하는 귀족들의 권력까지 손아귀에 넣는 데 성공했다.

왕들은 권력을 유지하고 영토를 보존, 확장하기 위

해 군대를 양성해야 했지만 사용할 수 있는 자원은 한정적이었다. 외국인 용병을 고용하는 데 필요한 돈도 항상 부족했다. 따라서 이들의 관심은 어떻게 하면 돈을 많이 확보할 수 있는지에 집중되었다.

이때 마침 포르투갈과 스페인이 신대륙을 발견하고 뱃길을 개척하는 데 성공했다. 원거리 해상 무역이나 식민지 개척을 통해 엄청난 금과 은을 확보할 수 있게 된 것이다.

이런 역사적 변화 속에서 자연스럽게 중상주의가 태동했다. 당시의 중상주의자들은 전문적인 경제학자가 아니라 유럽 왕실에 봉사했던 궁정 고문이나 문인이었다. 이후 왕족들이 영토를 확장하고 해외 식민지 개척에 경쟁적으로 뛰어들자 이들의 경제 운영에 관련해 자문을 해줄 수 있는 전문가들이 필요해졌다.

🌷 나라를 위해 금과 은을 지켜라

중상주의는 어느 한 사람의 위대한 사상가가 내세운 주장이 아니라 여러 나라에서 오랜 시간에 걸쳐 생성된 사상이므로 하나의 일관된 이론이나 체계를 지니고 있지 않다. 다만 몇 가지 공통점은 찾아볼 수 있다.

첫째, 영토를 확장하고 전쟁을 치르려면 국가가 부유해야 한다.

둘째, 상업은 부의 확대를 가능하게 하며, 상인들이 돈을 벌면 국가의 부도 따라서 증가한다. 당시에는 싸게 사서 비싸게 파는 상업이 부를 축적할 수 있는 가장 확실한 방법으로 간주되었다. 단순히 부의 추구를 정당화하던 것에서 한걸음 더 나아가 상인의 이익 추구 행위가 다른 사람들에게도 이득이 된다고 여기기 시작한 것이다.

셋째, 상업을 통해 충분한 이익을 확보하려면 경쟁을 제한할 필요가 있다. 따라서 중상주의자들은 소모적인 경쟁 대신 독점을 적극적으로 옹호했다. 국가가 나서서 산업 발전을 주도해 공장을 세웠고 경영에 직접 개입했으며 왕실에 충성하는 소수에게는 독점권 등 각종 특혜를 부여했다.

여러 가지 방법으로 상인들을 지원한 후 영토 확장과 전쟁 수행에 필요한 자금을 상인들로부터 조달하기 위함이었다.

대표적인 예로 동인도회사가 있다. 동인도회사는 원래 인도를 비롯한 아시아 여러 나라와의 장거리 무역을 위해 세워진 회사로, 영국 정부로부터 권한을 넘겨받아 막강한 무역 독점권을 행사했다. 동인도회사는 외국에서 싸게 사들인 귀금속, 향신료, 면직물 등을 국내에서 비싼 값에 팔아 엄청난 독점 이윤을 얻었다. 그리고 그 대가로 국가에 막대한 세금을 납부했다.

넷째, 국가의 부는 금, 은과 같은 귀금속 보유량에 따라 결정된다. 당시에는 금과 은이 단순한 귀금속이 아니라 화폐로도 쓰였다는 것을 생각한다면, 결국 중상주의자들은 "부 = 화폐"라고 믿었던 셈이다.

그들은 일반 재화는 소비하면 사라지거나 소모되지만 화폐는 이 사람 저 사람 주머니로 옮겨 다닐 뿐이므로, 화폐가 국외로 유출되지 않도록 규제만 잘 한다면 국가가 빈곤해지는 일은 없으리라고 생각했다.

그러므로 중상주의자들은 국가가 각종 자원과 귀금속을 최대한 확보할 수 있는 식민지를 개척하는 일에 힘을 쏟아야 할 뿐만 아니라 직접 무역에 개입해서 수출은 늘리고 수입은 억제해야 한다고 주장했다. 당시 영국의 중상주의자 토머스 먼*의 생각은 이 무렵의 상황을 잘 보여준다.

우리의 재산과 재물을 늘리는 정상적인 방법은 무역이다. 단, 우리가 이방인에게서 사서 쓰는 것보다 더 많은 것을 그들에게 팔아야 한다는 규칙을 준수해야 한다.

이런 점에서 볼 때 중상주의는 국내 산업을 보호, 육성하고 수출을 적극 장려하면서 동시에 수입 장벽을 쌓아 무역 수지를 흑자로 만들고 외환 보유액을 축적하려는 오늘날의 보호 무역 정책 및 산업 정책과 일맥상통하는 부분이 있다.

🌷 고통 없이 최대한 많은 세금을 걷어라

당시 유럽의 중상주의 사상을 제대로 이해하는 데 프랑스보다 좋은 사례는 없을 것이다. 프랑스는 1618년부터 시작된 30년 전쟁*을 통해 국력을 키웠고 "짐이 곧 국가다"라고 말한 루이 14세가 절대 왕정을 건설했다.

오늘날 프랑스를 대표하는 관광 명소 가운데 하나인 호화롭기 그지없는 베르사유 궁전도 루이 14세 때 지어진 것이다. 이처럼 프랑스는 전쟁에 쓸 자금 말고도 루이 14세의 사치스러운 생활을 유지하기 위해 많은 돈이 필요했다.

이에 화답한 사람이 중상주의자 콜베르*이다. 콜베르는 루이 14세의 두터운 신임을 받아 재무장관을 비롯한 온갖 요직을 두루 거쳤다. 루이 14세의 강력한

> **30년 전쟁(1618~1648)**
> 유럽에서 구교와 신교 사이에 벌어진 종교 전쟁. 이 전쟁으로 독일 대부분의 지역이 황폐해졌고 프랑스는 영토를 늘리는 데 성공했다.

절대 왕정은 콜베르 없이는 불가능했을 것이며, 루이 14세의 치세는 콜베르의 죽음과 더불어 종식되었다는 평가가 나올 정도다.

실제로 콜베르는 "국가는 최대의 이익을 내기 위해 노력하는 큰 기업"이라고 말할 정도로 국가의 재정 확보에 큰 관심을 갖고 있었다. 그는 국가의 수입을 증대하기 위해 공업, 인구, 무역, 법규, 수송 체계 등 다양한 분야에서 개선안을 도입했다.

국민이 많으면 세금도 더 거둘 수 있다는 생각에서 콜베르는 인구 증대 정책을 적극적으로 펼쳤다. 열 명 이상의 자녀를 둔 가장에게는 세금을 완전히 면제해 주었으며, 21세 이전에 결혼한 남자에게도 최대 5년 동안 토지세를 면제해 주었다.

콜베르는 큰 공장과 대기업이 가장 효율적인 생산 주체라고 보고 국가 차원에서 공장 설립을 대폭 지원했다. 그리고 이들 공장과 대기업에 생산과 판매 면에서 독점적 지위를 부여했다. 대신 공장들은 국가의 지침에 하나하나 따라야 했고, 상품의 품질을 높게 유지하기 위해서 노동자들에게 철저히 작업 규율을 지키도록 강요했다. 이에 힘입어 프랑스의 양탄자, 가구, 유리, 의류 제품 등은 유럽 최고의 품질을 자랑하게 되었고 이러한 전통은 오늘날까지 이어지고 있다.

콜베르는 프랑스를 유럽에서 선도적인 무역 대국으로 키우기 위해 대규모 상선의 수를 두 배 가까이 늘렸으며 함대도 새로 정비해 영국 다음가는 강력한 해군을 길러냈다. 한 국가의 상업 역량은 해군력에 비례한다는 신념에 바탕을 둔 정책이었다.

영국과 네덜란드 동인도회사의 성공에 자극을 받은 콜베르는 프랑스

판 동인도회사를 설립해 수출을 장려했으며 대서양과 지중해를 연결하는 운하도 건설했다. 한편 수입품에 대해서는 높은 세율의 관세를 부과해 수입을 억제하고자 했다.

콜베르가 남긴 업적은 광범위하다. 19세기 말까지 프랑스는 영국에 뒤이은 해상 강국의 지위를 유지했으며, 유행을 타는 고급 제품과 사치품 분야에서는 지금까지도 유럽 최고의 자리에 올라 있다.

오늘날에도 프랑스는 유럽의 다른 국가들에 비해 정부가 경제 문제에 개입하는 비중이 높은 편인데 그 뿌리 역시 콜베르의 중상주의 정책에서 찾을 수 있다. 콜베르가 남긴 다음의 말은 현대 사회에서도 세금 징수의 중요한 원칙으로 언급되곤 한다.

세금 징수 기술은 거위가 비명을 덜 지르게 하면서 최대한 많은 깃털을 뽑는 것과 같다.

🌷 중상주의의 헛점이 드러나다

시간이 흐르면서 중상주의자들의 믿음에는 여러 가지 모순이 있다는 것이 드러났다. 대표적으로 스페인과 포르투갈의 사례를 꼽을 수 있다. 두 국가는 장거리 무역과 식민지 개척으로 엄청난 이득을 챙기는 데 성공했지만 중상주의자들의 기대와는 달리 부국으로 발전하지 못했다. 식민지에서 대량의 금과 은이 유입됐지만 부유해지기는커녕 극심한 인플레이션으로 커다란 고통을 겪었다.

여러분이 어렸을 때 해봤을 모노폴리 게임을 통해 우리는 중상주의의 허점을 확인할 수 있다. 모노폴리는 참가자들이 돈을 공평하게 나누어 갖고 주사위를 던져서 나온 눈의 수만큼 말판 위를 전진하면서 부동산 거래 등을 통해 자산을 축적하는 게임이다.

누군가는 부동산을 많이 사들여 부자가 되지만 누군가는 그렇지 못한 상태로 게임이 끝난다. 그러나 한 가지 분명한 사실은 모노폴리 게임 속에 있는 전체 부동산의 크기가 일정하다는 점이다.

이제 모노폴리를 새로 시작하면서 가지고 있는 돈만 두 배로 늘린다고 해보자. 그러면 우리 모두 부자가 될 수 있을까? 아니다. 전체 부동산의 규모에는 변함이 없으므로 부동산 가격만 비싸질 뿐이다. 모노폴리 게임의 참가자들이 소유할 수 있는 부동산이 늘어나거나 한 것이 아니므로 생활도 나아지지 않는다.

한편 유럽 각국이 앞다투어 보호 무역을 강화하자 충돌이 불가피해졌다. 1664년 프랑스는 네덜란드에서 수입한 옷감에 대해 부과하는 관세를 세 배나 인상했다. 실질적으로 수입을 금지한 셈이다. 그러자 네덜란드는 보복으로 프랑스 제품의 수입을 전면 금지하며 무역 전쟁을 선포했고, 급기야 프랑스는 1672년 네덜란드를 공격했다.

중상주의의 여러 문제점을 정면으로 비판하고 나선 사람이 애덤 스미스이다. 중상주의 정책이 국민에게서 경제 활동의 자유를 빼앗고 농업을 쇠퇴시켰다고 생각한 스미스는, 소수에게만 돈을 분배하는 정책은 국민 전체의 생활 수준 향상이라는 목표를 거스르는 일이라고 비판했다.

그는 "쌓아둔 금 궤짝들을 항상 식량으로 바꿀 수 있는 것은 아니므로 참된 부의 기준은 국민들의 생활 수준으로 측정해야 한다"고 생각했다.

중요한 것은 국가가 생산해내는 상품의 총량이다. 그러므로 국가가 부유해지려면 국내 산업을 통제하고 수입을 억제하는 등의 정책을 펼 것이 아니라, 분업과 같은 생산 방법의 혁신을 통해 생산량을 확대함으로써 국민의 생활 수준을 높여야 한다.

또한 스미스는 개인의 의욕과 개혁 의지야말로 경제 성장의 원동력이며, 일부 계층에만 각종 특혜를 제공하는 중상주의는 국가 경제를 부흥시키기는커녕 찬물을 끼얹는 행위라고 비판했다. 자유로운 경제 활동을 통해 각자가 스스로의 이익을 추구하면 국가의 총생산은 자연히 증가할 것이라고 보았다.

이와 같은 스미스의 주장은 경제학이 나아갈 새로운 방향을 제시했고 이후 자유주의 경제 사상의 근간이 되었다.

3 경제학의 아버지 애덤 스미스

국부론, 보이지 않는 손, 자유방임, 절대우위

여기 한 학생이 있다. 그는 최근 장학금을 받고 옥스퍼드 대학에 입학했다. 어느 날 식당에서 받아든 접시에 담긴 고깃덩어리를 보고 놀란 이 학생은 잠시 말문이 막혔다. 자신의 고향인 스코틀랜드에서는 이렇게 크고 먹음직스러운 고기를 본 적이 없었던 것이다.

스코틀랜드에서는 영양가 높은 양질의 사료를 구하기가 어렵기 때문에 소를 잘 키울 수 없다는 사실을 깨달은 그는 일상생활에서 교역이 얼마나 중요한지를 뼈저리게 느꼈다.

대학을 졸업한 후 그는 당시 가장 인기 높던 도덕철학*과의 교수가 되었고 명강의로 이름을 떨쳤다. 그러나 유럽 여행을 할 수 있는 소중한 기회를 얻고자 영국의 재무장관인 타운센드의 아들을 가르치는 개인 교사가 되었다.

그는 답답한 대학 울타리를 벗어나 서유럽 각국을 여행하며 다양한 분야의 사람들과 만나 살아 있는 대화를 나누었다. 그러는 과정에서 현실의 경제 문제가 보다 눈에 잘 들어오기 시작했다. 오늘날 '경제학의 아버지'라고 불리는 애덤 스미스*의 이야기다.

유럽 여행을 마친 스미스는 고향으로 돌아와 10년 동안 집필에 몰두했다. 그리고 마침내 1776년 근대 경제학의 기원으로 평가받는 『국부론』*을 펴냈다.

제목에서 짐작할 수 있듯이 그는 이 책을 통해 중상주의 이론을 정면으로 반박하며 국가의 부란 무엇이고 부유한 국가를 만들기 위해서는 어떻게 해야 하는지를 구체적으로 제시했다.

스미스를 경제학의 아버지라고 부르는 것은 그가 최초로 '시장'이라는 개념을 체계적으로 설명했고, 시장 경제가 법칙성과 질서를 가진 경제 체계임을 밝혔기 때문이다.

그는 시장은 수요와 공급의 원리에 따라 움직이며 이 과정에서 자원의 효율적 배분이 이루어진다고 생각했다.

시장 경제 사회에서는 경쟁을 통해 생산 활동을 효율적으로 하는 기업이 생존하고 그렇지 못한 기업은 도태되기 때문에 자연히 자원이 효율적으로 배분될 수밖에 없다는 것이다.

도덕철학

애덤 스미스의 시대에는 오늘날처럼 학문이 세분화되어 있지 않았다. 당시의 도덕철학은 자연철학, 윤리학, 법률학, 정치경제학을 망라하는 학문이었으며 가장 인기 있는 분야였다.

**애덤 스미스
(Adam Smith,1723~1790)**

스코틀랜드 출신의 철학자, 경제학자, 계몽사상가. 시장 경제를 옹호하고 분업과 자유 무역의 역할을 강조하는 등 근대 경제학의 성립에 결정적으로 기여함으로써 경제학의 아버지로 불린다.

『국부론』

원래는 『국가의 부의 성질과 원인에 관한 고찰(An Inquiry into the Nature and Causes of the Wealth of Nations)』이라는 긴 제목이지만 보통 간단히 『국부론』이라고 부른다. 경제학 분야에서 최고의 고전으로 평가받고 있으며, 『도덕감정론』과 함께 애덤 스미스의 대표 저서로 꼽힌다.

🌷 어떻게 해야 강대국이 될 수 있는가

스미스는 인간이라면 누구나 보다 잘살고 싶어 하는 이기적 욕구를 갖고 있는데 이러한 욕구를 인위적으로 억누르기보다는 허용해야 국가와 국민이 풍요로워질 수 있다고 믿었다. 아리스토텔레스 역시 사람들이 자신이 노력한 만큼 제 몫을 얻을 수 있다면 더 열심히 일할 것이라고 말한 바 있다.

스미스는 아리스토텔레스의 철학을 경제 이론으로 발전시켜 개인이나 기업이 사익을 위해 경쟁하면 국가의 부도 따라서 증대될 것이라고 『국부론』을 통해 강조했다.

> 공익을 추구하려는 의도도 없고 자신이 공익에 얼마나 기여하는지조차 모르는 사람. 오직 자신의 이익만을 도모하는 사람일지라도 그 과정에서 보이지 않는 손에 이끌려 의도하지 않았던 부수적 결실을 얻게 된다.

경제 주체들이 자신의 이익을 위해 경쟁을 하다 보면 싸움과 혼란과 무질서가 발생할 것 같지만, 시장은 자연적인 질서를 유지하는 능력이 있으므로 절대 그렇게 되도록 내버려두지 않을 것이라는 게 스미스의 주장이다.

시장은 인위적인 개입을 싫어하며 여러 경제 주체들이 사익을 추구해 자유롭게 경쟁하다 보면 '보이지 않는 손'이 가장 조화로운 방향으로 이끌어주므로 공익 증진이라는 결실로 이어진다.

여기서 다음과 같은 의문을 제기하는 사람들이 있다. 자신의 사익을 위해 다른 사람을 해치거나 사기를 쳐도 좋다는 말인가? 물론 그렇지 않다. 스미스는 또다른 저서 『도덕감정론』에서 이 문제에 대해 언급한 바 있다.

그는 인간은 이기적인 존재이지만 동시에 타인의 운명에 관심을 갖고 타인의 행복을 바라는 천성을 갖고 있다고 말했다. 그러므로 비록 개인이 자신의 이익을 위해 최선을 다하더라도 타인을 속이거나 해치지 않으려는 도덕심이 있기에 사회 및 경제 질서가 유지된다.

다시 말해, 『국부론』에서 사익 추구를 허용해야 한다고 말한 것은 사회 규범을 벗어나지 않는 한도 내에서의 사익 추구를 전제로 한다.

스미스는 '부=화폐'라는 중상주의적 사고는 옳지 않으며 '부=노동에 의한 생산물'이라고 생각했다. 국가의 부를 창출하려면 생산을 늘려야 한다고 믿은 그는 『국부론』에서 국내 생산의 효율성 제고 방안에 대해 집중적으로 논의했다.

분업은 그러한 방안들 가운데 하나에 불과하며, 단순히 노동을 많이 투입해 생산량을 늘리겠다는 생각을 뛰어넘는 통찰력을 제시했다는 데에 스미스의 위대함이 있다.

국가의 부는 흔히 착각하듯 금과 은의 보유량에 비례하지 않고 국민의 조직적 작업 능률에 비례한다. 이러한 능률성 향상의 지름길은 분업이다. 따라서 분업은 국부 증대의 필수 요소이다.

스미스는 분업만 하면 국가가 절로 부유해질 거라고 생각하지 않았다. "자기가 가진 것을 남의 것과 바꾸고 싶어 하는 욕구는 모든 인간에게 내재되어 있다"라고 말했던 그는 제조업자, 마을, 도시, 국가 간의 자유로운 교역이 필요하다고 보았다.

아무리 물건을 많이 만들어도 판매할 시장이 없다면 소용이 없다. 교역은 교환을 활발하게 만들어 시장의 크기를 확대하므로 분업을 더욱 촉진할 수 있다. 결국 국가의 부를 늘리는 비결은 시장 확대에 있는 셈이다.

🌷 두 나라를 모두 이롭게 하는 마술

오늘날 국내 여러 지역 간 분업과 생산의 특화, 자유 거래를 통해 서로가 이득을 볼 수 있다는 점에 대해서는 모두가 쉽게 공감한다. 예를 들어 제주도와 전라남도가 감귤과 쌀을 재배한다고 생각해 보자. 두 지역은 기후와 지형이 서로 다르기 때문에 제주도에서는 쌀의 생산성이 높지 않을 테고, 전라남도에서는 감귤이 잘 자라지 않을 것이다.

제주도와 전라남도는 각각 생산성이 높지 않은 작물을 과감히 포기하고 생산성이 높은 작물에 특화한 후 감귤과 쌀을 거래함으로써 이익을 얻을 수 있다. 실제로 우리나라 각 지역은 저마다의 특산물을 보유하고 있는데, 이는 해당 지역의 특산물이 다른 지역 제품에 비해 생산성이 높고 품질이 우수하기 때문이다.

이러한 원리는 국경을 넘어선 거래에도 그대로 적용될 수 있다. 나라마다 기후, 부존자원, 노동력, 기술 등에 큰 차이가 있으므로 국가 간에 거래를 하면 보다 큰 이익을 얻을 수 있다. 그래서 스미스는 생산성 향상을 통해 획득한 잉여 생산물을 무역을 통해 다른 국가의 재화와 자유롭게 교환해야 한다고 강조했다.

스미스는 "밖에서 싸게 살 수 있는 물건은 집에서 만들지 마라"라고 말하며 자유 무역을 지지했다. 영국이 어떤 상품을 생산하는 데 드는 비용이 그 상품을 외국에서 사들이는 비용보다 높다면, 영국은 해당 상품의 국내 생산을 중단하고 수입하는 편이 이득이라는 것이다.

스미스는 영국과 포르투갈의 예를 들어 설명했다. 두 나라 모두 포도주와 옷을 생산한다. 영국은 포도주 한 병을 생산하는 데 노동자 두 명, 옷 한 벌을 생산하는 데 노동자 한 명이 필요하다. 포르투갈은 포도주

국가 재화	영국	포르투갈
포도주 1병	2	①✰
옷 1벌	①✰	2

(O 절대우위)

재화 생산에 필요한 노동자 수(명)

한 병을 생산하는 데 노동자 한 명, 옷 한 벌을 생산하는 데 노동자 두 명이 필요하다.

양국의 노동자가 세 명씩이라면 영국과 포르투갈은 각각 포도주 한 병과 옷 한 벌을 생산할 수 있으며, 두 나라의 생산량을 모두 합하면 포도주 두 병과 옷 두 벌이다.

그러나 포도주를 생산하는 데 있어서 포르투갈은 영국보다 더 적은 노동자가 필요하므로, 포르투갈은 포도주 생산에 절대우위(absolute advantage)를 갖는다. 반면에 영국은 옷 생산에 절대우위를 갖는다. 스미스는 각 나라가 저마다 절대우위를 갖고 있는 재화 생산에 특화해야 한다고 주장했다.

영국이 옷 생산에 특화할 경우 세 명의 노동자가 옷 세 벌을 생산할 수 있다. 포르투갈은 포도주에 특화해서 세 명의 노동자가 포도주 세 병을 생산한다. 두 나라의 생산량을 합하면 포도주 세 병과 옷 세 벌이다. 특화 생산을 하지 않을 경우에 비해 전체 생산량이 늘어났다.

노동자 수에는 변함이 없는데 두 국가의 총생산량이 증가하는 마술 같은 일이 일어났다. 양국의 부가 증가한 것이다. 생산성이 낮은 재화 생산에 투입하던 노동자를 생산성이 높은 재화 생산에 집중 투입한 결과다.

특화 생산 후 영국과 포르투갈이 자유 무역을 통해 옷과 포도주를 거래하면 자국에서 둘 다 생산할 때에 비해 더 많은 옷과 포도주를 소비할 수 있다. 자유 무역을 통해 어느 한 국가가 일방적으로 이득을 독점하고 다른 국가는 손해를 보는 것이 아니라 양국 모두 이득을 얻는다. 이것이 애덤 스미스의 절대우위론이며 그가 자유 무역을 지지한 배경이다.

🌷 고전학파 경제학이 탄생하다

> **고전학파 경제학**
> **(classical economics)**
> 정부가 최소한으로 개입하는 시장이 가장 효율적으로 작동한다는 자유방임주의에 바탕을 두고 18세기 후반부터 19세기 초 사이에 발달한 경제학이다.
> 스미스의 저서 『국부론』에 뿌리를 두고 있으며 벤담, 맬서스, 리카도, 밀 등이 고전학파 경제학을 더욱 발전시켰다.

애덤 스미스의 사상과 『국부론』은 이후 경제학자들에게 지대한 영향을 미쳤다. 스미스의 등장 이후 시장이 자원을 효율적으로 배분해 주므로 정부가 시장에 개입할 필요가 없다는 자유방임주의를 옹호하는 경제학자들이 쏟아져 나왔으며, 이들이 이루어낸 경제학을 고전학파 경제학* 이라 한다.

대부분의 고전학파 경제학자들이 영국인이고 고전학파 경제학 역시 영국에서 가장 발달했는데, 이는 영국이 산업혁명을 계기로 최초로 자본주의 사회를 실현했다는 역사적 사실과 무관하지 않다.

 알쏭달쏭 경제학 개념 이해하기

24 절대우위 상대에 비해 더 적은 생산비로 재화를 생산할 수 있는 상태.

맬서스 대 리카도,
곡물법을 두고 싸우다

비교우위, 곡물법

만약 세계 인구, 산업화, 환경 오염, 식량 생산, 자원 고갈 등에서 현재와 같은 추세가 지속된다면 향후 100년 안에 지구는 성장의 한계에 직면할 것이다.

이 충격적인 예언은 다양한 분야의 전문가들로 구성된 연구 모임 로마클럽*이 1972년에 발표한 「성장의 한계」*라는 보고서의 요지이다. 이 보고서는 다음과 같은 예를 들면서 지구를 살릴 수 있는 시간이 얼마 남지 않았음을 경고했다.

수련은 하루에 두 배씩 면적을 넓혀간다. 29일째 되는 날 수련이 연못의 반을 덮었다. 연못을 모두 덮기까지는 며칠이 남았을까? 29일인가? 아니다. 남은 시간은 단 하루뿐이다.

이 보고서가 발간된 후 세계는 자원 고갈과 환경 오염 문제를 심각하게 받아들이기 시작했으며, 지속 가능한 성장과 환경 보전에 본격적으로 관심을 기울였다.

그러나 이보다 무려 174년 전에 비슷한 예언을 한 경제학자가 있다. 1798년에 발표한 『인구론』에서 맬서스*는 머지않아 인구가 폭발적으로 불어나 전 지구적 식량 부족 사태에 직면할 것이라고 경고함으로써 미래를 낙관하던 인류의 유토피아적 환상을 깨뜨렸다.

기근은 아마도 최후의, 가장 끔찍한 자연의 경로일 것이다. 인구의 힘은 인간을 먹여 살릴 수 있는 식량을 생산하는 토지의 힘보다 우월하므로, 인류는 어떤 형태로든 불가피하게 조기 사망을 맞이하게 될 것이다.

성직자이기도 했던 맬서스가 아무 근거 없이 무책임하게 이토록 끔찍한 예언을 했을 리 만무하다. 기록에 따르면 당시 일부 촌락의 경우에는 15년마다 인구가 두 배로 늘어날 정도로 인구 증가율이 높았다고 한다.

맬서스는 영국의 빈곤과 범죄 문제는 인구가 너무 많기 때문에 발생한다고 판단했다. 식량은 1, 2, 3, 4의 비율로 증가하는 데 비해 인구는 1, 2, 4, 8 식으로 곱절로 증가하므로 인류는 식량 부족을 피할 수 없고,

로마클럽
(Club of Rome)
1968년 각국의 지식인들이 로마에 모여 결성한 국제적인 민간단체. 과학 기술의 진보와 이에 따른 인류의 위기를 분석해 그 대책을 세우는 것을 목적으로 하였다.

『**성장의 한계**』
로마클럽이 1972년에 발간한 보고서. 경제 성장과 인구 증가가 빠르게 이루어질 때 지구의 유한한 자원을 몇 년이나 활용할 수 있는지를 모의실험한 결과를 제시하고 있다.

토머스 로버트 맬서스
(Thomas Robert Malthus, 1766~1834)
영국의 경제학자이자 성직자. 인구의 증가 속도가 식량 증가 속도보다 빨라 기근이 찾아올 수 있으므로 인구 증가를 억제해야 한다고 생각했다. 그러기 위해서는 값싼 곡물의 수입을 막아 노동자들이 자녀를 많이 낳지 못하게 해야 한다고 주장했다. 대표 저서로 『인구론』이 있다.

그에 따라 필연적으로 빈곤과 죄악이 발생한다는 것이다. 이를 예방하려면 인구 증가를 억제해야 하고 만약 실패한다면 영국은 커다란 어려움을 겪을 터였다.

🌷 곡물법을 지지한 맬서스

맬서스는 과잉 인구 문제 해결을 위한 하나의 방안으로 곡물법*을 지지했다. 맬서스가 곡물법을 지지한 이유를 이해하려면 먼저 곡물법이 무엇인지부터 살펴볼 필요가 있다.

유럽 대륙을 지배했던 나폴레옹에게 가장 큰 골칫덩어리는 영국이었다. 영국은 산업혁명에 힘입어 경제력을 키우는 데 성공했고 프랑스에게는 항상 위협적인 존재였다. 나폴레옹은 영국을 경제적으로 봉쇄해 타격을 주고자 1806년에 대륙봉쇄령을 내려 유럽 대륙의 국가들이 영국과 무역하는 것을 금했다.

대륙봉쇄령이 내려지자 세계 최고 품질을 자랑하던 영국 섬유 제품의 수출길이 막혔고 나폴레옹의 의도대로 영국 경제는 커다란 타격을 입었다. 문제는 유럽 대륙의 여러 나라들도 마찬가지로 타격을 입었다는 것이다. 영국의 값싸고 질 좋은 섬유 제품을 더 이상 소비하지 못하게 되었기 때문이다.

그러자 러시아가 대륙봉쇄령을 어기고 영국과 무역을 재개했다. 이에 분노한 나폴레옹은 군사를 이끌고 러시아 정벌에 나섰다. 그러나 기나긴 원정길에 전

곡물법(Corn Laws)
영국 정부가 수입 곡물에 많은 관세를 부과하는 등의 방법으로 곡물 수입을 규제했던 조치. 영국 내 곡물 가격을 높임으로써 국내 지주를 보호하려는 의도에서 1815년 도입되었다.
이 법으로 영국 내 곡물 가격이 크게 오르자 식비 부담이 증가한 도시 노동자들의 저항이 거셌다. 1846년에 폐지되었다.

염병과 강추위 등의 악재를 만나면서 오히려 참패를 당했고, 나폴레옹의 치세는 몰락의 길로 접어들었다. 나폴레옹이 권좌에서 물러나자 대륙봉쇄령도 자연스럽게 해제되었고 영국과 유럽 대륙 간의 무역은 다시 활발해졌다.

유럽 대륙에서 생산된 값싼 곡물이 영국으로 대량 수입되자 영국 내의 곡물 가격은 크게 하락했다. 곡물 가격 하락은 소비자에게는 좋은 소식이었지만 영국 지주들의 이익을 크게 감소시키는 결과를 낳았다. 정치, 경제적으로 강한 영향력을 행사하던 지주들은 자신들의 이익을 늘리고자 의회를 통해 값싼 곡물의 수입을 규제하는 곡물법을 제정하는 데 성공했다.

곡물 수입이 끊기자 영국 내 곡물 가격이 올라갔다. 그 덕에 영국 지주는 막대한 이익을 누리게 되었지만 이번에는 비싼 곡물을 사 먹어야 하는 노동자들이 어려움에 처했다. 비싼 식량 가격을 감당하기 힘들어진 노동자들은 공장을 경영하는 자본가들에게 임금 인상을 요구하고 나섰다.

이처럼 곡물법이 영국 경제를 혼란에 빠뜨리자 곡물을 자유롭게 수입해야 한다는 주장이 제기되었지만, 그와는 반대로 곡물법을 유지해서 영국인 지주를 보호하는 편이 경제 발전에 도움이 된다는 반론도 있었다. 곡물법을 둘러싼 찬반 논쟁에서 맬서스는 곡물법 유지를 지지하는 입장에 섰다.

맬서스가 곡물법을 지지한 것은 오로지 인구 억제에 도움이 된다는 이유 때문이었다. 노동자들의 생활을 개선하고자 외국에서 값싼 곡물을 수입하면 노동자들이 생활고에서 쉽게 벗어나고 자식을 더 많이 낳아, 결국 과도한 인구 증가로 이어질지도 모른다고 우려했던 것이다. 같은 이유로 맬서스는 노동자의 임금 인상에도 반대했다.

🌷 곡물법을 반대한 리카도

곡물법을 지지한 맬서스와 첨예하게 대립각을 세운 경제학자가 바로 데이비드 리카도*이다. 사실 두 사람은 누구보다도 가까운 친구 사이였다. 상당한 자산가였던 리카도는 세 명의 상속인에게 재산을 분배한다는 유언을 남겼는데 그 가운데 한 명이 맬서스였다.

맬서스는 리카도에 대해 "내 가족을 제외하고 일생 동안 그토록 사랑했던 인간은 없었다"라고 회고했다. 그렇지만 곡물법과 관련해서는 두 사람 모두 한 치의 양보 없이 자신의 주장을 굽히려 들지 않았다.

리카도는 소수의 지주를 보호하는 정책보다는 다수의 노동자를 돕는 정책이 영국 경제에 이롭다고 주장했다. 외국의 값싼 곡물이 수입되면 노동자가 식량 구입에 지출하는 돈이 줄어들어 다른 재화를 소비할 여력이 생기므로 경제 활성화에 도움이 된다는 것이었다.

또한 리카도는 곡물을 수입하느라 영국의 돈이 외국으로 빠져나가기야 하겠지만 영국도 다른 물건을 수출해서 외화를 벌 수 있으므로 손해될 것이 없다고 덧붙였다. 곡물 수입을 억제하면 식량을 자급하기 위해서 덜 비옥한 토지까지 경작해야 하므로 농업 생산성이 떨어지게 마련인데 이는 자원을 비효율적으로 사용하는 일이라고 비판했다.

리카도의 주장은 애덤 스미스의 자유 무역 사상과 일치한다. 리카도가 이처럼 자유 무역을 옹호한 데에는 실제로 스미스의 영향이 컸다. 네덜란드에서 영국으로 이민 온 아버지의 영향으로 증권에 투자해 엄청난 부를 축적한 리카도는 27세 때 휴양지에서 지루한

> **데이비드 리카도(David Ricardo, 1772~1823)**
> 자유 무역을 지지한 영국의 경제학자. 맬서스, 벤담 등과 가깝게 지냈으며 비교우위론, 노동가치설, 차액지대론 등의 굵직한 경제 이론을 제시해 후대의 경제학 발전에 큰 영향을 미쳤다. 대표 저서로 『정치경제학 및 과세의 원리』가 있다.

나날을 보내던 중 우연히 『국부론』을 접하고 경제학에 본격적으로 발을 내딛었다.

곡물법 논쟁에서 누가 승리했을까? 역사학자들은 리카도를 곡물법 논쟁의 승자로 평가하지만, 리카도와 맬서스 두 사람 모두 논쟁의 결말을 지켜보지 못한 채 세상을 떠났다. 리카도가 사망한 지 23년, 맬서스가 사망한 지 12년이 지난 1846년에 이르러서야 곡물법은 폐지되었으며 영국은 곡물의 자유수입을 허용했다.

리카도의 주장은 곡물법 폐지에 힘을 실어주었을 뿐만 아니라 이후 자유 무역이 널리 전파되는 이론적 근거에 해당하는 비교우위론을 제시했다는 데 큰 의미가 있다. 세계 무역 기구(WTO)나 자유 무역 협정(FTA)에 대한 오늘날의 논의 역시 리카도의 비교우위론에 근거하고 있다.

🌷 리카도의 비교우위론

리카도는 애덤 스미스의 분업 이론과 자유 무역을 지지했지만 스미스의 이론에서 한 가지 결함을 발견했다. 앞에서 절대우위에 기초한 분업을 설명하기 위해서 예로 들었던 표를 다시 살펴보자.

영국은 옷 생산에 절대우위를 갖고 있으므로 옷 생산에 특화하고, 포르투갈은 포도주 생산에 특화한 후 자유 무역을 하면 양국 모두 이득을 얻는다는 것이 '스미스의 절대우위론'이었다.

리카도는 이것이 매우 특별한 사례이며 현실적으로는 이와 다른 경우가 존재할 수 있다는 점에 주목했다.

한 국가당 상품 하나씩 사이좋게 절대우위를 나누어 갖는다면 스미스의 주장대로 되겠지만, 만약 한 국가가 두 가지 상품 모두에 절대우위를 갖는다면 어떻게 될 것인가? 이 점에 대해 리카도는 의문을 품고 연구를 시작했다.

'리카도의 비교우위론' 표에서 포도주 한 병을 생산하는 데 필요한 노동자 수를 보면 포르투갈은 한 명이고 영국은 세 명이므로 포르투갈이 포도주 생산에 절대우위를 갖는다. 한편 옷 한 벌을 생산하는 데 필요한 노동자 수는 포르투갈이 한 명인데 비해 영국은 두 명이므로 옷 생산에 있어서도 포르투갈이 절대우위를 갖는다.

즉 포르투갈이 두 재화 모두에서 절대우위를 보이므로 포르투갈은 두 재화 모두를 국내에서 생산하고 영국과 무역을 할 필요가 없다는 결론에 이른다.

선진국과 후진국 사이에는 이런 상황이 벌어질 가능성이 높다. 선진국이 두 재화 모두에서 절대우위를 가진다면 선진국은 모든 재화를 국내

재화＼국가	영국	포르투갈
포도주 1병	2	1
옷 1벌	1	2

(O 절대우위)

스미스의 절대우위론 : 재화 생산에 필요한 노동자 수(명)

재화＼국가	영국	포르투갈
포도주 1병	3	1
옷 1벌	2	1

(O 비교우위)

리카도의 비교우위론 : 재화 생산에 필요한 노동자 수(명)

에서 생산해야 하고 후진국과는 무역을 하지 말아야 한다. 스미스의 절대우위론에 바탕을 둔 자유 무역은 이와 같은 한계를 지닌다.

리카도는 이 문제를 해결하기 위해 비교우위(comparative advantage) 개념을 도입했고 이런 상황에서도 각 나라별 특화와 자유 무역이 가능함을 보여주었다. 어떤 상품에 특화할지는 절대우위가 아니라 비교우위에 의해 결정된다는 것이 리카도의 해법이었다.

포르투갈은 포도주와 옷 모두에서 절대우위를 갖고 있지만 우위의 정도는 다르다. 포르투갈의 생산성은 영국에 비해 포도주는 세 배, 옷은 두 배다. 즉 포르투갈은 포도주와 옷 가운데 포도주의 생산성이 상대적으로 더 높으므로 포도주에 비교우위를 가지며 포도주 생산에 특화해야 한다는 것이 리카도의 생각이었다.

그렇다면 영국은 어떨까? 영국은 포르투갈에 비해 포도주와 옷 양쪽 모두 생산성이 떨어지지만 그 정도가 다르다. 다시 말해 영국의 생산성은 포도주의 경우 포르투갈의 33퍼센트고 옷은 50퍼센트로, 상대적으로 옷 생산에 비교우위를 갖는다고 볼 수 있다.

절대우위 상품을 하나씩 보유하고 있는 국가 간에는 당연히 자유 무역이 가능하다. 여기서 더 나아가 절대우위 상품을 보유한 국가와 보유하지 못한 국가 간에서도 비교우위에 기초한 특화와 무역이 가능함을 보여준 것이 리카도의 비교우위론이다. 이는 이후 자유 무역을 뒷받침하는 경제 이론으로 자리 잡았다.

비교우위는 금전적 생산비가 아니라 기회비용을 기준으로 생산성의 우위를 따진다. 그러므로 비교우위는 상대성에 바탕을 둔 개념이다. 한 국가가 다른 국가에 비해 X재 생산에 상대적으로 뛰어나다면 Y재 생산에는 상대적으로 열등할 수밖에 없다.

한 국가가 모든 상품에 절대우위를 가질 수는 있지만 모든 상품에 비교우위를 갖는 일은 논리적으로 불가능하다. 하나의 국가는 항상 하나의 비교우위 재화를 보유하게 마련이며, 따라서 두 국가 간의 무역이 가능해진다. 이것이 상대성이다.

학교에서 학업 성적순으로 두 반을 구성했다고 생각해 보자. 학업 성적이 높은 학생들로만 구성된 반에서도 상대적으로 공부를 못하는 학생이 나오게 마련이다. 마찬가지로 학업 성적이 낮은 학생들로 구성된 반일지라도 그중에서 상대적으로 공부를 잘하는 학생이 있다. 이것이 비교우위 개념이다.

🌷 친구나 가족 사이의 분업도 비교우위에 따라 하라

스미스나 리카도 모두 자유 무역을 설명하기 위해 두 개의 국가를 예로 들었지만 절대우위나 비교우위 개념은 국가 간의 무역에만 한정되지 않는다. 두 기업 간에 이루어지는 분업이나 두 사람 사이의 분업에도 같은 원리를 적용할 수 있다.

주요 국가들의 경제 현황을 조사하는 조별 과제가 주어졌다고 해보자. 같은 조에 속한 철수와 영희는 서로 역할을 분담해 과제를 수행하기로 했다. 그런데 누가 인터넷 조사를 맡고 누가 문헌 조사를 맡을지 판단이 서지 않는다. 철수는 인터넷으로 조사하는 데 60분, 문헌 조사에 40분이 필요하다. 영희는 인터넷 조사에 20분, 문헌 조사에도 20분이 필요하다.

컴퓨터 작업을 좋아하는 철수는 자신이 인터넷 조사를 맡겠다고 했고 영희는 이에 동의해 문헌 조사를 하기로 했다. 두 사람이 과제를 수행하는 데 사용한 총 시간은 80(60+20)분이다. 두 학생이 분업을 실천했으므로 시간을 효율적으로 사용한 셈이 되는 걸까?

이를 확인하기 위해 이번에는 역할 분담을 달리해 보자. 철수가 문헌 조사를 하는 데 40분, 영희가 인터넷 조사를 하는 데 20분이 필요하므로 두 사람이 과제를 수행하는 데 사용한 시간은 총 60분이다. 앞선 경우보다 더 적은 시간을 사용해서 과제를 완수했으므로 보다 효율적으로 시간을 사용했다고 볼 수 있다.

이 사례가 던져주는 교훈은 명백하다. 분업이 언제나 효율적인 것은 아니다. 각자가 비교우위를 갖고 있는 업무를 나누어 맡을 때 비로소 효율적인 분업을 실천할 수 있다.

역할＼학생	철수	영희
인터넷 조사	60	20
문헌 조사	40	20

(○ 비교우위)

철수와 영희가 역할을 수행하는 데 필요한 시간(분)

영희에 비해 철수는 인터넷 조사에 세 배, 문헌 조사에 두 배의 시간이 걸리므로 문헌 조사에 상대적으로 뛰어나며 비교우위를 갖는다. 그러므로 철수는 문헌 조사를, 영희는 인터넷 조사를 맡는 방향으로 분업을 해야 한다. 엉뚱한 방향으로 분업을 한다면 차라리 하지 않는 것만 못하다.

비교우위론은 우리에게 또 한 가지 교훈을 전해 준다. 아무리 여러 분야에 걸쳐 뛰어난 능력을 갖고 있는 사람이라 해도 모든 것을 혼자서 하려 들지 말고 다른 사람의 도움을 받음으로써 일의 효율성을 높일 수 있다는 점이다. 이 세상은 결코 혼자 살아갈 수 없다.

한편 이와는 반대로 능력이 다소 부족한 사람일지라도 비교우위를 갖는 일이 반드시 있게 마련이므로 그 일을 찾아서 해야 한다.

🌳 알쏭달쏭 경제학 개념 이해하기

㉕ **비교우위** 상대방에 비해 더 효율적으로, 즉 보다 적은 기회비용으로 재화를 생산할 수 있는 상태.

마셜, 경제를
과학적으로 분석하다

한계 효용 체감의 법칙, 신고전학파, 탄력성

한 소년이 자기가 먹을 블랙베리를 따고 있다. 처음 한 동안은 블랙베리를 따는 일 자체가 너무도 즐거울 것이다. 블랙베리를 먹는 즐거움이 딸 때의 고단함을 보상하고도 남는다.

그러나 소년이 블랙베리를 충분히 먹은 다음에는 더 먹고자 하는 욕망이 감소하고 블랙베리를 따는 작업이 피로하게 느껴진다. 블랙베리를 따는 작업에서 느끼는 싫증이 그것을 먹고 싶어 하는 욕망을 상쇄하는 균형점에 이르는 순간 블랙베리에서 얻는 만족은 최대가 된다.

직관적으로 매우 당연해 보이는 이 이야기는 앨프리드 마셜*이 자신의 저서에서 '한계(marginal)' 개념을 설명하기 위해 제시한 것이다. 블랙베리를 한 개씩 먹을 때마다 추가로 얻는 한계 효용은 조금씩 감소한다.

116

이처럼 재화 소비량이 증가함에 따라 한계 효용이 감
소하는 현상을 효용 체감의 법칙이라고 한다.

반면에 블랙베리를 한 개씩 더 딸 때마다 감내해야
하는 고통, 즉 한계 비용은 점차 증가한다. 단조로운
반복 작업에서 오는 피로가 누적되기 때문이다. 비록
돈을 내고 블랙베리를 사지는 않지만 직접 따느라 생
기는 고통이라는 비용을 치르는 셈이다.

블랙베리 한 개를 먹는 데서 생겨나는 한계 효용이
한 개를 따는 한계 비용보다 크다면 블랙베리를 따

앨프리드 마셜(Alfred Marshall, 1842~1924)
영국의 경제학자로서 한계 이론을 확립했다. 대표 저서인 『경제학원리』에서 수요와 공급, 한계 효용, 생산비 등의 개념을 명쾌하게 서술했을 뿐 아니라 탄력성, 소비자 잉여와 같은 경제 개념을 도입해 현대 미시경제학의 기초를 다졌다.

먹는 것이 합리적이며, 이 경우 소년은 그 차이만큼 편익을 추가할 수 있
다. 즉 편익을 최대화하려면 "한계 효용 > 한계 비용"이 성립하는 한 블
랙베리를 계속 따 먹는 것이 합리적이다.

그러면 이 소년은 언제까지 블랙베리를 따야 할까? 한계 효용과 한계
비용이 같아질 때까지다. 만약 이 시점을 지나서까지 계속 블랙베리를
딴다면 한계 비용이 한계 효용보다 커지고 소년이 얻는 편익은 오히려
감소한다.

그래프로 보면 이 사실은 더욱 명확하게 드러난다. 한계 효용 체감의
법칙에 의해 한계 효용 곡선은 우하향하는 모습을 보인다. 일반적으로
수요 곡선이 우하향인 것은 이 때문이다. 즉 재화 소비량이 많아짐에 따
라 한계 효용은 점차 감소하므로 소비자가 지불하려는 가격도 낮아지게
마련이다.

반면에 블랙베리를 따면 딸수록 더 힘들어질 수밖에 없으므로 한계
비용 곡선은 우상향한다. 이는 공급 곡선이 우상향하는 이유와 일맥상
통한다. 위쪽 그래프에서처럼 블랙베리를 15개째 따 먹을 경우 소년이

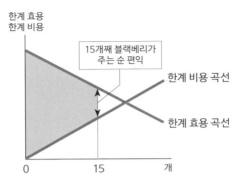

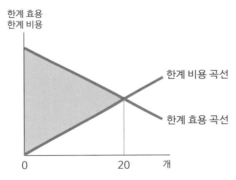

최대 편익을 얻을 수 있는 블랙베리의 양

얻는 한계 효용은 한계 비용보다 크므로 그 차이만큼 편익이 증가한다. 소년이 블랙베리를 15개까지 먹을 때 얻는 순 편익은 사다리꼴의 면적으로 계산할 수 있다.

소년이 편익을 최대로 얻기 위해서는 아래쪽 그래프에서처럼 블랙베리를 20개까지 따 먹어야 한다. 이때 소년이 얻는 편익에서 비용을 뺀 순 편익은 삼각형의 면적으로 계산할 수 있는데 위쪽 그래프의 사다리꼴 면적보다 확연히 크다는 것을 알아볼 수 있다.

만약 소년이 블랙베리를 20개 이상 따 먹는다면 한계 비용이 한계 효용을 초과해 순 편익이 감소하므로 비합리적이다.

합리적인 사람이라면 이처럼 한계 이론에 따라 의사결정을 할 것이다. 예를 들어 시험 전날 자정까지 공부했는데 이제 공부를 더 할 것인지 아니면 그만하고 잠을 잘 것인지 결정해야 한다.

한 시간 더 공부할 경우에 느끼게 될 피로감과 시험 당일의 컨디션 저조가 한계 비용에 해당한다. 한 시간 더 공부할 경우 시험에서 추가로 얻을 수 있는 점수는 한계 효용이다.

한계 비용이 한계 효용보다 크다면 공부를 그만두고 잠을 청해야 한다는 것이 한계 이론의 가르침이다.

🌷 가격을 결정하는 것은 무엇일까?

케임브리지 대학에서 경제학을 가르쳤던 마셜은 한계 이론을 확립했으며 경제학의 여러 분야에 한계 개념을 적용하는 분석 방법을 명쾌하게 제시함으로써 신고전학파 경제학＊을 정립하는 데 기여했다.

그가 집필한 『경제학원리』는 오늘날 미시경제학의 기초가 되었고, 그의 가르침 아래 케인스 같은 위대한 경제학자도 배출되었다.

학창 시절에는 수학을 전공해서 우등상까지 탔던 마셜은 처음 경제학에 본격적으로 수학적 도구를 적용한 인물이다. 그러나 정작 책이나 논문에서는 수리

신고전학파 경제학 (neoclassical economics)
시장의 기능을 믿으며 자유방임주의를 추구하는 고전학파 경제학의 전통을 유지하면서 수요와 공급에 의한 시장 균형, 가계의 효용 최대화와 기업의 이윤 최대화에 의한 합리적 선택을 강조하는 경제학파이다.
여기에 수학적 모델까지 곁들여 지금까지의 경제학을 한층 새롭게 분석한다는 의미에서 이런 이름이 붙었다.

적 분석을 각주나 부록에 넣을 정도로 경제학에서 수학의 남용을 피하려고 노력했다.

그는 "수학은 단순한 속기의 수단일 뿐이다. 이를 탐구의 엔진으로 이용해서는 안 된다"고 생각했다.

경제학의 발전에 마셜이 기여한 바를 나열하자면 한두 가지가 아니다. 수요의 법칙 또한 한계 효용을 토대로 그가 정리한 경제 원리이다. 어떤 학생이 삼각 김밥 한 개를 먹을 때 2천 원어치의 한계 효용을 얻는다면 두 번째 김밥에서는 1,500원어치, 세 번째 김밥에서는 700원어치 하는 식으로 한계 효용이 감소한다.

삼각 김밥을 한 개 더 살지 안 살지를 결정하기 위해 이 학생은 한계 효용과 판매 가격을 비교할 것이다. 만약 삼각 김밥 한 개당 900원이라면 세 번째 김밥에서 얻는 한계 효용인 700원보다 비용이 더 크므로 이 학생은 김밥을 2개 사는 데 그칠 것이다. 반면에 삼각 김밥의 가격이 600원이라면 이 학생은 김밥 3개를 살 것이다.

이처럼 가격이 하락하면 수요량이 증가한다. 마셜은 이를 '수요의 법칙(law of demand)'이라 부르고, 재화의 양과 가격이 반비례하는 모습의 수요 곡선을 얻을 수 있다고 했다.

그렇다면 재화의 가격은 어떻게 결정될까? 마셜이 등장하기 전에는 수요가 가격을 결정한다는 생각과 공급이 가격을 결정한다는 생각이 별개로 존재했다.

가격 결정에 있어서 공급을 중요시한 사람들은 재화 생산에 반드시 노동이 투입되어야 한다는 점에 주목했다. 옷을 만드는 데 한 시간이 걸리고 가방을 만드는 데 세 시간이 걸린다면 가방 가격은 옷 가격의 세 배가 되어야 한다는 게 이들의 주장이었다.

"유용한 물건이 가치를 지니는 것은 그 안에 추상화된 인간 노동이 체화되어 있기 때문이다. 그 가치의 크기를 측정하는 것은 그것을 생산하는 데 들어간 노동 시간이다"라는 애덤 스미스의 말처럼 투입되는 노동량에 비례해 가격이 책정되어야 한다고 생각했던 것이다.

반면에 수요가 재화의 가격을 결정한다는 생각은 이보다 훨씬 역사가 오래되었다. 기원전 아리스토텔레스는 소비자의 만족도에 따라 재화의 가치가 달라진다고 보았다.

사과 하나에 배 하나 비율로 교환이 이루어지는 상황에서 사과를 몹시 먹고 싶어 하는 사람이라면 배 두 개를 주고서라도 사과 하나와 교환하리라는 것이다.

마셜의 한계 이론도 따지고 보면 수요를 강조하는 입장이다. 소비자가 재화에서 얻는 한계 효용이 클수록 높은 가격을 지불할 것이기 때문이다.

마셜은 한계 이론을 발달시킨 경제학자였지만 그렇다고 수요 측면만 강조하거나 하지 않았다. 그는 기업의 생산(공급) 측면에 대해서도 한계 이론을 적용한 후 가격은 수요와 공급이 만나는 곳에서 결정된다고 주장했다.

또한 그는 가위로 종이를 잘랐을 때 위쪽 날이 잘랐는지 아래쪽 날이 잘랐는지를 확인할 수 없듯이, 가치를 결정하는 게 효용인지 생산비인지 따지기란 불가능하다고 생각했다.

시장에서 재화와 서비스의 가격을 결정하는 것은 생산자와 소비자 어느 한쪽만이 아닌 양쪽 모두이다. 심지어 제아무리 강력한 시장 지배력을 갖고 있는 독점 기업이라 할지라도 자신이 팔고 있는 재화의 가격을 마음대로 인상하지는 못한다. 수요의 법칙에 의해 수요량이 감소하기 때문이다.

🌷 담뱃값이 계속 오르는 이유

백해무익한 흡연을 줄이고자 세계 각국 정부는 수요의 법칙에 적극 의존한다. 흡연율이 떨어지길 바라는 마음으로 담뱃값을 인상하는 것이다. 최근 들어 우리나라도 이 대열에 합류했다. 2015년에는 단번에 2천 원이나 담뱃값을 올렸고 앞으로도 점진적으로 인상할 계획이라고 한다.

흡연율을 낮추려는 정부의 의도에 이의를 제기하는 사람은 드물지만, 담뱃값 인상이 정말 효과적인지에 대한 논쟁은 끊이지 않고 있다. 정부는 외국의 사례를 들면서 담뱃값이 큰 폭으로 인상되면 그만큼 흡연 인구가 감소할 것이라고 믿고 있다.

그러나 이에 동의하지 않는 사람들은 흡연에는 중독성이 있기에 흡연율이 거의 떨어지지 않을 것이라고 주장한다. 결국 담뱃값 인상 논쟁의 핵심은 한마디로 "담배 가격을 인상하게 되면 수요량이 얼마나 감소할까"이다.

재화의 가격 변화에 대해 소비자가 어느 정도로 반응하는지를 측정하기 위해 경제학에서 사용하는 개념이 바로 '탄력성'이다. 이 또한 마셜이 도입한 개념이다. 만약 재화의 가격이 오를 때 소비자들이 수요량을 많이 줄이는 경향을 보인다면 "재화 수요가 가격에 탄력적이다"라고 말한다.

삼각 김밥의 가격이 두 배로 올랐을 때 많은 사람들이 삼각 김밥 대신 떡볶이나 라면을 먹는 쪽을 택한다면 삼각 김밥 수요는 가격에 상당히 탄력적이라고 할 수 있다.

반면에 가격에 비탄력적인 재화나 서비스도 있다. 수능을 눈앞에 둔 시점에 족집게 특강을 제공하는 학원의 수강료가 두 배로 올랐다고 하자. 그래도 대부분의 수험생과 학부모는 무리를 해서라도 특강을 받고 싶어 할 터이기에 학원 족집게 특강은 가격에 대해 비탄력적이라 할 수 있다.

이와 같이 가격 변화에 대해 소비자가 반응하는 정도는 재화마다 천차만별이다. 이를 측정하기 위해서 마셜은 다음과 같은 방법으로 탄력성을 측정하자고 제안했다.

$$\text{수요의 가격 탄력성} = -\frac{\text{수요량 변화율(\%)}}{\text{가격 변화율(\%)}}$$

수요의 가격 탄력성은 여러 요인에 의해 결정된다. 그중 가장 중요한 요인은 대체재가 얼마나 많이 있는가이다. 학원 족집게 특강에 대한 수요가 가격에 비탄력적인 것은 수험생의 입장에서 볼 때 별다른 대안이 없기 때문이다. 수강을 포기하는 것이 거의 유일한 대안인 셈이다.

이처럼 대체재가 적은 재화일수록 비탄력적이다. 버스, 지하철, 철도, 쌀 등은 대체재가 거의 없어 가격이 오르더라도 수요량이 별로 감소하지 않아 비탄력적인 재화에 속한다.

다시 담뱃값 인상 문제로 돌아가 보자. 정부가 담뱃값을 올린다는 것은 엄밀하게 말하면 담배에 부과하는 세금을 늘리겠다는 것이다. 만약에 정부가 담배 한 갑당 부과하는 세금을 두 배 인상해 담배 판매량이 절반 이하로 대폭 감소한다면 담배 수요는 가격에 탄력적인 셈이다.

이 경우 정부의 조세 수입은 감소하게 된다. 세금 인상으로 인한 세수 증가분보다 수요량 감소로 인한 세수 감소분이 더 크기 때문이다.

2015년 담뱃값 인상 후 6개월이 지난 시점의 통계에 따르면 정부의 조세 수입이 크게 증가했다고 한다. 이는 가격 인상 후에도 담배 판매량이 조금밖에 줄지 않았다는 뜻이다. 즉 담배 수요의 가격 탄력성은 크지 않으며 담배는 비탄력적 재화라고 할 수 있다. 이처럼 재화의 탄력성은 정부 정책이나 기업의 가격 정책 수립 시 중요한 역할을 한다.

버스나 지하철 수요도 담배와 마찬가지로 비탄력적이다. 아무리 요금을 인하한다 해도 자가용을 타던 사람이 대중교통을 이용하지는 않게 마련이다. 그러므로 요금을 인하할 경우 버스 회사나 지하철 공사의 수입(또는 매출)은 감소한다.

반면에 버스나 지하철 요금이 10퍼센트가량 인상되더라도 수요량은 거의 감소하지 않는다. 먼 거리를 걸어서 다닐 수는 없지 않은가. 결국 요금을 인상하면 버스 회사나 지하철 공사의 수입(또는 매출)은 증가하게 된다.

백화점은 수시로 할인 행사를 해서 손님을 유혹한다. 그러나 버스 요금 인하 소식이나 버스 요금 반짝 세일 같은 행사는 태어나서 지금까지 한 번도 경험해 보지 못했다. 그 원인은 탄력성에서 찾을 수 있다.

🌷 냉철한 머리와 따뜻한 가슴을 지닌 경제학자

마셜의 위대함은 그의 대표적 저서 『경제학원리』나 그가 확립한 경제 개념 및 방법론만으로는 설명하기 어렵다. 그는 경제학이 항상 실용적이어야 한다고 믿었고 실제로 이를 실천한 사람이었다.

학부 시절 전공이었던 수학을 뒤로하고 경제학을 선택했던 것도, 당시 영국 사회에 만연했던 수많은 빈민들의 모습을 목격하고 도저히 그냥 지나칠 수가 없어서였다.

경제학자라면
냉철한 머리와 따뜻한 가슴을
지녀야 해.

경제학 원리

실제로 그는 오랜 시간 빈민대책위원회에서 일했으며, "지난 25년간 나는 빈곤을 해결하기 위해 헌신했다. 내 업적 가운데 빈곤 문제와 무관한 것은 거의 없다"라고 회고할 정도로 현실의 경제 문제 해결에 강한 애착을 보였다.

마셜이 경제학도들에게 요구했던 "냉철한 머리와 따뜻한 가슴을 지녀야 한다"라는 명제는 오늘날까지도 경제학자들이라면 누구나 반드시 명심해야 할 '경제학의 히포크라테스 선서'이다.

그는 경제학을 배우는 사람들이 경제 현상을 엄밀하게 분석하기 위해 냉철한 이성을 지녀야 할 뿐만 아니라 동시에 따뜻한 마음으로 어려운 사람들을 위할 줄 알아야 한다고 당부했다.

『경제학원리』의 서문에서 그는 경제학을 다음과 같이 정의했다.

경제학은 일상생활을 살아가는 인간에 대한 연구다. 경제학은 개인적 또는 사회적 행위 가운데 인간의 안녕에 필수적인 물질을 어떻게 얻고 사용하느냐와 가장 밀접하게 관련된 부분을 고찰한다. 그래서 경제학은 한편으로 부에 대한 연구이자 보다 중요하게는 인간에 대한 연구의 일부다.

 알쏭달쏭 경제학 개념 이해하기

㉖ **한계 비용** 재화를 하나 더 소비하기 위해 추가로 치러야 하는 비용의 증가분.

㉗ **한계 효용** 재화를 하나 더 소비할 때 추가로 얻는 효용의 증가분.

㉘ **한계 효용 체감의 법칙** 재화 소비량이 증가함에 따라 한계 효용이 감소하는 현상.

㉙ **수요의 법칙** 가격이 하락하면 수요량이 증가하고 가격이 상승하면 수요량이 감소하는 현상.

㉚ **탄력성** 한 변수가 다른 변수에 의해 변동하는 정도.

정부의 경제적 역할을 강조한 케인스

세의 법칙, 재정 정책, 정부 역할

고전학파 경제학은 기본적으로 생산된 재화가 다 팔릴 수밖에 없다고 생각했다. 생산된 재화가 수요보다 많다면 가격이 내려가 결국은 수요량과 공급량이 일치하게 될 것이라고 여겼던 것이다.

세의 법칙*도 이러한 믿음에 바탕을 두고 있다. 생산자들은 생산을 통해 벌어들인 돈을 다른 재화를 구입하는 데 소비하므로 시장 전체의 공급과 수요는 맞아떨어지고 과잉 공급 현상은 발생하지 않는다.

그래서 당시에는 생산 증대가 무엇보다도 중요한 관심사였다. 영국에서 발생한 산업혁명은 생산을 획기적으로 늘렸으며 기계화가 급속히 확산됨에 따라 세계 경제는 계속해서 성장해 나갔다.

> **세의 법칙**
> 경제의 총생산량은 필수적으로 그만큼의 수요를 빚어낸다는 주장으로서, 흔히 "공급은 동일한 양의 수요를 창출한다"라고도 한다. 자유방임주의를 지지한 프랑스 경제학자 장 바티스트 세(Jean-Baptiste Say, 1767~1832)가 처음 제시했다.

1913년 포드 자동차가 도입한 컨베이어 벨트에 의한 생산 방식은 대량 생산의 또다른 신호탄이었다. 컨베이어 벨트 덕분에 시간 낭비가 줄어들자 자동차 한 대를 조립하는 데 걸리는 시간은 9분의 1로 단축되었다.

대량 생산이 실현되면서 1920년대 미국 경제는 유례없는 번영을 누렸다. 1928년에 대통령으로 당선된 후버는 "모든 냄비에 닭고기를, 모든 차고에 자동차를!"이라는 구호를 외치며 미국 경제의 번영을 확신했다.

그러나 1920년대 말에 접어들자 대량 생산으로 시장에 나온 물건들이 팔리지 않고 남아돌기 시작했다. 창고에 재고가 넘쳐남에도 불구하고 '보이지 않는 손'은 작동하지 않았다. 수요와 공급이 균형을 회복하지 못한 채 경기 불황이 계속되자 기업들은 노동자를 채용하지 않거나 해고하기 바빴다.

이전에도 경기 침체는 있었지만 1929년 미국에서 시작된 경기 침체는 전과는 비교할 수 없을 정도로 정도가 심했고 오래 지속되었다. 4년 만에 미국의 총생산량이 절반으로 줄었고 실업률은 25퍼센트로 치솟았다.

1933년의 국민 소득은 1922년 수준으로까지 떨어졌다. 실업자가 넘쳐나자 무료 급식소가 곳곳에 설치되었고 문을 닫는 은행도 속출했다. 대공황이었다.

🌷 새로운 경제학의 등장

고전학파 경제학 또는 신고전학파 경제학이 지배하던 당시에 대공황은 매우 충격적인 현상이었다. 고전학파 경제학에 심취했던 사람들은 '보이지 않는 손'이 작동해서 수요와 공급이 균형을 회복할 것이므로 장

기간의 대량 실업이나 대공황은 발생할 수 없다고 믿었다. 그러나 눈앞에 펼쳐진 대량 실업과 경기 불황은 엄연한 현실이었다.

기존의 경제학에 오류가 있다는 것이 분명해지자 사람들은 새로운 경제학을 필요로 하게 되었다. 이때 거침없이 등장해 틀에 박힌 낡은 사고를 깨뜨리고 새로운 경제학을 제시한 인물이 바로 케인스*이다.

그는 사람들이 다 죽고 난 다음에 경기가 회복되면 무슨 소용이 있냐며 기존의 경제학에 안주하고 있는 사람들을 멍청이라고 불렀다.

케인스는 대표 저서 『고용, 이자, 화폐의 일반이론』에서 손을 놓고 시장이 스스로 회복되기만 기약 없이 기다리는 경제학자들을 비판하며 다음과 같이 말했다.

장기적인 분석은 지금 벌어지고 있는 상황을 이해하는 데 아무런 도움이 되지 않는다. 먼 미래에는 우리 모두 죽고 없을 것이다. 경제학자들이 "한참 지나면 태풍이 지나가고 바다가 잠잠해질 것이다"라고 말하는 데 그친다면 경제학자들의 역할은 너무 쓸모가 없다.

대공황에 대해 케인스가 제시한 해법은 명확하다. 첫째, 우리 사회는 완전 고용에 이르지 못할 수 있는데 이는 시장에 유효 수요가 부족한 탓이다. 둘째, 정부 지출은 유효 수요를 창출해 경제를 활성화시키고 불완전 고용의 틈을 메울 수 있다.

기업이라는 배가 태풍을 만나 좌초하고 노동자들이 배 밖으로 떨어질 때 이들을 구조할 수 있는 것은 정부밖에 없다. 정부가 세금을 인하해 국민들의 소비

> **존 메이너드 케인스 (John Maynard Keynes, 1883~1946)**
> 영국의 경제학자. 경기 불황에 대처하기 위해 정부의 시장 개입을 주장했다. 20세기 경제학에 가장 큰 영향을 미친 학자 가운데 한 사람으로 평가받고 있으며, 신고전학파 경제학을 비판하고 케인스학파를 탄생시켰다. 대표 저서로 『고용, 이자, 화폐의 일반이론』, 『화폐론』 등이 있다.

뉴딜 정책

대공황 시절에 실업자에게 일자리를 제공하고 경제 구조를 개혁하고자 미국의 루스벨트 대통령이 추진한 경제 정책을 말한다.

를 부추기거나 직접 재화나 서비스를 구입함으로써 생산량과 소비량 사이의 격차를 메운다면 경제 불황이라는 질병을 치유할 수 있을 것이다. 이렇게 생각한 케인스는 당시 미국 대통령이던 루스벨트에게 재정 지출 확대를 권고하는 편지를 쓰기도 했다.

미국과 영국 정부는 케인스의 말을 쉽사리 받아들이지 않았다. 케인스가 말한 대로 했다가는 재정 적자를 볼 것이 뻔했기 때문이다. 그러나 케인스는 이에 대해서도 답을 제시했다.

불경기에는 억지로 정부의 재정 수지를 맞출 필요가 없으며, 적자가 나더라도 재정 지출을 확대해야 한다. 경기가 다시 좋아지면 정부의 지출이 줄어들고 세금이 많이 걷힐 테니 재정이 흑자로 돌아서서 이전의 적자를 메울 수 있다는 것이었다. 이에 루스벨트 대통령은 케인스의 처방을 받아들여 정부가 시장에 적극 개입하는 뉴딜 정책*을 추진하기로 결정했다.

🌷 소비는 옳고 저축은 나쁘다

수요 부족이 초래한 대공황의 시대를 살았던 케인스는 저축의 역기능에 대해 경고하기도 했다. 가계가 저축을 늘리는 만큼 소비가 위축되므로 기업과 경기에 좋지 않은 영향을 준다는 '저축의 역설' 현상을 강조한 것이다. 또한 그는 "착실하게 저축하는 사람들이 악독한 기업가보다 경제에 더 큰 해악을 끼칠 수도 있다"라고 경고했다.

예를 들어 어떤 사람이 100만 원으로 텔레비전을 구입한다고 하자. 이는 국가 전체의 소비량이 100만 원어치 증가함을 의미한다. 그리고 기업은 텔레비전을 팔아서 받은 돈을 근로자들에게 임금으로 지급한다.

임금을 받은 근로자들은 각자 필요한 재화를 소비하는 데 돈을 지출하므로 동네 음식점 주인, 주유소 주인 등에게 돈이 분배된다. 이들은 받은 돈을 다시 다른 곳에 소비한다. 이처럼 처음의 100만 원이 연쇄 반응을 일으켜 국가 전체로 보면 100만 원의 몇 배에 이르는 소비가 발생한다.

자그마한 소비나 투자의 증가가 우리 경제의 활성화에 커다란 영향을 미치듯, 약간의 소비 감소(혹은 저축 증가) 또한 마찬가지로 경제 위축에 큰 영향을 초래한다. 그러므로 경기가 침체되어 있을 때는 소비자가 조금씩이라도 소비를 늘리는 것이 경제 활성화에 큰 도움이 된다. 정부가 소비를 늘리는 것도 마찬가지 효과를 낳는다.

대공황 시절 뉴딜 정책의 일환으로 추진했던 사업 가운데 테네시 강개발이 있다. 미국 동부를 흐르는 테네시 강을 따라 26개의 대형 댐을 건설하고 수로를 정비하는 대규모 공사였는데, 이를 통해 많은 사람들이 일자리를 얻고 임금을 지급받았다. 그 영향이 눈덩이처럼 불어나 결국 미국 경제는 대공황의 충격에서 벗어날 수 있었다.

🌷 거시경제학의 창시자

애덤 스미스가 시장과 자유방임주의로 세상을 바꿔놓았다면 케인스는 정부의 경제적 역할을 강조함으로써 세상을 바꿔놓았다. 당시 주변 인물들은 한결같이 케인스를 똑똑한 사람이라고 평가했다.

영국의 철학자 버트런드 러셀은 "케인스야말로 가장 날카롭고 가장 투명한 지성의 소유자"이며 "케인스와 논쟁할 때면 나는 마치 목숨을 걸기라도 한 듯 긴장했다. 논쟁이 끝날 무렵이면 나 자신이 바보처럼 느껴지지 않았던 적이 단 한 번도 없다"라고 회상했다.

마셜과 마찬가지로 케인스도 케임브리지 대학에 입학했을 무렵에는 수학을 전공했다. 졸업 시험을 마친 후 그는 경제학 책 한 권을 읽었는데, 바로 마셜이 쓴 『경제학원리』였다.

이후 마셜로부터 경제학 수업을 받은 케인스는 영국 공무원 시험에 합격해 인도에 부임했지만 따분한 공무에 싫증을 느끼고 영국으로 돌아와 경제학 강사가 되었다. 제1차 세계대전이 발발한 후에는 다시 영국 재무성의 관리가 되었고 전쟁이 종료되자 파리 평화 회의에 영국 재무성 대표로 참석했다.

이 회의에서 미국 대통령, 영국 수상, 프랑스 수상이 패전국 독일에 대해 보복성이 강하고 비합리적인 규모의 엄청난 전쟁 배상금을 청구하는 내용의 베르사유 조약*을 체결하자 크게 실망한 케인스는 재무성에 사표를 제출했다.

케인스는 패전으로 경제가 파탄 난 독일은 배상금을 지불할 능력이 없으므로 이 조약이 새로운 재앙의 씨앗이 될 수 있다고 경고했다. 실제로 몇 년 후 극심한 경제적 어려움을 겪던 독일에서 나치스가 득세함에 따라 제2차 세계대전이 일어나는 빌미를 제공했다.

제2차 세계대전 동안 케인스는 다시금 영국 정부를 위해 일했다. 전쟁이 연합국의 승리로 끝날 듯한 조짐이 보이자 케인스는 영국 대표로서 미국과 더불어 새로운 세계 경제 체제를 구축하기 위한 논의를 시작했다. 이 자리에서 양국은 세계의 무역을 활성화하기 위

베르사유 조약

제차 세계대전이 종료된 후 연합국과 패전국 간에 맺어진 평화 협정. 1919년 프랑스 베르사유 궁전에서 체결되었다. 국제연맹의 탄생 및 독일과 그 동맹국들에게 전쟁 책임이 있음을 나타내고 유럽의 평화 유지를 보장하는 내용 등으로 구성되어 있다.
독일과 오래된 원한이 있던 프랑스가 독일로 하여금 치욕적인 규모의 배상금을 지불하도록 요구했으며, 그 결과로 독일은 영토의 상당 부분을 잃었다.

해 고정 환율 제도를 채택하기로 합의하는 등 세계 경제에 큰 변화를 가져올 결정들을 내렸다.

케인스가 1946년에 심장마비로 사망하자 미국은 이듬해에 국제 통화 기금(IMF)을 주도적으로 창설하면서 달러화를 세계의 기축 통화로 정립하는 데 성공했다. 바야흐로 미국이 세계 경제를 주도하는 시대로 접어든 것이다.

케인스가 사망한 후 경제학자들은 케인스의 사상을 더욱 발전시켜 '거시경제학' 분야를 탄생시켰다. 이후 경제학자들이나 정치가들은 경기 변동이 일어날 때마다 케인스의 이론을 활용하고 있다.

경기가 침체되면 정부는 재정 정책을 펼쳐 지출을 늘리거나 세금을 인하하는 방법으로 경기 회복을 유도한다. 반대로 경기가 과열되면 정부 지출을 줄이거나 세금을 인상함으로써 경기를 안정시킨다.

오늘날 대부분의 자본주의 국가는 혼합 경제 체제*를 채택하고 있다. 시장 경제 체제를 근간으로 하지만 필요할 경우에는 정부가 시장에 개입해 시장의 불완전성을 보완하려는 의도에서다.

> **혼합 경제 체제**
> 시장 경제 체제와 명령 경제 체제가 혼합되어 있는 경제 체제.
> 일반적으로는 생산 수단을 개인이 소유하고 기업의 이윤 추구 행위를 허용하는 시장 경제 체제에 근간을 두며, 정부가 경제의 안정을 위해 부분적으로 시장에 개입한다는 특징을 갖는다.

 알쏭달쏭 경제학 개념 이해하기

㉛ **고정 환율 제도** 각국의 환율을 일정 수준으로 고정시키는 제도.

㉜ **국제 통화 기금(IMF)** 국제 금융 체계를 감독하기 위한 국제기구로서 1947년에 설립되었다. 외환 위기를 겪는 국가에게 돈을 빌려주기도 한다.

㉝ **기축 통화** 국제 거래에서 보편적으로 통용되는 화폐.

국가 발전의 원동력, 사유 재산

텔레비전 프로그램 〈정글의 법칙〉에는 김병만 족장의 지휘에 따라 남녀 가릴 것 없이 먹을 것을 찾아 헤매는 장면이 종종 나온다. 누가 과일을 따 오거나 물고기를 잡아 오면 모두가 한자리에 모여 사이좋게 음식을 나누어 먹는다. 사냥해 온 동물이 누구 것인지 따지는 일은 없다.

과거 석기 시대의 인간들이, 그리고 지금은 일부 오지의 원주민들이 살 아가는 모습 그대로이다.

이처럼 소유 개념에 구애받지 않고 공유하며 나누는 삶의 모습은 인간 이 한곳에 정착해 농사를 짓기 시작하면서 변해 갔다. 밀을 재배하는 밭은 족장의 소유인가? 아니면 부족 모두의 공동 소유인가? 누가 사망하면 그 자식에게 소유권이 돌아가는가? 밭에서 수확한 밀은 누구의 것인가? 다른 사람보다 더 많이 밀을 생산했다면 이는 누구 몫이 되어야 하는가? 소유와 관련된 이와 같은 문제들이 제기되기 시작한 것이다.

고대 이집트의 왕들은 자신이 다스리는 땅을 자기 것이라고 여겼다. 그 러므로 그곳에서 자라는 농작물과 그곳에 발을 붙이고 사는 사람들도 자 신의 소유라고 생각했다. 단, 기록에 의하면 왕의 신하들은 개인 재산을 소 유할 수 있었다고 한다. 사유 재산의 개념이 생겨난 것이다.

사유 재산 제도가 국가를 발전시킨다

사유 재산을 인정받기 시작하면서 사람들은 자신과 가족이 남들보다 더 부유해졌으면 하는 욕심을 품게 되었고, 타인의 재산을 노린 도둑, 강도, 사기 등의 범죄도 일어나게 되었다. 비록 이와 같은 부작용이 있기는 했지만 사유 재산 제도는 국가의 경제가 발전하는 데 결정적인 기여를 했다.

북한과 중국의 사례를 통해서도 이를 잘 확인할 수 있다. 1970년대만 해도 북한이 중국보다 잘살았다. 그러나 지금은 상황이 완전히 역전되었다. 중국이 개인들에게 사유 재산을 인정하는 경제 개혁을 시도한 반면에 북한은 여전히 국가가 모든 재산을 소유하고 있기 때문이다.

자신의 재산을 보호하고 키우려는 마음은 인간의 본능이다. 국가가 뭐라고 하지 않아도 사람들은 제 몫의 재산을 이왕이면 더 많이, 더 크게 불리려는 노력을 기울이게 마련이고, 이 과정에서 개인의 창의력도 발휘되며 새로운 기술과 상품이 탄생하고 국가도 자연스럽게 발전한다. 아리스토텔레스는 사유 재산에 대해 다음과 같이 말했다.

누구나 각자 자기 물건을 갖고 돌볼 수 있다면 다른 사람과 싸울 필요가 없다. 그리고 모두가 자기 것에 관심을 갖고 자기 재산을 늘리려고 열심히 일하므로 국가 또한 발전한다.

코끼리를 살린 사유 재산 제도

사유 재산권의 역할을 확인할 수 있는 실제 사례로 멸종 위기에 처했던 아프리카 코끼리를 들 수 있다. 상아를 노린 밀렵꾼들 때문에 아프리카 코끼리는 개체 수가 급감하고 일부 지역에서는 멸종 위기에 처하기도 했다. 이에 대해 케냐와 짐바브웨는 코끼리 보호라는 동일한 목적 아래 전혀 다

른 방향의 정책을 실시했다.

케냐는 코끼리 사냥을 전면 금지했고 밀렵꾼을 강력하게 처벌하는 법을 도입했다. 그리고 군대까지 동원해 밀렵 행위를 단속했다. 반면에 짐바브웨는 마을 주민들에게 코끼리에 대한 소유권을 부여하고 일정한 조건을 충족하면 코끼리를 합법적으로 처분할 수 있도록 했다.

어느 나라의 코끼리 보호 정책이 효과적이었을까? 밀렵을 강력하게 단속한 케냐라고 생각하기 쉽지만 답은 짐바브웨다. 1975년만 해도 케냐의 코끼리 수는 짐바브웨보다 여섯 배 이상 많았다.

그러나 케냐의 코끼리 수는 나날이 급감한 반면에 짐바브웨는 지속적으로 개체 수를 늘리는 데 성공했다.

그 결과 두 국가의 코끼리 수는 1983년에 역전되어 지금은 오히려 짐바브웨에 더 많은 코끼리가 살고 있다. 1975년부터 2011년에 이르는 기간 동안 짐바브웨는 자국 내 코끼리 수를 네 배 가까이 늘리는 데 성공했다.

어떻게 이런 차이가 생겨났을까? 케냐 시골 사람들은 코끼리를 골칫덩어리로 여겼다. 작물을 훼손하는 코끼리를 미워했으며 밀렵꾼이 코끼리를 불법 사냥하는 것을 알고도 못 본 척하는 주민들이 많았다. 우리나라에서 멧돼지 때문에 한 해 농사를 망쳐 망연자실한 농민들의 모습을 떠올려 보면 케냐 사람들의 행동이 이해가 가지 않는 것도 아니다.

이와 달리 짐바브웨에서는 코끼리가 주민의 재산이 되었다. 코끼리를 보호할수록 자신들의 소득이 증가하므로 누가 뭐라 하지 않아도 주민들이 자발적으로 나서서 코끼리를 보호했다. 자신들의 재산을 빼앗으려는 밀렵꾼들이 발붙일 자리가 없도록 만든 것이다.

물건을 살 때 가격을 고려하지 않는 소비자는 없을 것이다. 이는 물건을 파는 기업도 마찬가지다. 가격은 시장 경제의 핵심이다. 유가, 주가, 할인 가격, 최저 가격, 가격 파괴, 착한 가격 등 우리가 수없이 들어봤던 말에 모두 '가격'이 들어 있다. 수요와 공급, 이익, 공짜, 흥정 등도 가격과 매우 밀접하게 연결되어 있다.

3장에서는 우리 주위에서 찾아볼 수 있는 상품의 가격이 어떤 이유와 과정으로 결정되었는지 이해하고 주변 상품의 가격에 관심을 기울여 경제적 사고력을 높여 보자.

3장

시장 경제의 핵심,
가격을 파헤치자

사람을 움직이는 힘, 인센티브

인센티브, 코브라 효과

사람은 더 나아지고 싶어 하는 본능적 욕구를 가진 채로 태어난다. 이런 욕구가 없다면 자기 발전도 없을 테고 인류의 문명도 제자리걸음을 거듭했을 것이다. 아무리 하는 일이 즐겁다고 해도 적절한 보상이 따르지 않는다면 그 일을 얼마나 계속할 수 있을지 불확실한 것이 인간이다.

이 불확실성을 제거해 줄 수 있는 수단이 바로 인센티브(incentive)이다. 우리말로 하면 유인책인 셈이다. 어떤 일을 할 때 적절한 보상을 해준다면 사람들이 더욱 열심히 행동하도록 이끌 수 있다.

한때 『칭찬은 고래도 춤추게 한다』라는 책이 인기를 끌면서 "칭찬은 시어머니도 춤추게 한다", "칭찬은 학생도 공부하게 한다" 등 칭찬 시리즈가 유행한 적이 있다. 사람들을 원하는 방향으로 행동하게 만들 수 있는 인센티브 가운데 칭찬만 한 것이 없다는 뜻이다. 돈이 들지 않는 인센티브라서 더 의미가 있다.

학생들이 밤잠을 설치고 코피를 흘리고 때로는 식사까지 거르며 공부에 매진하는 것은 좋은 성적과 좋은 대학이라는 인센티브가 존재하기 때문이다. 만약 전교에서 1등을 하건 꼴등을 하건 상관없이 추첨에 의해 대학과 학과가 결정되고 미래의 직업 또한 임의로 배정된다면 이렇게 열심히 공부하지는 않을 것이다.

집에서 꼼짝하기 싫은 날 전화 한 통이면 맛있는 짜장면 한 그릇을 배달해 먹을 수 있다. 배달 관련 앱을 실행하고 터치 몇 번만 하면 어떤 음식이든 집 주변에서 맛있는 식당을 골라 주문하는 일도 가능하다. 심지어 바닷가 백사장이나 등산로에서도 전화로 음식을 배달해 먹을 수 있다.

식당이 이윤이라는 인센티브를 조금이라도 더 얻기 위해 소비자가 원하는 곳이면 어디든 배달해 주기 때문이다. 만약 이윤이 모조리 정부에게 귀속된다면 힘들여 백사장까지 음식을 배달해 주려는 식당은 없을 것이다. 사람들은 인센티브에 반응한다.

🍔 역사 속의 인센티브

인센티브의 중요성은 고대에도 널리 알려져 있었으며, 인센티브를 적절히 활용한 사회가 보다 순조롭게 발전할 수 있었다. 사람들이 노력한 만큼 제 몫을 얻을 수 있을 때 더 열심히 일할 것이라고 내다본 아리스토텔레스에 대해서는 앞에서 말한 바 있다.

고대 그리스나 로마는 전쟁에서 승리를 거두면 전리품을 적절하게 배분함으로써 군인들의 사기를 북돋웠다.

포드 자동차의 창업자였던 헨리 포드*는 1914년 공장에서 일하는 근로자들의 임금을 무려 두 배나 인상했다. 임금 인상은 곧 자동차 생산 비용의 증가를 뜻하므로 갑작스러운 큰 폭의 임금 인상에 많은 사람들이 의아해 했다. 포드 자동차의 손실을 예상하는 사람들도 많았다.

그러나 임금을 올린 후 자동차 한 대를 생산하는 데 들어가는 비용은 오히려 감소했다. 임금 인상이라는 인센티브 때문에 근로자들이 자발적으로 최선을 다해 작업에 임했고 생산성이 크게 향상되어 인건비 증가분을 상쇄하고도 남았던 것이다.

놀라운 사실은 북한의 명령 경제에서도 인센티브의 위력을 인지하고 인센티브를 적절히 활용하는 모습을 보인다는 점이다. 북한은 국영 기업이나 공장을 대상으로 독립 채산제*를 실시하고 있으며 생산 목표를 초과 달성한 경우에는 성과에 따라 상여금을 지급한다.

우수한 성과를 기록한 공장이나 인물에게는 비금전적 형태의 인센티브로 훈장과 표창을 수여하고 영웅 칭호를 부여한다. 학교 성적이 좋으면 당에서 선발해 좋은 대학교에 보내주거나 유력한 부서에 배치하는 등의 인센티브를 통해, 북한 학생들이 열심히 공부하도록 유도한다.

아무리 엄격한 통제와 위협으로도 지금보다 더 나은 내가 되고 싶어 하는 인간의 본능적 욕망을 이길 수는 없음을 인정하고 있는 것이다. 인센티브는 북한 사람들도 춤추게 한다.

헨리 포드
(Henry Ford, 1863~1947)
포드 자동차 회사의 설립자로서 컨베이어 벨트를 통한 조립 라인을 처음으로 도입해 자동차 대량 생산의 물꼬를 텄다. 이를 통해 중산층도 자동차를 구입할 수 있게 함으로써 20세기 미국 사회를 크게 변화시킨 인물 가운데 한 명이다.

독립 채산제
국영 기업이 국가 예산의 보조를 받지 않고 독립적으로 경영하도록 자주성을 부여하여 수익성을 높이려는 경영 방식이다.

🍔 잘 쓰면 약, 못 쓰면 독

인센티브가 사람들의 행동을 바꿀 수 있다는 경제 원리를 깨닫게 된 기업이나 정부는 원하는 목적을 달성하는 데 인센티브를 전략적으로 활용한다. 이와 관련된 유명한 사례가 하나 있다.

과거 영국은 중죄인들을 오스트레일리아로 이주시켰다. 당시에는 배를 이용했으므로 수송에만 8개월이 걸렸다. 좁고 더럽고 어두운 선실에서 보내는 8개월은 악몽과 같은 기간이다.

비위생적인 음식을 먹던 중죄인 가운데 상당수는 오스트레일리아에 도착하기도 전에 질병에 걸리기 일쑤였고, 오스트레일리아에 도착할 무렵에는 생존자 비율이 절반으로 떨어졌다. 선장은 배를 몰아서 오스트레일리아에 도착하기만 하면 정해진 수입을 받을 수 있었으므로 중죄인들을 돌볼 이유가 없었다.

영국 정부는 고심 끝에 인센티브 제도를 변경했다. 생존한 채 오스트레일리아에 도착한 중죄인의 수에 비례해 선장에게 돈을 지불하기로 한 것이다. 이제 중죄인 한 명 한 명이 돈이므로, '중죄인의 생존 = 선장의 이익'이라는 공식이 성립했다.

제도 변경의 효과는 놀라웠다. 오스트레일리아에 도착한 중죄인의 생존율이 90퍼센트를 넘게 된 것이다. 잘 설계된 인센티브 제도가 선장에게 이익을 가져다줌은 물론 사람의 생명까지 구한 셈이다.

사실 이처럼 큰 힘을 지닌 인센티브는 양날의 검과 같다. 대단한 위력이 있는 만큼 잘못 설계된 인센티브의 부작용이 클 수 있다는 뜻이다. 정부의 섣부른 인센티브 정책이 사람들로 하여금 의도치 않게 엉뚱한 방향의 선택을 하게 만들 수 있으므로 인센티브를 부여하고자 할 때는

144

신중하게 결정해야 한다.

코브라 효과(cobra effect)라는 것이 있다. 영국이 인도를 식민지로 삼고 지배할 무렵 영국 식민지 정부는 코브라 때문에 커다란 피해를 입었다. 그래서 영국은 코브라를 잡아오는 사람에게 보상금을 주는 정책을 실시했다.

보상금이라는 인센티브를 기대하는 사람들이 코브라 사냥에 나서게 되면 코브라 개체 수를 줄일 수 있을 것이라는 기대에서였다. 동시에 보상금을 받은 인도 주민은 소득이 증가할 테니 일석이조가 아닌가.

그러나 시간이 흐르면서 정부의 예상을 벗어나는 일이 발생하기 시작했다. 코브라로 돈을 벌 수 있다는 소문이 퍼지자 인도 사람들은 집에서 코브라를 기르기 시작했다. 보상금을 받기 위해 가져온 코브라는 야생의 코브라가 아니라 집에서 키운 코브라였다.

의도하지 않은 결과가 나타나고 있다는 것을 안 영국 정부는 보상금 제도를 철회했다. 그러자 인도인들이 집에서 기르던 코브라를 모두 풀어 주었고 코브라 개체 수는 전보다 더 증가했다.

끝으로 인센티브가 제 기능을 발휘하기 위해 필요한 전제 조건이 하나 있다. 바로 사유 재산권이다. 열심히 일해서 번 소득, 성과, 이윤을 자신의 소유로 삼고 자기 뜻대로 자유롭게 사용할 수 있는 권리가 없다면 인센티브는 제 역할을 다하지 못한다.

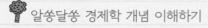 알쏭달쏭 경제학 개념 이해하기

㉞ **인센티브** 경제 주체가 어떤 행위를 하도록 동기를 제공하는 것으로서, 일반적으로 돈의 형태를 지니지만 칭찬이나 처벌 같은 비금전적 인센티브도 있다.

㉟ **코브라 효과** 문제를 해결하려고 취한 조치 때문에 오히려 문제가 더 악화되는 현상.

2

농산물의 가격은
왜 오르내림이 심할까?

탄력적, 비탄력적, 풍년의 역설

오늘 저녁 밥상에 배춧국이 나왔다. 특별히 좋아하지는 않지만 야채가 몸에 좋다니 먹기는 먹는다. 그런데 잠깐. 어제는 배추 겉절이가 반찬이었다. 혹시나 하는 생각에 내일 반찬이 무엇인지 물어보니 배추쌈이란다. 요새는 밥상에 배추가 빠지질 않는다.

우리 가족이 배추를 매우 사랑하는 사람들이라서 그런가? 그렇다면 1년 내내 배추 메뉴가 꾸준히 등장해야 정상일 텐데 꼭 그렇지만도 않다.

얼마 전에도 비슷한 일을 겪었다. 그때는 뭇국, 무생채, 깍두기 등이 연속해서 밥상에 올라왔다. 좋아하는 고기반찬은 이런 식으로 매일 나온 적이 없다. 물론 배추나 무보다 고기가 비싸다는 건 알겠지만 그렇다고 배추나 무가 이처럼 반복해서 밥상에 올라오는 것은 이해가 되지 않는다. 이러한 광경은 학교 급식에서도 종종 볼 수 있다.

🍔 식탁에 매일 배추가 올라왔던 이유

이와 같은 현상도 경제 원리로 풀어낼 수 있다. 먼저 배추, 무 같은 농산물이 다른 재화, 특히 공산품과 어떤 점이 다른지를 이해할 필요가 있다.

그래프를 통해 살펴보도록 하자. ①번 그래프는 여러분들도 잘 알고 있는 수요 곡선과 공급 곡선이다. 수요와 공급이 일치한 곳에서 균형 가격과 균형 거래량이 결정된다는 사실을 알 수 있다. 이 재화의 공급이 증가해서 공급 곡선이 오른쪽으로 이동하면 균형 가격은 A에서 B로 하락하고 균형 거래량은 X에서 Y로 증가한다.

②번 그래프도 이러한 현상을 보여주고 있다. 두 그림에서 공급은 동일한 양만큼 증가했다. 차이점은 왼쪽에 비해 오른쪽 수요 곡선의 기울기가 더 가파르다는 것뿐이다.

수요 곡선의 기울기는 경제적으로 중요한 의미를 지닌다. 공급이 증가할 때 가격과 거래량이 변하는 정도는 수요 곡선의 기울기에 따라 달라진다. 같은 크기로 공급이 증가하더라도 ①번은 가격이 B로 하락하는 데 비해 ②번에서는 C로 하락한다. 하락폭은 훨씬 큰 반면에 거래량은 적게 증가한다.

배추, 무, 양파 등과 같은 농산물의 수요 곡선은 ②번 그래프와 같은 모습을 띤다. 수요 곡선의 기울기가 가파르다는 것은 가격에 따라 수요량이 크게 변하지 않는다는 것을 의미한다.

가격이 하락함에도 불구하고 소비자들이 농산물 구입량을 대폭 늘리지 않는 데에는 여러 가지 이유가 있지만, 가장 중요한 요인은 장기 보관이 어렵다는 점이다.

공산품이라면 보관해 두었다가 한참 후에 꺼내 사용할 수 있으므로 가격이 내려갔을 때 미리 사놓으려는 소비자들이 많다. 그러나 배추나

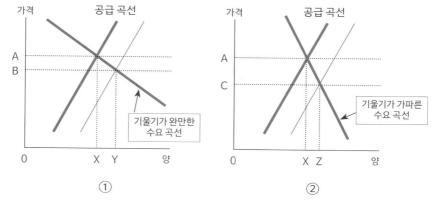

기울기가 다른 수요 곡선

무는 냉장고에 보관하더라도 한 달을 넘기기가 힘들다. 또한 잘 보관하더라도 신선도가 떨어질 수밖에 없다는 문제가 있다.

　고무줄을 잡아당겼을 때 잘 늘어나면 탄력적, 잘 늘어나지 않으면 비탄력적이라고 하는 것처럼, 가격이 하락해도 수요량의 증가가 크지 않은 재화를 "수요가 가격에 비탄력적"이라고 말한다. 또는 수요의 가격 탄력성이 1보다 작다고 말한다.

　농산물은 수요의 가격 탄력성이 1보다 작아서 수요가 가격에 따라 비탄력적으로 움직이는 대표적인 재화다. 수요가 가격에 비탄력적인 재화*는 가격이 상승해도 수요량이 크게 줄어들지 않는다.

　가격 변화에 대해 수요량이 비탄력적으로 변하는 재화는 앞의 그래프에서 보았듯이 공급이 증가할 때 가격이 심하게 변동하는 특징이 있으나 거래량 변화는 그리 심하지 않다. 반면에 가격 변화에 대해 수요

수요가 가격에 비탄력적인 재화

가격 변화율보다 수요량 변화율이 작은 재화로, 수요의 가격 탄력성이 1보다 작다. 예를 들어 가격이 5퍼센트 상승할 때 수요량이 감소하는 정도가 5퍼센트 미만인 재화를 말한다.

량이 탄력적으로 반응하는 재화는 거래량이 많이 변하는 대신 가격 변화는 심하지 않다.

🍔 풍년보다 흉년이 낫다?

농부라면 풍년과 흉년 가운데 어느 쪽을 반길까? 무슨 말도 안 되는 질문이냐며 당연히 풍년이라고 답하는 학생들도 있겠지만, 이는 그처럼 쉽게 답할 수 있는 질문이 아니다. 다시 한 번 그래프를 보자.

①번은 작황이 평년 수준일 때 쌀 시장이 균형을 이루는 지점을 나타낸다. 계산을 단순화하기 위해서 쌀의 균형 가격이 1킬로그램당 천 원이고 균형 거래량이 100킬로그램이라고 하자. 이 경우 우리나라 쌀 농가의 소득은 10만 원(= 1,000×100)이다.

이제 올해 쌀 작황이 좋아 풍년이 들었다고 하자. 평년에 비해 쌀 공급이 증가하므로 공급 곡선은 오른쪽으로 이동하는데 이를 나타낸 것이 ②번이다. 공급이 증가한 결과로 쌀 가격은 1킬로그램당 700원으로 하락했지만 균형 거래량은 120킬로그램으로 20킬로그램 증가하는 데 그친다.

쌀 수요가 가격에 비탄력적인 탓에 가격은 크게 하락한 반면 거래량은 조금밖에 증가하지 않은 것이다. 이 경우 쌀 농가의 소득은 8만 4천 원(= 700×120)으로, 평년 소득보다 오히려 감소한다. 풍년이 들었는데도 말이다. 그래서 이를 '풍년의 역설'이라고 부른다.

농부 입장에서는 당연히 풍년을 바라 마지않고 기뻐해 마땅할 일이지만, 정작 풍년이 들면 농가의 소득이 감소하는 역설적인 현상이 발생한

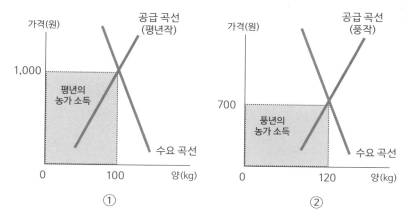

풍년에 농가 소득이 감소하는 현상

다. 그 원인은 농산물 수요가 가격에 비탄력적인 데 있다. 물론 반대의 경우도 일어난다. 흉년이 드는 경우에는 농가의 소득이 오히려 증가하는 것이다. 공급이 감소해서 농산물 가격이 폭등한 결과다.

🍔 농산물 가격을 안정시켜라

농산물 수요가 가격에 비탄력적이어서 공급이 조금만 감소해도 가격이 치솟고 공급이 조금만 증가하면 가격이 뚝 떨어지는 현상은 소비자나 농민 모두에게 바람직하지 않은 일이다.

김치를 담그려는데 배추 값이 폭등하면 비용이 많이 들어 살림이 어려워진다. 이럴 때는 밥상에서도 배추를 재료로 한 반찬이 자취를 감춘다.

반대로 배추 농사가 풍년이라 공급이 증가하면 배추 값이 폭락하고 대부분의 가정과 학교 급식에서 배추가 밥상을 점령하기 마련이다. 그에 비례해 가족들과 학생들의 원성도 높아진다. 아무리 몸에 좋은 음식도 매일 먹으면 질리지 않겠는가.

이처럼 가격이 오락가락하면 소비자는 소비자대로 합리적인 소비 계획을 실천하고 유지하기가 힘들어진다. 생산자인 농부 역시 수입이 불확실해서 안정적으로 생활하기 어렵다. 그래서 정부는 농산물 가격을 안정시키기 위해 다각도로 노력하고 있지만 아직 만족할 만한 성과를 거두지 못하고 있다. 그 이유는 무엇일까?

농산물 가격 안정을 위해 정부가 세울 수 있는 대책은 크게 두 가지이다. 첫 번째는 농산물을 오래 보관할 수 있는 저장 기술을 개발하는 일이다. 적정 온도와 습도를 유지하는 대형 저장 창고를 구비해 공급이 수요보다 많을 때는 남는 농산물을 창고에 보관해 두었다가 부족할 때 시장에 내보내는 식으로 농산물의 공급을 조절하는 것이다.

그러나 농산물을 오랜 기간 신선하게 보관하는 기술은 아직 완전하지 못하며, 비용 또한 많이 든다.

농산물이 남아돌 때 외국으로 수출하는 방법도 있지만, 어느 나라건 해외 농산물 수입을 꺼리는 건 마찬가지다. 평소에 수출 길을 터놓지 않다가 갑자기 해외 판로를 개척하기란 매우 어렵다.

그래서 비록 극단적인 방법이긴 하지만 때로는 농민들이 직접 농산물을 폐기 처분해 공급을 줄인다. 배추를 수확하지 않은 채로 밭을 갈아엎거나 낙농업자들이 원유를 길거리에 쏟아버리는 안타까운 장면도 뉴스를 통해 심심찮게 볼 수 있다.

농산물 가격 안정을 위한 정부의 두 번째 정책은 수입을 통한 공급 조절이다. 흉년으로 농산물 공급이 부족할 때 인근 국가에서 긴급히 해당 농산물을 수입해 와 국내에 공급하는 것이다.

이 정책에는 배송과 통관 등으로 시간이 오래 걸려 농산물이 국내 시장에 공급되는 것이 늦어진다는 문제점이 있다. 또 소비자들은 수입 농산물 구매를 꺼리는 경향이 있다.

정부가 처음부터 농가의 생산량을 조절하는 정책도 고려할 만하다. 그러나 이 경우 구성의 오류* 현상 때문에 소기의 효과를 거두지 못할 가능성이 높다.

예를 들어 정부가 배추의 적정 재배 면적을 전국 농가에 알리고 권장한다고 하자. 이를 어기려는 농가들이 반드시 있게 마련이다. 다른 농가들이 정부 권고안을 받아들이는 와중에 자신만 재배 면적을 늘리면 소득이 늘어날 것이라고 생각하기 때문이다.

이런 농가가 한두 곳이라면 별 문제가 되지 않겠지만 많은 농가들이 이를 실행에 옮긴다면 시장에 배추 공급이 넘쳐나 가격이 폭락하는 결과를 낳는다. 정부 권고안을 준수한 농가만 억울할 뿐이다.

이처럼 정부의 농산물 가격 안정 대책은 공급 측면에 초점을 맞추고 있다고 할 수 있다. 물론 농산물이 남아돌 때 "우리 농산물을 조금씩 더 먹는 것이 애국하는 길이며 이웃을 돕는 길입니다"라고 말하며 소비 촉진 캠페인을 벌이는 수요 정책도 병행하고 있지만, 수천만 명이나 되는 소비자의 구매 유형을 바꾸기란 쉽지 않기에 수요 정책의 효과는 크지 않다.

게다가 반대로 공급이 부족할 때 "먹는 것을 줄이세요"라는 캠페인을 벌일 수도 없는 일이 아닌가. 그러니 값이 하락한 농산물을 학교 급식을 통해 아무 불평 없이 깨끗이 먹어치우는 학생들은 모두 애국자인 셈이다.

🍔 아무리 비싸도 사야 하는 카네이션

수요의 가격 탄력성 개념은 우리 일상생활 속에서 두루 활용된다. 특히 기업은 이윤을 늘리는 데 이 원리를 적극 이용하고 있다. 백화점의 세일 행사가 가장 친숙한 사례다. 상품 가격이 하락하면 구매자가 늘어난다는 점을 이용한 전략이다.

해마다 5월이면 학생들의 지갑이 텅텅 비곤 한다. 어버이날이 있기 때문이다. 철수도 부모님께 선물할 카네이션을 사려고 꽃집에 들렀다. 철수는 꽃집 앞에 늘어선 긴 줄에도 놀랐지만 가격에 또 한 번 놀랐다. 작년보다 더 비싼 건 그렇다 치더라도 불과 일주일 전에 비해 카네이션 가격이 두 배나 올랐다.

일주일 사이에 어떻게 카네이션 가격이 두 배나 뛴단 말인가? 돈이 아깝다 못해 분한 생각마저 들지만 어쩌겠는가. 1년에 한 번밖에 없는 어버이날에 최소한의 효도는 해야지 하는 생각으로 지갑을 열었다. 철수의 친구들도 같은 심정으로 용돈을 털어 카네이션을 샀다.

이처럼 5월이 되면 가격이 아무리 올라도 카네이션을 사려는 사람들이 늘어나므로 카네이션 수요가 가격에 매우 비탄력적이 된다. 이 점을 이용한 꽃 가게는 카네이션을 높은 가격에 판매함으로써 이윤을 얻는다.

🌳 알쏭달쏭 경제학 개념 이해하기

❸❻ **풍년의 역설** 풍년이 들면 농가 소득이 감소하고, 흉년이 들면 농가 소득이 증가하는 현상.

공급과 소득에 따라
변하는 재화의 신분

공급 탄력성, 소득 탄력성

젊은이들에게 밸런타인데이는 특별한 날이다. 이날이 되면 탐스러운 장미꽃과 달콤한 초콜릿이 날개 돋친 듯 팔려나간다. 철수도 친구에게 줄 장미꽃과 초콜릿을 사려다가 호기심이 발동했다.

지난달에 비해 초콜릿 가격은 거의 오르지 않았는데 장미꽃 가격은 치솟았다. 밸런타인데이를 맞이해 초콜릿이나 장미꽃 모두 엇비슷하게 수요가 증가했으니, 가격도 비슷한 비율로 올라야 하는 게 아닐까?

장미꽃과 초콜릿 가격이 오르는 정도가 다른 이유를 이해하려면 재화의 공급 측면을 살펴볼 필요가 있다.

수요의 가격 탄력성이 가격이 변할 때 수요자가 수요량을 얼마나 변화시키는지를 측정하는 것이라면, 공급의 가격 탄력성은 가격이 변할 때 공급자가 공급량을 얼마나 변화시키는지에 관심을 둔다.

공급자가 가격 변화에 민감하게 반응해서 공급량을 많이 조정하면 탄력적, 공급량을 적게 조정하면 비탄력적이라고 한다.

$$\text{공급의 가격 탄력성} = \frac{\text{공급량 변화율(\%)}}{\text{가격 변화율(\%)}}$$

밸런타인데이가 다가오면 공급자는 장미꽃과 초콜릿 가운데 어느 재화의 공급량을 상대적으로 더 많이 늘릴 수 있을까? 쉽게 짐작할 수 있듯이 초콜릿이다. 장미꽃의 경우에는 공급량을 늘리는 데 한계가 있다. 장미를 재배할 넓은 땅이 필요하기 때문이다. 그래서 장미는 공급량의 증가가 비탄력적이다.

반면 초콜릿의 공급량은 비교적 탄력적이다. 원료와 공장 및 생산 설비는 이미 구비되어 있으나 초콜릿 회사는 근로 시간을 연장해서 생산량을 늘린다. 또한 한 달 전부터 미리 초콜릿을 넉넉히 생산해 놓고 창고에 보관했다가 출하하는 방법으로 공급량을 탄력적으로 변화시킬 수 있다.

이처럼 장미꽃과 초콜릿의 수요가 똑같이 증가하더라도 초콜릿의 공급은 크게 증가하는 데 비해 장미꽃의 공급은 별로 증가하지 않는다. 그 결과 장미꽃의 가격이 더 많이 오른다. 이는 장미꽃의 공급의 가격 탄력성이 초콜릿에 비해 작기 때문에 나타나는 현상이다.

장미꽃 생산과 관련된 위의 특성들은 대부분의 농산물에 공통적으로 적용된다. 그래서 농산물은 일반적으로 공급량이 가격 변화에 대해 비탄력적으로 변한다. 앞에서 살펴봤듯이 농산물은 수요가 비탄력적으로 변해 가격 변동이 심한데, 엎친 데 겹친 격으로 공급까지도 비탄력적이어서 가격 변동이 더 심하다.

🍔 설이 기다려지는 이유

민족 최대의 명절인 설을 싫어하는 사람은 없을 것이다. 학생들은 더더욱 이날을 학수고대한다. 학원을 가지 않아도 된다는 이점도 있지만 아마도 가장 큰 이유는 세뱃돈일 것이다. 실제로 1년 중 청소년들의 지갑이 가장 두툼해지는 날이기도 하다.

설을 반기는 사람 가운데에는 학교 앞 상점 주인들도 있다. 이들은 세뱃돈을 받지 못하고 오히려 줘야 하는 어른인데 왜 설이 오기를 기다릴까? 주 고객인 청소년들의 주머니 사정이 가장 좋을 때이기 때문이다.

상인들은 각 가정에서 어른들이 자녀들에게 세뱃돈을 넉넉히 주기를 바란다. 세뱃돈을 받은 청소년들이 옹기종기 모여 PC방에서 게임을 즐기거나 문방구에서 평소에 찜해 두었던 펜을 살 것이라는 기대감에서다.

실제로 크리스마스와 어린이날 다음으로 완구 매출이 많은 시기가 설 연휴 직후라고 한다. 과거에는 설빔이라고 해서 설 직전에 옷이 많이 팔렸지만 요즘은 설 직후에 더 많이 팔린다. 청소년들이 그동안 사려고 별렀던 옷을 세뱃돈으로 사기 때문이다.

세뱃돈 덕분에 청소년들의 소득이 증가하면 청소년들이 좋아하는 상품의 판매량도 따라서 증가한다. 물론 상품마다 판매량 증가 폭이 조금씩 다른데 의류, 가방, 장난감, 디지털카메라 등은 설 직후 판매량이 두 배 이상 뛴다고 한다.[4] 소득이 증가할 때 수요가 얼마나 증가하는지를 측정하려면 수요의 변화율을 소득의 변화율로 나누어 구한다.

$$\text{수요의 소득 탄력성} = \frac{\text{수요 변화율(\%)}}{\text{소득 변화율(\%)}}$$

대부분의 재화는 소득이 증가하면 수요도 증가하고, 소득이 감소하면 수요도 감소한다. 이런 특성을 지니는 재화를 정상재(normal good)라고 부른다. 정상재는 다시 두 가지로 구분된다.

물처럼 모든 사람에게 반드시 필요한 필수재는 소득의 변화에 관계없이 어느 정도는 기본적으로 구입해야 하므로 소득 탄력성이 크지 않다. 반면에 향수 같은 사치재는 소득이 낮은 경우에는 없이 살다가 소득이 증가하면 구입하려는 동기가 강해지므로 소득 탄력성이 크다.

대부분의 재화가 정상재라는 말은 정상재가 아닌 재화가 더러 있다는 뜻이다. 흔한 경우는 아니지만 소득이 증가할 때 수요가 감소하거나 반대로 소득이 감소할 때 수요가 증가하는 열등재(inferior good)도 있다.

열등재의 사례로 연탄, 무궁화호 열차 등을 들 수 있다. 소득이 증가하면 여러 모로 불편한 연탄을 이용해서 난방을 하려는 수요가 감소하고 그 대신 가스나 전기에 대한 수요가 증가하는 탓이다.

🍔 뒤바뀐 쌀과 보리의 신분

가격 탄력성이나 소득 탄력성은 고정되어 있지 않으며, 시장 상황이 바뀌고 소비자의 선호가 바뀜에 따라 함께 변한다. 경제는 계속해서 진화하는 생태계이다. 그러므로 어떤 재화의 수요가 가격에 대해 탄력적이라든가 어떤 재화는 열등재라는 식으로 무작정 암기하는 것은 바람직하지 않다. 해당 재화가 처한 상황에서 어떤 특성을 보이는지를 논리적으로 따져 판단할 일이다.

1970년대에 학교를 다녔던 세대는 '혼식 장려 운동'이라는 매우 독특한 경험을 했다. 말이 장려지 사실상 강제였다. 당시에는 학교 급식이 없어서 학생들은 집에서 점심 도시락을 싸와야 했는데, 이 도시락의 쌀밥에 보리를 일정 비율 이상 섞어야 했다.

점심시간이 되면 선생님이 모든 학생의 도시락을 하나하나 들여다보고 보리가 충분히 섞여 있는지 확인하며 보리가 적게 들어 있으면 내일부터 더 많이 넣어오라고 지시했다. 보리밥이 싫은 학생들은 밥 윗부분에 보리를 얇게 깔고 그 밑에 쌀밥을 숨겨 오기도 했다. 오늘날에는 찾아보기 힘든 이 같은 정책을 정부는 왜 도입했을까?

당시 우리나라 경제가 발전하고 국민들의 소득이 증가하면서 정상재인 쌀 소비량이 크게 늘어났다. 예로부터 "윤기가 번드르르한 흰 쌀밥을 먹는 게 소원"이라는 말이 있었을 정도이니 생활 형편이 좀 나아진 사람들이 쌀밥을 많이 찾기 시작한 것이다. 대신에 식감이 까칠한 보리의 소비는 크게 줄었다.

이 무렵 보리는 열등재였다. 그런데 당시에는 쌀 생산량이 수요를 미처 따라가지 못해 쌀 부족 현상이 심각했다. 이에 정부는 쌀 부족 문제를 완화하고자 정상재인 쌀 소비를 억제하고 열등재인 보리 소비를 늘리도록 했다.

오늘날에는 사정이 180도 달라졌다. 흰쌀보다는 보리, 현미, 잡곡이 건강에 좋다는 인식이 널리 퍼지면서 누가 뭐라고 하지 않아도 자발적으로 보리를 섞어 밥을 짓는 가정이 늘고 있다. 사람들의 선호가 바뀐 탓에 보리가 정상재가 되었고 오히려 쌀이 열등재로 여겨지는 형편이다.

젊은 층의 빵, 스파게티, 육류 선호까지 가세하면서 우리 국민의 1인당 쌀 소비량은 매년 감소하고 있다. 이러다가 "우리나라 주식은 쌀"이라는 말까지 사라질지도 모른다.

보리의 신분 변화를 확인할 수 있는 사례가 하나 더 있다. 죄를 저질러 교도소에 가는 것을 두고 속된 말로 "콩밥 먹는다"라고 말한다. 수감자들에게 쌀과 콩이 섞인 콩밥이 지급된 데서 유래한 말이다.

그렇지만 1986년 이후 콩밥은 사라지고 쌀과 보리를 9 대 1로 혼합한 밥이 제공되었는데, 2014년부터는 100퍼센트 쌀밥을 제공하고 있다. 보리 가격이 정부미 가격보다 비싸져 보리가 귀한 몸이 되었기 때문이다.

감옥에서 콩밥을 먹는다는 건 이제 옛말이야!

초밥 나오는 날은 언제일까?

많이 만들수록
줄어드는 생산비의 비밀

고정비, 변동비, 규모의 경제, 이익률

　　오늘은 철수가 노인복지센터로 봉사활동을 가는 날이다. 날씨가 좋지 않아 시간도 절약할 겸 택시를 타고 가기로 했는데 검색 앱으로 알아보니 택시비가 6천 원쯤 나온다고 한다. 학생 형편에는 만만치 않은 금액이다.

　이럴 때면 철수의 머리가 어찌나 잘 돌아가는지 함께 갈 친구를 모아야겠다고 생각하기까지 1초도 걸리지 않았다. 둘이서 함께 택시를 타면 1인당 택시비는 3천 원으로 줄어든다. 한 명 더 모아 셋이 타면 각자 2천 원, 네 명이 타면 1,500원씩만 내면 된다. 택시에 타는 사람이 늘어날수록 1인당 택시비는 적게 든다.

　택시 요금은 승객 수에 관계없이 동일하다. 그러므로 승객이 늘수록 한 사람이 부담해야 하는 교통비는 줄어든다. 이런 현상을 '규모의 경제'

라고 한다. 승객 수, 즉 일행의 규모가 커질수록 경제적이라는 뜻이다. 한편 버스는 택시와 성격이 다르다. 승객 한 사람당 요금을 내야 하므로, 전체 교통비는 승객 수에 비례해 증가한다.

🍔 대량 생산으로 생산비를 줄여라

이와 같은 현상은 기업이 재화를 생산할 때도 마찬가지로 나타난다. 기업이 재화를 생산하는 데 드는 비용은 크게 두 가지로 나뉜다. 첫째는 기업이 재화를 몇 개 생산하든지 간에 항상 일정하게 지불해야 하는 고정 비용(fixed cost)이다. 근로자들에게 지급하는 임금, 공장과 사무실 임대료 등이 이에 해당한다.

한 달에 물건을 5,000개 생산하든 만 개 생산하든 기업은 매월 종업원에게 약속한 임금을 주어야 하며, 건물 주인에게 임대료를 지급해야 한다. 몇 명이 타든 미터기에 찍힌 만큼만 비용을 내면 되는 택시 교통비와 같다.

둘째는 생산량에 비례해서 늘어나는 변동 비용(variable cost)이다. 재화 생산에 들어가는 원료나 부품 구입비, 기계를 가동하는 데 드는 전기 요금 등이 변동 비용에 해당한다. 생산량이 늘어날수록 원료 구입비나 전기료는 증가한다. 마치 버스 교통비와 같다.

고정 비용과 변동 비용을 합하면 기업이 재화 생산을 위해 지출하는 총생산 비용이 된다. 그리고 총생산 비용을 생산량으로 나누면 재화 한 개를 생산하는 데 드는 비용을 구할 수 있다. 이때 기업이 재화를 많이 생산할수록 개당 생산비는 감소하는 모습을 보인다. 바로 고정 비용 때문이다. 스파게티 식당의 사례를 가지고 자세히 살펴보자.

학교 앞에 있는 스파게티 식당 주인은 가게 임대료와 인건비로 한 달에 300만 원씩 지출한다. 하루에 10만 원씩 들어가는 셈이다. 이는 고정비용으로서 하루에 손님이 몇 명 오는지에 관계없이 나가는 돈이다. 그리고 스파게티를 1인분 만드는 데에는 면, 소스, 물 등의 재료비와 조리비로 3천 원의 변동비용이 든다.

만약 하루에 한 명의 고객만 이 식당을 찾는다면 식당 주인이 스파게티 1인분을 만드는 데 드는 비용은 3천 원이 아니라 무려 10만 3천 원이다. 두 명의 고객이 방문한다면 2인분을 만드는 데 총 10만 6천 원의 비용이 필요하므로 1인분 생산비는 5만 3천 원으로 감소한다. 만약 식당 손님이 세 명이라면 전체 생산 비용은 10만 9천 원이고 스파게티 1인분 생산비는 3만 6천 원이 된다.

이런 식으로 식당 손님이 네 명, 다섯 명 등으로 증가할 때 스파게티 1인분당 생산비는 지속적으로 감소한다. 규모의 경제 현상이 나타나는 것이다. 생산 규모가 커질수록(생산량이 증가할수록) 개당 생산비가 감소해 경제적이 된다.

🍔 재화의 가격을 낮춰주는 규모의 경제

생산량이 많아지면 제품 한 개당 생산비가 감소하므로 기업은 판매가격을 낮출 수 있다. 스파게티 식당의 경우 하루에 1인분밖에 못 판다고 한다면 손해를 보지 않기 위해 가격을 10만 3천 원 이상으로 정해야한다.

이처럼 비싼 가격에 스파게티를 먹으려는 소비자는 없을 것이므로 식당은 문을 닫을 수밖에 없다. 하루에 2인분을 팔 경우에는 손해를 보지 않기 위해 식당이 받아야 할 가격은 5만 3천 원으로 낮아지지만 여전히 비싸기 때문에 식당을 찾는 소비자는 거의 없을 것이다.

이제 만약 하루에 스파게티를 20인분 판다고 가정해 보자. 이 경우 전체 생산 비용은 16만 원이고 1인분 생산비는 8천 원이 된다. 여기에 2천 원의 이윤을 더해 스파게티 1인분 가격을 만 원으로 정할 수 있다. 소비자들이 사 먹을 수 있을 정도의 가격이다. 만약 장사가 잘 되어 스파게티 생산량이 늘어난다면 1인분당 생산비는 더욱 낮아질 것이다.

이와 같이 대량 생산은 규모의 경제를 실현할 수 있게 해 기업이 재화의 가격을 낮추도록 해주고 많은 소비자들이 그 재화를 소비할 수 있도록 해준다.

라면, 과자, 음료수 등의 신제품이 나오면 기업들은 시장을 차지하기 위해서 치열한 판매 촉진 경쟁을 벌인다. 엄청난 물량의 광고 공세는 기본이고 무료 시식 행사도 자주 연다.

신제품을 개발하느라 많은 돈이 들었을 텐데 왜 또 돈을 쓸까? 제품을 대량으로 생산하는 경우가 소량으로 생산하는 경우에 비해 개당 생산 비용이 더 적게 들기 때문에, 시장을 많이 확보할수록 생산량을 늘려 규모의 경제 효과를 실현할 수 있다. 이윤은 이 과정에서 자연히 따라오게 마련이다.

규모의 경제 현상은 현실 경제에서 여러 가지 중요한 의미를 지닌다. 일반적으로 대기업이 중소기업보다 경쟁에서 유리한 위치를 점하는 것이 대표적인 예이다. 대기업과 중소기업이 동일한 생산 기술을 보유하고 있다면 생산량이 많은 대기업이 생산량이 적은 중소기업에 비해 더 저

럼하게 제품을 생산할 수 있다.

그러므로 대기업은 중소기업보다 낮은 가격에 재화를 시장에 공급할 수 있으며 중소기업은 불리한 입장에 놓일 수밖에 없다. 이러한 불리함을 극복하기 위해 중소기업은 대기업과 차별화된 틈새 상품을 생산해야 한다.

상품을 판매하는 경우에도 규모의 경제 현상을 찾아볼 수 있다. 과거에는 식료품을 구입할 때 동네 슈퍼마켓이나 시장에 가곤 했지만 지금은 대형 할인점을 이용하는 일이 보편화되었다. 대형 할인점에서 파는 물건이 더 싸기 때문이다.

어떻게 대형 할인점이 동네 슈퍼마켓에 비해 저렴한 가격에 물건을 팔수 있는 것일까? 바로 소량을 주문하는 동네 슈퍼마켓보다 한꺼번에 많은 양을 주문하는 대형 할인점 쪽이 보다 낮은 가격으로 물건을 공급받을 수 있기 때문이다.

🍔 천 원 숍의 비밀

오래 쓸 것도 아니니까 아무거나 사야지 하는 생각이 들거나 조금이라도 싼 물건을 찾을 때면 사람들이 자주 찾는 매장이 바로, 일명 '천 원 숍'이다. 물론 모든 상품이 천 원에 판매되는 것은 아니지만 진열 상품의 절반가량이 천 원에 거래되고 있다.

천 원 숍은 박리다매 전략으로 성공을 거둔 대표적인 사례라고 할 수 있다. 어떻게 이곳은 컵라면 한 개 정도의 저렴한 가격으로 쓸 만한 제품을 팔 수 있을까?

이곳에서는 천 원, 2천 원, 3천 원, 5천 원처럼 균일가를 원칙으로 한다. 예를 들면 1,200원 같은 가격은 없다. 그러므로 납품가가 1,100원인 제품은 판매가 곤란하다. 납품가를 천 원 아래로 낮추든지 아니면 아예 고급화하는 쪽으로 방향을 바꿔 2천 원을 받는 전략을 쓴다.

그렇지만 어디까지나 핵심은 원가를 10원이라도 절약하는 데 있다. 이곳의 이익률은 1퍼센트에 불과하다. 천 원짜리 한 개를 팔면 10원이 남는 구조다. 원가 10원을 절감하는 일에 매달리지 않을 수 없다.

알다시피 천 원 숍의 원조는 일본의 100엔 숍이다. 경제학자 요시모토 요시오는 저서 『스타벅스에서는 그란데를 사라』를 통해 100엔 숍의 원가 절약 방법 열 가지를 공개했는데 이 가운데 몇 가지만 알아보기로 하자.[5]

첫째, 임금이 싼 중국이나 베트남 등지에서 제품을 생산하고 매장 일은 대부분 인건비가 낮은 아르바이트 직원에게 맡긴다.

둘째, 광고를 하지 않는다. 전 제품 균일가 판매이므로 슈퍼마켓이나 백화점처럼 세일 광고를 할 필요가 없다.

셋째, 사이즈를 줄인다. 판매가에 맞춰 용량이나 중량을 줄여 제품을 생산하는 방법으로 원가를 절약한다.

넷째, 매장에 재고가 없으면 추가로 상품을 주문해서 판매하지 않는다. 재고가 없는 상품을 추가로 주문하면 그 몇 개를 운송하는 데 비용이 들기 때문이다.

다섯째, 제조 업체로부터 대량으로 구입하되 팔리지 않는 물건은 반품하지 않는다. 물건을 납품하는 제조 업체로서는 대량으로 주문을 받으므로 규모의 경제를 실현해 저렴하게 생산하고 공급할 수 있다. 또한 반품을 받지 않는 대신에 그만큼 공급 가격을 낮춰준다.

여섯째, 제조 업체 공장의 유휴 시설을 적극 활용한다. 일반적으로 생산 시설을 24시간 내내 100퍼센트 가동하는 공장은 없다. 거래처에 물건을 납품하고 다음 주문이 들어올 때까지는 한동안 기계를 놀리는 경우가 많다. 그래도 종업원에게는 임금을 지불해야 하고 기계 구입 할부금도 고정 비용이므로 꼬박꼬박 지급해야 한다.

이럴 때 공장이 물건을 생산하면 추가로 들어가는 제조비는 원료비 정도에 불과하다. 사실상 어떤 상품의 생산비 가운데 대부분은 인건비, 시설비, 임대료처럼 매달 고정적으로 들어가는 고정 비용이며, 추가 생산에 필요한 변동 비용은 그리 크지 않은 경우가 많다.

공장 측은 이 한계 비용에다 약간의 이윤을 더해 100엔 숍에 물건을 공급하는 것으로 이익을 볼 수 있다. 종업원과 기계를 놀리는 것보다는 약간의 이윤이라도 더 얻는 편이 낫다.

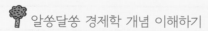
알쏭달쏭 경제학 개념 이해하기

④ **고정 비용** 재화 생산량과 관계없이 고정적으로 들어가는 비용.

④ **변동 비용** 재화 생산량에 비례해서 증가하는 비용.

④ **규모의 경제** 기업의 생산량이 증가함에 따라 재화 한 개당 생산 비용이 감소하는 현상.

④ **이익률** 매출에 대해 이익이 차지하는 비율.

5

우리가 몰랐던
영화관의 경제학

탄력성, 가격차별

"시험도 끝났으니 이번 주 토요일에 영화 보러 가자."
영화를 좋아하는 철수가 친구들을 부추겼다.

"그거 좋지." 여러 명이 순식간에 뜻을 함께했다. 마침 모두가 보고 싶어 한 블록버스터 영화가 있었기에 영화를 고르는 데 시간이 오래 걸리지 않았다.

"몇 시 영화를 볼까?"

"그야 당연히 조조지." 말이 떨어지기가 무섭게 친구들은 모바일로 바로 예매를 끝냈다.

"조조할인에 청소년 할인까지 하면 영화 한 편에 6천 원이면 되네."

이 말을 들은 영희는 중얼거렸다. "영화관은 왜 이렇게 할인을 많이 해주지? 우리 같은 손님이 많으면 손해 보는 거 아니야?"

"걱정 마. 제 돈 다 내고 영화 보는 사람들도 많아." 철수가 바로 응수했다.

기업들이 제품이나 서비스의 가격을 할인하는 이유는 당연히 수요의 법칙을 믿기 때문이다. 가격이 저렴할수록 고객이 늘어나는 것은 분명하다. 문제는 가격을 지나치게 내려서 손해를 보지 않을까 하는 점이다.

🍔 영화 관람료를 할인해 주는 이유

영화관의 경우에도 관객이 많을수록 유리해지는 규모의 경제 현상이 나타난다. 그 이유는 역시 영화관의 비용 구조에서 찾을 수 있다.

대부분의 영화관은 굉장히 넓은 공간을 필요로 하므로 시설 임대료가 매우 비싸다. 자기 건물을 소유하고 있는 영화관은 임대료가 들지 않을 것이라고 생각하면 오산이다. 그 공간을 다른 기업에 빌려줄 경우 받을 수 있는 임대료만큼의 기회비용이 발생하므로 마찬가지다.

또한 블록버스터 영화를 상영하기 위한 판권을 확보하는 데도 많은 비용이 든다. 여기에 종업원 인건비도 있다. 이런 것들이 영화관의 비용 가운데 대부분을 차지하는데, 하나같이 고정 비용이라는 점을 주목할 필요가 있다.

이에 비해 영화 상영에 따른 변동 비용은 거의 없다. 상영관 안에 관객이 한 명이 있든 백 명이 있든 영화 상영에 드는 총 비용은 별로 차이 나지 않는다. 관객이 많아질수록 관객 한 명당 들어가는 비용이 크게 감소하는 구조다.

또한 변동비용이 거의 들지 않는다는 것은, 관객 한 명을 추가로 받기 위해서 영화관이 지불해야 하는 한계 비용이 0에 가깝다는 말이다. 최대한 양보해서 한계 비용이 500원이라고 하자. 이것저것 할인해 준 후 입장료로 6천 원만 받는다 해도 이는 한계 비용보다 훨씬 큰 금액이다.

관객 한 명을 더 받을 때마다 영화관의 이윤은 5,500원씩 증가하는 셈이다. 따라서 영화관은 상영관이 만석이 될 때까지 관객을 불러 모을 필요가 있다. 이를 위해 여러 가지 할인을 제공하는 것이다.

🍔 '대' 자 팝콘의 유혹

동시에 영화관은 발길을 들인 관객에게서 새로운 매출을 창출하고자 노력한다. 팝콘, 나초, 감자튀김, 음료수 등을 비싼 값에 파는 것이다. 대부분의 영화관에서 간식을 파는 곳은 매표소보다 더 넓고 화려하게 꾸며져 있다.

표를 받아든 후 고소한 팝콘 냄새를 그냥 지나칠 수 있는 사람은 많지 않다. 관객들은 영화표 가격과 비슷한 돈을 내고 팝콘을 산다. 영화표를 저렴하게 구입해 이득을 보았다는 생각에서 충동적으로 이것저것 간식을 사는 사람들도 많다.

영화관에서 파는 팝콘 가격에도 중요한 경제 원리가 숨어 있다. '중' 자에 비해 '대' 자 팝콘은 두 배나 크다. 처음에는 엄청난 크기에 놀라 구매를 주저하지만 정작 가격 차이가 500원밖에 나지 않음을 알고는 대부분의 관객들이 '대' 자를 주문한다. 그리고 영화관을 나설 무렵에는 다 먹지 못하고 남긴 팝콘을 쓰레기통에 버린다.

영화관이 '중' 자 팝콘을 만들 때에 비해 '대' 자 팝콘을 만들 때 추가로 들어가는 한계 비용은 100원도 채 되지 않는다.[6] 재료인 옥수수만 조금 더 들어갈 뿐인데, 이 비용은 얼마 되지 않기 때문이다. 그러므로 '대' 자 팝콘의 가격을 500원만 더 높게 책정한다 해도 영화관으로서는 손해가 아니며 '대' 자를 많이 팔수록 그만큼 이윤을 늘릴 수 있다.

관객들이 '대' 자 팝콘을 많이 사도록 유인하려면 '중' 자와의 가격 차이를 크게 벌려서는 안 된다. 그래서 단돈 500원의 차이를 두는 것이며 실례로 많은 관객들이 고민하다가 '대' 자의 유혹에 넘어간다.

🍔 어떤 사람에게 요금을 할인해 주는 걸까?

영화관이 해결해야 할 다음 과제는 누구에게 요금을 할인해 줄지를 결정하는 일이다. 요금을 할인해 줘도 영화를 보지 않을 것 같은 사람에게까지 굳이 할인해 줄 필요는 없다. 마찬가지로 할인해 주지 않아도 어차피 영화를 볼 사람에게 요금을 할인해 줄 필요도 없다.

이런 사람들은 수요가 요금에 비탄력적이다. 수요가 요금에 탄력적으로 반응하는 사람들에게만 요금을 할인해 주는 편이 효과적이다.

그렇다면 어떤 사람들의 수요가 가격에 탄력적일까? 우선 소득이 적은 사람들이 이에 해당한다. 그렇다고 영화관 측에서 개인이나 가계의 소득을 일일이 확인할 수도 없는 노릇이기에, 대신 사용하는 방법이 바로 나이를 기준으로 소득 정도를 구분하는 것이다.

부모님에게 받는 용돈에 의존하는 학생들은 성인에 비해 소득이 적으며 재화나 서비스의 가격에 민감한 경향이 있다. 이 사실을 아는 영화관 측은 학생들에게 요금을 할인해 주고, 그 결과로 영화를 보러 오는 학생

들이 크게 증가한다.

　반면에 어른들은 영화 요금에 대해 탄력적으로 반응하지 않아서 조금 비싸더라도 개의치 않고 보고 싶은 영화를 본다. 또한 여가 시간이 많지 않기 때문에 비록 요금이 비싸더라도 자신이 원하는 시간대에 영화를 본다.

　이처럼 수요의 가격 탄력성이 큰 사람이나 집단에게는 가격을 낮게 책정하고, 가격 탄력성이 작은 사람이나 집단에게는 높게 책정하는 전략이 3차 가격차별이다. 이를 달리 표현하면, 비싸도 사는 사람에게는 비싸게 팔고 싸야 사는 사람에게는 싸게 파는 전략이라고 할 수 있다.

피부색에 따른 인종차별, 성별에 따른 남녀차별은 금지되어 있지만 수요의 가격 탄력성에 따른 가격차별은 현실 경제에서 널리 쓰이고 있는 전략 가운데 하나다. 기업은 가격차별을 통해 더 많은 이윤을 얻는다.

그렇다 하더라도 똑같은 물건을 어떤 사람에게는 만 원에 팔고 다른 사람에게는 5천 원에 판다면 비싸게 산 사람은 차별당했다는 느낌을 받아 썩 기분이 좋지 않을 것이다.

그래서 기업은 소비자의 기분을 상하지 않게 하면서 은밀하게 가격차별 전략을 구사할 수 있는 다양하고 교묘한 방법을 사용한다. 결국 다른 사람보다 비싸게 구입하면서도 자신이 가격차별의 대상이 되고 있음을 인식하지 못하는 사람들이 많이 있다.

영화관이 신용카드 할인이나 통신사 할인을 적용해 주는 것도 가격차별 전략에 해당한다. 이 할인을 받으려면 우선 부지런해야 하며 평소에 단돈 천 원이라도 아끼는 습관을 길러야 한다.

또한 이런 성향을 지닌 사람들은 대개 수요가 가격에 탄력적인 경향을 보인다. 영화관은 이런 사람들에게 다양한 할인 제도를 통해 영화 요금을 할인해 준다.

반면에 직장 일로 바쁘거나 소득이 많거나 나이가 지긋한 사람들은 할인 제도에 상대적으로 무관심하거나 복잡한 할인 제도를 제대로 알고 활용할 줄 모른다. 이런 사람들에게는 비싼 요금을 받는 것이다.

모바일 쿠폰이나 마일리지도 기업의 주요 가격차별 수단 가운데 하나다. 모바일 쿠폰을 이용하는 사람들은 주로 청소년이나 젊은 사람이며 수요가 가격에 탄력적이다. 이들에게는 모바일 쿠폰이나 마일리지를 통해 가격을 할인해 준다. 한편 모바일 쿠폰에 무관심한 사람은 같은 상품이라 해도 상대적으로 비싼 값에 구입하게 된다.

🍪 시간이 지나면 가격이 더 저렴해진다

신제품이 출시되면 남들보다 먼저 구입해야 직성이 풀리는 얼리어답터*들이 있다. 이 또한 기업에게 가격차별의 기회를 제공한다.

얼리어답터들은 가격에 크게 연연하지 않고 제품을 남들보다 먼저 구입해서 사용해 본다는 만족감을 중요시한다. 따라서 기업은 신제품을 출시한 초기에는 높은 가격에 제품을 판매한다.

시간이 흘러 얼리어답터들이 대부분 구매를 마쳤다는 판단이 서면 가격을 할인하기 시작한다. 수요가 가격에 탄력적인 소비자들을 대상으로 제품을 팔기 위해서다. 이는 시간을 이용한 가격차별의 사례라고 할 수 있다.

시간을 이용한 가격차별 사례를 하나 더 생각해 보자. 외국의 경우에는 우리나라와 달리 출판사들도 가격차별 전략을 적극 활용하곤 한다. 예를 들어 『해리포터』 책을 처음 출판할 때는 표지가 딱딱한 하드커버로 제작을 한다. 당연히 값도 매우 비싸다.

신작 소설을 빨리 읽고 싶은 열혈 팬들, 해리포터를 사달라고 조르는 자녀를 둔 부모, 소장을 목적으로 하는 사람들이 기꺼이 비싼 값을 치르고 하드커버 책을 구입한다. 이들은 수요가 가격에 비탄력적인 사람들이다.

1년쯤 지나면 출판사는 동일한 내용의 책을 소프트커버로 제작해 판매한다. 당연히 가격은 하드커버 책보다 저렴하다. 가격에 탄력적인 소비자들을 겨냥한 조치다.

물론 하드커버 책이 소프트커버 책보다 제작비가

얼리어답터
(early adopter)
다른 사람들보다 먼저 상품 정보를 접하고 상품이 출시되면 바로 구입하는 소비자로서, 관심 분야에서 남보다 앞서 정보를 얻는 데 만족을 느낀다.

174

많이 드니 비싼 게 당연하다. 그러나 책 가격의 차이가 제작비 차이보다 훨씬 크다는 점에서 이는 가격차별에 해당한다.

완전히 동일한 내용과 형태의 책을 단지 출간된 지 1년이 지났다고 해서 훨씬 적은 가격에 판다면 1년 전에 정가를 지불하고 구입한 독자들이 화를 낼 우려가 있다. 그래서 이들에게는 하드커버라는 약간의 '특별함'을 제공해 줌으로써 불만의 여지를 없애는 것이다.

이제 영화의 경우로 다시 돌아와 가격차별에 대해 정리하고 넘어가자. 개봉관에서 상영을 끝낸 영화는 시간을 이용한 가격차별 전략에 다시 활용된다. 영화관에서 영화를 관람하는 관객들은 상대적으로 가격에 비탄력적인 사람들이며 가장 비싼 돈을 지불하고 영화를 본다.

그다음으로 영화는 VOD 형태로 제공된다. 미처 시간을 내지 못해 영화관 관람을 놓친 사람이나 영화를 아주 좋아하지는 않아서 가격에 다소 탄력적인 사람을 대상으로 4천 원 정도의 가격에 안방에서 영화를 볼 수 있게 해주는 것이다.

이런 특성을 지닌 소비자들도 영화를 모두 관람했다 싶으면 다음은 케이블 TV 단계다. 돈을 내고 볼 생각은 없지만 케이블 TV에서 방송하면 볼 의향이 있는, 가격에 매우 탄력적인 사람들이 케이블 TV를 통해 영화를 시청한다. 여기에 DVD 제작 판매도 더해진다. 이처럼 영화 제작자는 여러 단계에 걸쳐 시간을 이용한 가격차별 전략을 구사함으로써 이윤을 추구한다.

독서실 하루 이용 요금은
왜 비쌀까?

수요 곡선, 가격차별

"엄마, 오늘은 독서실에서 공부하게 돈 좀 주세요." 시험을 앞둔 철수가 말했다.

"하루 이용 요금이 얼만데?"

"친구들이 한 달 요금이 9만 원이라 그랬으니까 3천 원 정도 하겠죠."

"여기 만 원 있다. 남은 돈으로 점심 맛있는 거 사 먹으렴."

친구들과 달리 평소 집에서만 공부하던 철수가 오늘은 왠지 공부가 잘 안 되자 분위기 쇄신이 필요하다는 생각에 독서실로 향했다. 그러나 독서실 입구에서 요금표를 본 철수는 당황하지 않을 수 없었다. 하루 요금이 7천 원이라고 적혀 있었던 것이다. 친구들 말대로 한 달 요금은 분명히 9만 원이라고 되어 있었다.

"말도 안 돼. 한 달에 9만 원인데 어떻게 하루에 7천 원이나 해?" 탄식이 절로 나왔지만 하는 수 없었다. 철수는 이해할 수 없는 독서실 요금 체계에 고개를 갸우뚱거렸다.

"하루에 7천 원, 일주일에 4만 원, 한 달에 9만 원이라니. 도대체 독서실 주인은 무슨 생각이람?"

이 독서실 요금 체계를 바탕으로 하루 이용 요금을 계산해 보면 1일 고객은 하루에 7천 원을, 일주일 이용 고객은 5,700원을, 한 달을 이용하는 고객은 더욱 줄어 3천 원을 내야 한다.

왜 독서실은 이처럼 복잡한 요금 체계를 갖고 있을까? 그냥 하루에 얼마씩으로 정하고 이용 일수를 곱해 요금을 받으면 철수와 같이 불평하는 사람도 없고 계산하기 편하지 않을까?

물론 그렇게 하면 계산이야 단순해지겠지만 독서실은 많은 이윤을 포기해야 한다. 다시 말해 독서실은 보다 큰 이윤을 얻기 위해서 구입량에 따라 가격을 달리하는 2차 가격차별 전략을 구사하고 있는 것이다.

하루 또는 짧은 기간 동안만 독서실을 이용하는 학생, 즉 수요량이 적은 소비자에게는 높은 가격을 부과한다. 반면에 오랜 기간 독서실을 이용하는 학생, 즉 수요량이 많은 소비자에게는 낮은 가격을 부과한다. 소비자가 구입하려는 양이 많으면 가격을 낮추고, 반대로 구입하려는 양이 적으면 가격을 높이는 가격차별 전략이다.

독서실 주인이 구입량에 따라 가격을 달리 매기는 전략을 구사하는 배경에는 한계 효용 체감의 법칙이 있다. 소비자가 귤을 사 먹는다고 할 때, 첫 번째 귤을 먹음으로써 소비자는 커다란 한계 효용을 얻을 수 있으므로 귤 한 개를 구입하려고 500원이라는 비교적 높은 가격을 지불한다.

그러나 귤을 계속해서 먹을수록 한계 효용이 차례로 줄어들기 때문에 열 개의 귤을 한꺼번에 구입하려는 소비자는 귤 한 개에 500원씩이나 지불할 생각이 없다. 과일 가게 주인은 이 사실을 알기에 귤을 낱개로 구입하는 소비자에게는 높은 가격을 부르고 상자째로 구입하는 소비자에게는 낮은 가격을 부른다.

독서실 주인도 이러한 사실을 잘 알고 있다. 독서실을 하루만 이용하려는 학생은 가격이 다소 비싸더라도 그냥 이용하는 경향이 있다. 내일 치를 시험공부라든가 당장 반드시 해야 할 중요한 일이 있기 때문이다.

반면에 수요량이 많은 소비자는 해당 재화에서 얻는 한계 효용이 체감한 상태다. 이런 소비자에게 높은 가격을 요구하면 구입하지 않을 가능성이 높다. 소비자가 많은 양을 기꺼이 구입하게 하려면 가격을 낮춰주어야 한다.

만일 독서실 한 달 이용 요금을 하루 7천 원씩 계산해서 21만 원으로 책정한다면 굳이 1개월 이용권을 구입하려는 학생은 없을 것이다.

🍔 한 개를 사는 사람, 여러 개를 사는 사람

구입량에 따라 가격을 달리하는 가격차별 전략을 그래프를 통해 살펴보면 더 쉽게 이해할 수 있다. 독서실을 하루 이용하려는 학생은 한계 효용이 크기 때문에 최대 8천 원까지 요금을 낼 용의가 있다. 만약 이런 학생에게도 장기간 이용하는 학생과 마찬가지로 3천 원의 요금을 부과한다면, 학생은 5천 원이라는 소비자 잉여를 얻는다.

소비자에게는 좋은 소식이지만 이윤을 추구하는 독서실이 이를 그냥

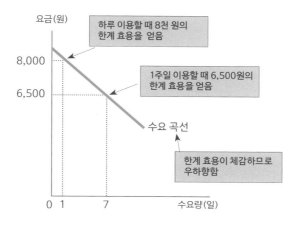

요금(원)

하루 이용할 때 8천 원의
한계 효용을 얻음

8,000

1주일 이용할 때 6,500원의
한계 효용을 얻음

6,500

수요 곡선

한계 효용이 체감하므로
우하향함

0 1   7   수요량(일)

독서실 이용의 수요 곡선과 가격차별

놔둘 리 없다. 7천 원이라는 높은 가격을 적용해서 소비자 잉여를 착취하는 것이다.

학생 입장에서는 비록 소비자 잉여가 줄어들긴 했지만 여전히 최대로 지불할 의향이 있는 가격(8천 원)보다는 저렴하므로 독서실을 이용하기로 한다. 결과적으로 이 학생은 천 원의 소비자 잉여를 얻는다.

독서실을 일주일간 이용하려는 학생은 하루만 이용하려는 학생에 비해 한계 효용이 체감해 하루 최대 6,500원까지 지불할 용의가 있다. 이들에게 하루 요금으로 7천 원을 부과하면 독서실을 이용하지 않을 것이다. 그래서 가격을 조금 낮춰 5,700원을 부과함으로써 독서실을 이용하도록 유도한다. 이들 역시 소비자 잉여의 일부분을 착취당한다.

한편 독서실을 1개월간 이용하려는 학생의 한계 효용은 더욱 체감하므로 이들에게는 하루당 3천 원이라는 낮은 가격을 적용해 주어야 1개월 이용권을 끊게 만들 수 있다.

만약 독서실 측에서 모든 학생에게 하루 이용 요금으로 3천 원을 부과한다면, 많은 학생들을 독서실로 끌어들이는 데는 성공할 테지만 더 많은 이윤을 얻을 수 있는 기회를 포기하는 셈이다. 독서실은 오랜 경험을 통해 고객별로 요금을 차별화함으로써 학생들이 누릴 수 있는 소비자 잉여의 상당 부분을 차지한다.

재화를 많이 구입하는 소비자에게 낮은 가격을 적용해서 대량 구매를 유도하고, 부득이하게 소량 구매를 하는 소비자에게는 높은 가격을 부과하는 가격차별 전략 역시 우리 일상생활에서 쉽게 찾아볼 수 있다.

요즘 카페에서는 커피뿐만 아니라 조각 케이크를 함께 판다. 그런데 케이크 한 조각의 값이 보통 5천 원이 넘는다. 여덟 조각으로 구성된 전체 케이크는 3만 5천 원에 불과하므로 케이크 하나를 통으로 살 때보다 훨씬 비싸게 먹히는 셈이다.

이 사실을 잘 알고는 있지만 생일도 아닌 평상시에 케이크를 그렇게 많이 먹을 수는 없으므로 손님들은 비싼 값을 감수하고 케이크 한 조각을 사서 커피와 함께 마신다.

피자 한 판을 주문하면 2만 원이지만 한 판을 더 주문하면 두 판째부터는 만 원으로 할인해 준다거나, 작은 용량의 과자보다 큰 용량의 과자가 100그램당 가격은 훨씬 더 싸다거나, 도넛을 낱개로 살 때보다 열두 개들이 상자째 살 때 더 저렴한 것 또한 구입량에 따른 가격차별에 해당한다.

구입량에 따라 가격을 달리 부과하는 전략에서는 수요의 가격 탄력성에 따라 가격을 차별화하는 경우와 달리, 기업이 소비자의 성향이나 탄력성, 나이 등을 고민할 필요가 없다. 단지 용량을 달리해서 상품을 제시하고 가격을 다르게 책정하면 된다.

그러면 소비자 스스로 알아서 자신의 욕구와 성향에 맞춰 구입할 상품을 선택한다. 혼자 사는 사람이라면 작은 용량의 과자를 구입하고 여러 식구와 함께 사는 사람이라면 큰 용량의 과자를 구입하는 식이다.

소비자의
지갑을 열어라

가격 파괴, 원 플러스 원, 끼워팔기

"배고픈데 짜장면 먹으러 가자." 철수가 들뜬 목소리로 말했다.

그러자 친구들이 이구동성으로 말했다. "네가 쏘는 거지?"

철수는 한 치의 망설임도 없이 호기롭게 대답했다. "그래."

반신반의하는 친구들을 이끌고 철수는 학교 앞 식당으로 갔다. 개업한 지 얼마 되지 않았는데도 손님들이 많아 한참을 기다린 끝에 드디어 자리를 잡았다. 의자에 앉자마자 철수가 주문을 했다. "여기 짜장면 네 그릇이요."

이때 벽에 붙은 가격표를 확인한 영희가 한마디 했다. "뭐야, 짜장면이 2천 원밖에 안 해?"

옆에 있던 다경이도 거들었다. "어쩐지. 짠돌이인 네가 웬일로 선뜻 짜장면을 사겠다고 했는지 알겠다."

철수는 8천 원으로 친구들에게 짜장면도 사주고 생색도 낼 수 있어서 속으로 흐뭇했다. 이때 영희가 말했다. "이렇게 싸게 팔면 이윤이 남을까?"

주인에게 물어보고 싶었지만 용기가 나지 않았다.

"주인이 어련히 알아서 가격을 정했겠어? 이 세상에 손해 보며 장사하는 사람이 어디 있니?" 다경이가 말했다.

갑자기 현철이가 소리쳤다. "여기 탕수육 '대' 자도 하나 주세요." 그리고 친구들에게 웃으면서 말했다. "탕수육은 내가 살게. 오늘 용돈 받았어."

짜장면 네 그릇에 탕수육을 추가로 주문한 네 친구들은 음식이 나오기가 무섭게 허겁지겁 먹어치웠다. 식당 문을 나서면서 친구들이 이구동성으로 말했다. "이 식당 괜찮네. 또 오자."

텔레비전을 보면 상식 이하의 가격으로 음식을 팔고 있는 '가격 파괴 식당' 또는 '착한 식당'이 자주 소개된다. 칼국수가 2천 원, 수제 한우 버거가 2,500원, 갈비탕이 5천 원 하는 식이다. 이들 식당을 소개할 때면 방송국 리포터나 PD가 꼭 던지는 질문이 있다. "이렇게 팔면 얼마나 남나요?" 주인의 대답도 한결같다. "200~300원 남아요."

가격 파괴는 박리다매를 추구하는 마케팅 전략이다. 그런데 정말 박리다매만으로 2천 원짜리 칼국수나 2,500원짜리 수제 한우 버거의 존재를 설명할 수 있을까? 칼국수 한 그릇에 200원이 남는다고 한다면 이는 하루에 500명의 손님이 와도 10만 원의 이윤밖에 못 얻는다는 뜻이다.

어지간한 규모의 식당이 아니고서는 하루에 500명의 손님이 들지는 않는다. 웬만한 식당은 기껏해야 하루 100~200명 정도의 손님이 찾게 마련이다. 하루에 고작 몇만 원의 이윤을 벌기 위해 식당을 운영하는 것일까? 물론 그렇지 않다.

🍔 '착한 가격'의 비밀

착한 가격의 이면에는 치밀한 전략이 숨어 있다. 가장 보편적인 것은 간판 메뉴 외에 다른 음식에서 상대적으로 많은 이윤을 남기는 전략이다.

칼국수는 분명 2천 원이지만 이 식당에 와서 달랑 칼국수만 한 그릇 먹고 가는 손님은 드물다. 대개 보쌈 한 접시를 추가로 주문한다. 2천 원짜리 칼국수로는 배가 덜 찬 듯한 느낌이 들어서다. 또는 칼국수 한 그릇만 먹고 가기가 왠지 미안해서 보쌈을 주문하는 손님도 있다. 물론 보쌈은 가격 파괴 품목이 아니다.

여기에 어른들은 술까지 주문하곤 한다. 식당에서 파는 주류는 원가 대비 가격이 꽤 높은 편이기에 많은 이윤을 남긴다. 칼국수는 일종의 미끼 상품인 셈이다. 미끼를 덥석 문 손님들은 주인의 바람대로 비싼 음식을 추가로 주문하고 식당의 이윤 증대에 기여한다.

수제 한우 버거를 2,500원에 파는 식당 주인은 PD에게 솔직하게 털어놓았다. "버거에서는 거의 이윤이 남지 않아요. 그래서 감자튀김을 함께 팔고 있어요." 실제로 손님들이 앉아 있는 테이블마다 버거 외에 감자튀김과 청량음료가 놓여 있는 모습이었다.

손님들이 추가로 주문하는 음식들은 가격 파괴 상품과 보완재 관계에 있는 것들이다. 칼국수와 보쌈은 찰떡궁합이다. 햄버거와 감자튀김도 떼려야 뗄 수 없는 관계이며, 청량음료 없이 햄버거를 먹는 일은 상상하기 힘들다. 짜장면과 탕수육도 전 국민이 알고 있는 보완재이다.

하나의 상품을 착한 가격으로 팔고 그와 보완재 관계에 있는 다른 상품을 정상 가격으로 팔아 이윤을 확보하는 전략은 식당뿐 아니라 여러 분야에서 널리 쓰이고 있다. 프린터를 저렴하게 팔아 시장을 확보한 후

프린터의 보완재인 잉크나 토너를 비싸게 파는 것이 전형적인 예이다.

최근에는 스마트폰으로 즐길 수 있는 게임 앱을 무료로 내려받을 수 있게 한 후 게임 아이템을 구입하도록 유도하는 전략이 앱 개발 업체의 이윤 창출 수단으로 자리 잡았다.

🍔 원 플러스 원에 속지 말자

소비자들은 자신도 모르는 사이에 소비를 강요당하곤 한다. 이성은 이것을 선택하라고 말하는데 감정은 저것을 선택하라고 유혹한다. 그래서 아무리 똑똑한 소비자라 할지라도 합리적 소비를 실천하기가 어려워지고 있다.

기업은 자사 상품을 사도록 효과적으로 유혹하는 탁월한 수단을 다양하게 보유하고 있다. 이미 앞에서 설명했던 소비자 잉여를 착취하는 전략, 가격차별 전략, 가격 파괴와 보완재를 활용하는 전략 등은 그 가운데 극히 일부분에 지나지 않는다.

이 밖에도 우리 주변에서 자주 경험할 수 있으며 합리적 소비를 위해 반드시 알아두어야 할 마케팅 전략 몇 가지를 더 살펴보자.

생수 한 병을 사러 슈퍼마켓에 들어간다. 익숙한 브랜드의 제품을 집

으려는 순간 바로 옆의 '2+1'이라는 빨간색 카드가 눈에 들어온다. 이를 보고도 고민하지 않는 사람은 드물 것이다. 내가 사려 했던 생수는 할인을 하지 않는데, 그 옆의 탄산수는 두 병 사면 한 병을 거저 준단다.

물론 탄산수 세 병을 당장 모두 마실 수는 없다. 그렇다고 세 병을 두 병 값에 살 수 있는 이 좋은 기회를 그냥 지나치자니 왠지 손해를 보는 듯한 느낌이 든다. "사두면 언젠가 마시겠지."

결국 대부분의 고객은 탄산수 세 병을 들고 계산대로 향한다. 탄산수 세 병을 두 병 값에 사면 33퍼센트 할인 가격에 사는 셈이다. 차라리 가격을 33퍼센트 할인해 주면 이리 무겁게 세 병이나 들고 갈 필요가 없을 텐데 왜 2+1 같은 행사를 할까?

이유는 간단하다. 가격을 할인해 주는 것보다 2+1 행사가 기업에게 이득이기 때문이다. 가격을 33퍼센트 할인해 주면 탄산수를 사려는 사람이 늘겠지만 그렇다고 해서 몇 배나 늘지는 않는다. 그리고 정상 가격을 지불하고서라도 탄산수를 사려고 했던 소비자에게까지 가격 할인의 혜택이 돌아간다.

이에 비해 2+1 전략을 채택하면 한 번에 탄산수를 세 병씩 팔 수 있다. 물론 한꺼번에 세 병을 사기가 부담스럽다는 이유로 정상 가격에 한 병만 사는 소비자도 있다.

그러나 정상가였다면 살 생각이 없었을 소비자가 2+1에 현혹되어 탄산수를 사기도 한다. 그것도 한 번에 세 병씩이나. 당연히 탄산수 판매량은 크게 증가한다. 기업이 소비자로 하여금 두 병의 탄산수를 '강제로' 더 사게 만드는 데 성공한 결과다.

앞에서도 이야기했듯이 대부분의 기업은 생산 시설을 100퍼센트 활용하지 못한다. 판매량이 증가해 추가 생산이 필요하더라도 기업이 추가로 부담해야 하는 비용은 크지 않으므로 기업은 매출과 이윤 증대를 달성할 수 있다. 또한 제품이 많이 팔릴수록 시장을 많이 차지할 수 있다는 점도 2+1 전략의 장점이다.

사실 두 병째와 세 병째 탄산수는 '2+1'에 현혹되어 덥석 산 것으로, 소비자가 반드시 사려 했던 물건이 아니다. 그러므로 이는 합리적 선택이라고 볼 수 없다. 나중에 남은 탄산수 두 병을 마시더라도 커다란 효용을 얻지 못할 가능성이 높다.

패밀리 레스토랑이 '3인 주문 시 1인 무료'와 같은 행사를 자주 실시하는 이유도 마찬가지다. 음식 값을 25퍼센트 할인해 주면 혼자서 오거나 둘이 오는 손님에게도 혜택이 돌아간다. 그리고 가격 할인을 해주지 않아도 어차피 식당에 올 생각이었던 손님에게도 음식 값을 할인해 주어야 한다.

반면에 3+1 행사는 세 명 이하 규모의 손님들에게는 음식 값을 할인해 줄 필요가 없다. 이 혜택을 누리려면 네 명이 함께 와야 한다. 그 네 번째 손님은 돈을 내지 않고 음식을 먹을 테지만 음료수 같은 것을 추가로 주문해서 식당의 매출을 늘려줄 것이다.

정리하면 기업 입장에서는 다음의 두 가지 요인 때문에 가격 50퍼센트 할인보다 원 플러스 원 전략이 더 효과적이라고 할 수 있다. 첫째는 가격을 할인해 주는 것보다 하나를 덤으로 받는다는 데 더 현혹되기 쉬운 소비자들의 심리이다. 둘째는 덤으로 받은 상품이 소비자에게 반드시 필요한 것이 아닐 가능성이 높다는 점이다.

가격을 할인해서 판매하는 경우에는 소비자가 불필요한 상품이나 효용이 적은 상품을 구입하지 않았을 테지만, 1+1 행사의 경우에는 하나를 덤으로 받는다는 기대감에 큰 거부감 없이 첫 번째 상품을 정상 가격에 구입한다. 그리고 결국 추가로 받은 상품을 소비하지 않은 채 버리는 사람들도 생겨난다. 어찌되었든 기업은 자사 상품을 더 많이 파는 데 성공한 셈이다.

🍔 비인기 품목을 끼워 넣어라

이와 같은 이유로 원 플러스 원 마케팅 전략은 자원을 낭비한다는 비판을 받는다. 원 플러스 원이 아니었다면 구입하지 않았을 상품이므로 그냥 버려지는 경우가 많다는 것이다. 또한 음식의 경우에는 버리는 게 아까워 유통기한이 끝나기 전에 억지로 먹음으로써 비만을 초래한다는 비판도 받고 있다.

그럼에도 불구하고 원 플러스 원 전략은 오늘날 다방면에서 쓰이고 있다. 기업은 재고를 줄이는 수단으로 이 전략을 활용하기도 한다. 재고 상품을 창고에 보관하는 비용도 만만치 않고 옷 등은 생산한 지 오래될수록 가치가 하락한다. 백화점 음식 코너는 재고를 쌓아두는 일 자체가 불가능하기에 그날 만든 음식은 그날 모두 처분해야 하므로 마감 시간이 가까워지면 원 플러스 원이 판을 친다.

때로는 비인기 상품을 덤으로 제공하는 경우도 있다. 인기 상품에 비인기 상품을 끼워 팔아 인기 없는 상품의 매출을 늘리고 재고를 줄이는 전략이다. 이와 같은 '끼워팔기'의 대표적인 예로 마이크로소프트사의 익스플로러를 들 수 있다.

대부분의 컴퓨터에는 기본적으로 윈도우가 설치되므로 윈도우의 인기는 하늘 높은 줄을 몰랐다. 마이크로소프트는 이 점을 이용해 컴퓨터에

윈도우를 설치하는 순간 인터넷 검색 엔진인 익스플로러가 자동으로 설치되도록 했다. 결국 이 회사는 검색 엔진 시장을 확대하는 데 성공했으며, 당시 인터넷 검색 엔진 1위였던 넷스케이프를 자리에서 끌어내렸다.

허니버터칩이 품귀 현상을 빚자 일부 유통 업체에서는 비인기 과자 제품과 허니버터칩을 묶어 판매하다가 소비자의 비난을 받기도 했다. 그러나 일부 소비자들은 이것마저 사지 못해 발만 동동 굴렀다.

로봇 장난감 터닝메카드를 사려고 안달하는 부모들의 심정을 이용해 일부 장난감 매장이 터닝메카드를 비인기 장난감과 묶어 팔아 부모들의 노여움을 샀다는 뉴스도 있었다.

🍔 오감을 자극하는 마케팅

"이것 한번 드셔보세요. 아이들이 좋아하는 맛이에요."

"유기농으로 만든 건강식입니다."

대형 마트 안을 거닐다 보면 열 곳도 넘는 시식 코너에서 저마다 음식을 먹어보라고 붙잡는다. 인기 코너의 경우에는 긴 줄이 늘어서기도 한다.

기업이 시식 행사를 여는 것은 당연히 해당 제품의 매출을 높이기 위해서다. 시식 행사의 단골 메뉴인 만두의 경우에는 시식 행사 덕분에 매출이 여섯 배 가까이 증가했다고 한다.[7] 이 정도면 시식 행사에 들어가는 비용을 충분히 감당하고도 남는다.

시식 행사는 사람들의 신경을 자극하는 효과적인 수단이다. 음식이 그냥 진열되어 있을 때는 당장 필요한 것 외에는 구입하려는 욕구가 생기기 않는다. 그러나 시식 행사를 열면 고객들이 시각적으로 음식을 보고 후각적으로 음식 냄새를 맡게 하는 효과가 있다.

다른 사람들이 먹는 모습을 보면 자신도 모르게 끌리게 된다. 오감을 자극받은 사람들은 당초 계획에도 없던 음식을 충동구매 한다. 빵집에서 나는 빵 굽는 냄새나 추운 날 만두 찜통에서 모락모락 피어나는 새하얀 김은 소비자가 지갑을 절로 열게 만드는 오감 마케팅의 절정이라고 할 수 있다.

시식 코너는 음식을 감질나게 아주 조금씩만 준다. 극소량의 음식을 시식해 보고 맛이 없다고 느낀 적은 없다. 적은 양을 소비할 때는 한계 효용이 매우 큰 탓이다. 그래서 고객들은 시식을 해본 제품을 구입한 뒤 집에서 직접 조리해 먹고 실망한 적이 한두 번이 아니다. 이는 한계 효용이 체감한 결과다.

몸매가 늘씬한 광고 모델이 입고 있는 옷이나 신발을 보면 사고 싶다는 느낌이 들 수밖에 없다. 저 옷을 입으면 나도 광고 모델처럼 멋있어 보일 것이라는 착각에 빠지기 때문이다.

옷을 사고 싶다는 욕망이 생기면 그다음 차례는 욕망을 합리화하는 것이다. 꼭 모델처럼 보이지는 않더라도 어차피 옷을 하나 살 때가 되었으니 저 옷은 내게 꼭 필요한 옷이라고 믿어버린다.

🍔 마트의 상품 진열에도 경제 원리가 숨어 있다

육상 경기를 떠올려보자. 선수들은 운동장 트랙을 시계 반대 방향으로 돈다. 스케이트 선수나 사이클 선수도 마찬가지다. 이는 운동선수들이 시계 반대 방향으로 돌도록 훈련을 받았기 때문이 아니다.

학교 운동장이나 공원에서 산책하는 사람들도 누가 시키지 않았는데 하나같이 시계 반대 방향으로 돈다. 사람들이 왜 시계 방향으로 돌지 않고 반대로 도는지에 대해서는 여러 가지 설이 있다.

이 책에서 그 모든 가설의 진위를 따질 의도는 없다. 어찌되었든 현상이 그렇다는 것이다. 그래서 대형 마트도 사람들이 시계 반대 방향으로 돌도록 매장 동선을 계획한다. 그리고 고객의 대부분이 오른손잡이라는 점에 착안해 진열장을 오른편에 둔다. 고객들이 물건을 쉽게 집도록 해서 하나라도 더 팔기 위함이다.

같은 물건이라도 어떻게 진열하느냐에 따라 매출이 크게 달라진다. 명절 때는 전을 부치는 재료인 호박이나 고구마 옆에 부침가루를 함께 놓는다. 야채와 부침가루는 보완재이므로 함께 구입하도록 유도하는 것이다.

진열장 모서리는 다른 곳보다 최고 다섯 배는 잘 팔리는 명당자리라고 한다. 그래서 마트의 주력 상품을 이곳에 배치한다. 과일을 진열할 때는 무릎 높이에서 시작해 비스듬하게 쌓는 '폭포수 진열' 기법을 이용한다. 입체감이 드러날 때 판매량이 증가하기 때문이다.

 알쏭달쏭 경제학 개념 이해하기

㊺ 마케팅 상품을 더 많이 팔기 위해 시장을 파악하고 가격을 설정하며 광고를 활용하는 여러 가지 활동.

㊻ 보완재 어떤 재화의 수요가 증가하면 따라서 수요가 증가하는 재화로서, 보완재를 함께 소비하면 효용이 더 높아진다.

경제와 심리가 만나다

가격이 1만 원인 옷과 2만 원인 화장품이 있다. 영희는 옷보다 화장품을 더 사고 싶어 한다. 이제 가격이 각각 3천 원씩 내려 옷은 7천 원, 화장품은 만 7천 원이 되었다면 영희는 어떤 것을 더 사고 싶어 할까?

옷과 화장품의 가격 차이는 만 원으로서 변하지 않았으므로 여전히 화장품을 더 사고 싶어 할 것이다. 그렇다면 옷과 화장품의 가격을 같은 금액만큼 할인하되 영희가 화장품 대신 옷을 사고 싶어 하게 만들 방법은 없을까?

불가능한 일은 아니다. 두 재화의 가격을 각각 만 원씩 할인해서 옷은 0원, 화장품은 만 원에 파는 것이다. 이 경우 영희는 옷을 선택한다. 왜? 옷이 무료가 되었으니까.

무료 앞에서 혼미해지는 합리적 판단력

무료의 위력은 가공할 만하다. 무료는 소비자의 마음을 확 바꿔버릴 수 있다. 가격이 0원이라는 말은 "천 원에서 천 원을 할인해 준다"라는 수학적인 의미 이상의 힘을 갖는다. 그래서 "공짜라면 양잿물도 마신다"와 같은 속담도 생겨났다. 이는 물론 과장이 심한 표현이긴 하지만, 이 세상에 무료를 마다할 사람이 있을까? 사람들이 무료를 선호하는 현상은 동서고금을 가리지 않고 쉽게 찾아볼 수 있다.

전문가들은 무료라는 말을 들으면 사람들의 뇌에 신경전달물질인 도파민(dopamine)이 상당량 분비되어 행복한 감정이 발생하고 비합리적인 의사결정을 내리게 된다고 본다. 이와 같이 사람들의 의사결정에는 경제적 요인뿐만 아니라 심리적 요인도 함께 작용한다는 사실을 인지하고, 경제학에 심리학을 접목해서 연구하는 분야가 행동 경제학(behavioral economics)이다.

앞에서 이야기한 하나를 사면 하나를 덤으로 주는 원 플러스 원 마케팅도 무료를 좋아하는 사람들의 허술한 심리를 노린 전략이라고 할 수 있다.

무료의 경제학

사람들이 무료를 좋아하는 심리를 잘 이용하면 돈을 받지 않고 재화나 서비스를 공급하더라도 궁극적으로 매출 증대를 기대할 수 있다. 대표적인 사례가 바로 카카오톡이다. 카카오톡 이용자 간에는 무료로 메시지를 무제한으로 주고받을 수 있으며 심지어 사진까지 주고받을 수도 있다.

이와 같은 서비스를 제공하는 데에는 많은 비용이 들텐데 카카오톡은 어떻게 소비자로부터 요금을 받지 않으면서도 회사를 경영할 수 있을까?

이는 서비스에 대한 대가를 소비자에게서 직접 받는 대신에 다른 경로를 통해 수입을 창출할 수 있기에 가능한 일이다. 광고가 대표적인데, 광고료 또는 광고 수입은 소비자 수가 많아질수록 증가하므로 유용하고 질 좋은 서비스를 무료로 제공해 소비자들을 한 명이라도 더 많이 확보하는 일이 중요하다.

네이버나 다음 같은 포털 사이트가 제공하는 콘텐츠도 마찬가지다. 우리는 뉴스는 물론이고 미국 메이저리그 야구 경기까지 안방에서 실시간으로 시청할 수 있다. 게다가 이는 전부 무료다. 약속 장소를 쉽게 찾을 수 있는 지도나 길 찾기 서비스도 무료로 이용할 수 있다.

이들 기업이 수입을 확보하는 경로에는 광고 말고도 여러 가지가 있다. 카카오톡은 이모티콘 등 다양한 아이템을 유료로 판매해서 수입을 올린다.

게임도 이러한 경제 원리를 이용한다. 온라인으로 누구나 게임에 무료로 접속할 수는 있지만 게임에서 승리하려면 비싼 아이템을 구입해야 한다. 사람들이 쉽게 접근할 수 있도록 초기에는 문턱을 없앴다가 어느 정도 익숙해진 소비자를 대상으로 자사의 별도 제품을 판매하는 것이다.

어도비 리더(Adobe Reader)는 PDF 파일을 읽을 수 있는 소프트웨어를 무료로 제공한다. 기존의 워드 프로그램은 다른 나라의 언어로 작성된 문서를 읽으려면 해당 폰트를 설치하거나 별도의 프로그램을 구입해야 했다. 하지만 PDF에는 이런 제약이 없으며 이미지까지도 확인할 수 있게 해준다. 이와 같은 편리함으로 PDF는 순식간에 세계 표준으로 자리 잡았다.

그렇다면 어도비 리더는 어디에서 돈을 벌고 있을까? 문서를 PDF로 작성하려는 기업에게 PDF 파일을 만드는 소프트웨어를 매우 비싼 가격에 판매하는 것이다. 가격이 비싸더라도 만국 공용이 되어버린 PDF로 문서를 제작해야 하므로 고가의 소프트웨어를 사려는 수요가 존재한다.

왼쪽 자리에 꽂히는 심리

사람들의 심리를 이용한 가격 전략을 하나 더 알아 보자. 슈퍼마켓이나 백화점에 가보면 9,900원, 99,900원 등 가격에 9자가 붙어 있는 상품들이 많다. 계산하기도 힘들고 잔돈을 주고받기에도 불편한데 왜 이처럼 묘하게 가격을 붙였을까?

이런 현상은 외국에서도 마찬가지다. 9.99달러, 19.99달러 등의 가격표를 어렵지 않게 찾아볼 수 있다. 이는 동서양을 막론하고 사람들이 특별히 9자를 좋아해서가 아니다. 만 원, 10만 원보다 100원이라도 할인해서 판다는 느낌을 주기 위해서도 아니다. '왼쪽 자릿수 효과(left digit effect)'를 노린 심리적 가격 설정의 결과다.

대부분의 사람들은 숫자를 왼쪽에서 오른쪽으로 읽고 이해하므로 전체 숫자를 모두 인식하기 전에 먼저 눈에 들어오는 왼쪽 첫 자리 숫자에 가장 강한 인상을 받는다.

그래서 19,900원과 20,000원은 불과 100원밖에 차이가 나지 않지만, 소비자가 받는 인상은 마치 "1만 원대와 2만 원대"처럼 크게 차이가 난다. 마찬가지로 3,900원과 4,000원에 대해 사람들은 3천 원대와 4천 원대로 인식한다.

경제를 알기 위해서는 시장을 알아야 한다. 많은 기업이 치열하게 판매 경쟁을 벌이는 시장이 있는가 하면 두서너 개의 기업만이 영업 중인 시장도 있다. 더 나아가 시장에 하나의 기업만이 존재할 수도 있다.

자신에게 친숙한 상품을 가지고 시장 유형에 따라 나타나는 경제 현상이 어떻게 다른지를 파악할 수 있다면 앞으로 여러분이 하게 될 경제 생활이 한층 더 흥미로워질 것이다.

4장에서는 관심 있는 시장에 대해서 여러 가지 경제 원리를 적용함으로써 경제적 사고를 강화해 보자.

4장

시장을 해부하면
경제학의 비밀이 풀린다

매점이
너무해

독점, 대체재, 진입 장벽

학교 매점에서 사 먹는 간식은 학교생활의 즐거움 중 하나다. 쉬는 시간이 되면 친구들과 한걸음에 달려가 빵, 과자, 우유 등을 사 먹으며 주린 배를 채우고 수다를 떨던 경험이 누구에게나 있을 것이다.

그런데 학교 매점을 좋아하는 만큼 매점에 대한 학생들의 불만 역시 매우 크다. 물론 모든 학교 매점이 다 그렇지는 않지만 일반적으로 학생들은 매점에 대해 비싸다, 맛이 없다, 상품 종류가 다양하지 않다, 불친절하다 등 여러 가지 불만을 갖고 있다.

매점도 이윤을 추구하는 기업이다. 이윤을 조금이라도 더 벌기 위해서는 학생들이 좋아하는 물건만 갖다 놓고 되도록 저렴한 가격으로 친절하게 대하는 편이 좋을 텐데 왜 그러지 않는 걸까? 교문을 나서면 곧바로 눈에 띄는 편의점과는 달라도 너무 다르다.

확실히 매점에서 팔고 있는 빵이나 샌드위치는 편의점에 비하면 맛과 질이 떨어진다. 매점에서 파는 빵이 조금 싼 건 사실이지만 품질이나 맛을 생각해 보면 결코 우위에 있다고 말하기 어렵다. 음료수도 학교 매점이 편의점보다 더 비쌀 때가 있다.

이와 같은 현상이 나타나는 것은 바로 경쟁의 유무 때문이다. 한마디로 학교 매점은 독점(monopoly) 기업이라는 게 그 원인이다. 학교 주변에 편의점, 베이커리, 분식집 등이 수십 개나 있는데 매점이 왜 독점이라는 건지 의아해 하는 학생들도 있을 것이다.

기업의 수에 따라 달라지는 시장의 종류

학생들은 하교하기 전까지 학교라는 울타리 안에서 생활한다. 학교 담장 안에 하나의 '시장'이 형성되는 셈이다. 그 시장 안에서 매점은 유일한 판매자이므로 독점 기업에 해당한다.

거리로만 따지면 학교 정문에서 불과 수십 미터 안에 많은 편의점과 분식집이 위치해 있지만 하교 전까지는 소비자인 학생들이 접근할 수 없는 시장이며 그림의 떡이다.

시장의 개념은 매우 유연하게 결정되며 상황에 따라 달라진다. 간단히 점심을 먹으려는 소비자의 경우 집에서 걸어갈 수 있는 범위 안에 음식 시장이 형성된다. 직장인의 경우에도 정해진 시간 동안 식사를 마쳐야 하므로 사무실에서 멀리 떨어진 곳에 있는 식당은 고려 대상이 될 수 없다. 이들이 접근할 수 있는 시장은 대개 반경 수백 미터를 넘지 않는 비교적 작은 규모로 한정된다.

반면에 시간 여유가 있고 평소와는 좀 다른 특별한 메뉴를 먹고 싶어 하는 소비자에게는 차로 수십 분 정도 이동할 수 있는 범위까지 시장이 확대된다. 자신이 살고 있는 지역이나 시 외곽까지가 시장이 될 수도 있다. 그렇다 하더라도 점심을 먹으려고 몇 시간을 이동할 수는 없으니 서울에 사는 소비자에게 대전은 음식 시장이 될 수 없다.

인터넷이 발달하면서 어떤 재화의 경우에는 시장의 범위가 전 세계로 확대되었다. 전자 상거래가 불가능하던 시절에는 소비자들이 국내에서만 재화를 구입할 수 있었으나, 해외 구매가 활성화되고 있는 현재는 소비자들이 일본이나 미국에서 파는 재화를 주문할 수 있게 되었다.

그러나 서비스의 경우에는 해외에서 주문하는 데 어려움이 있으므로 대개 재화에 비해 시장이 협소하다. 예를 들어 책, 옷, 노트북을 살 때는 멀리 떨어진 서점, 백화점, 전자상가까지 가거나 온라인으로 구입하면 되지만 음식, 학원, 은행 업무는 대개 살고 있는 동네 주변에서 해결한다.

시장에 하나의 기업만 존재하는 독점 시장은 매우 특별한 경우라 할 수 있다. 이보다 흔한 경우로 몇 개의 소수 기업들이 영업하고 있는 과점 (oligopoly) 시장이 있다. 그리고 여기서 더 나아가 매우 많은 기업들이 치열하게 경쟁하는 독점적 경쟁 시장도 있다.

예를 들어보자. 철수가 살고 있는 동네에 독서실이 하나뿐이라면 독서실은 독점 기업에 해당한다. 커피나 음료를 파는 카페나 빵을 파는 베이커리가 각각 셋씩 있다면 커피 시장이나 빵 시장은 과점 시장이다. 음식점은 수를 셀 수 없을 정도로 많이 있으므로 외식 시장은 독점적 경쟁 시장이다.

이때 외식 시장을 보다 잘게 나누어 따져볼 수도 있다. 예를 들어 수많은 음식점 가운데 파스타를 파는 식당이 네 곳뿐이라면 이탈리아 음식 시장은 과점이며, 열 곳이 넘게 있는 분식집은 독점적 경쟁 기업이다.

반면에 스페인 음식을 파는 식당이 한 곳밖에 없다면 스페인 식당은 독점 기업이라 할 수 있다.

가격은 높게 생산량은 적게 유지하는 독점 기업

독점 기업은 시장에 경쟁 기업이 존재하지 않으므로 상당한 수준의 시장 지배력을 지닌다. 시장 지배력을 지닌다는 것은 기업이 가격을 원하는 대로 정할 수 있음을 의미한다.

독점 기업은 경쟁 기업들이 많이 있는 경우에 비해서 높은 가격을 매겨 최대의 이윤을 거둔다. 또한 이처럼 높은 가격을 유지하기 위해서 생산량을 통제하는 경향이 있다. 생산량이 너무 많아지면 공급이 증가해 가격이 하락할 수 있기 때문이다.

독점 기업이 공급하는 상품에는 마땅한 대체재가 없으므로 소비자는 독점 가격을 지불하는 것 외에 별다른 선택의 여지가 없다. 높은 가격이 불만이라면 구입하지 않는 수밖에 없다. 결국 독점 시장에서는 높은 가격을 지불할 의향이 없는 소비자들이 재화를 소비하지 못하게 되므로 소비자 잉여의 일부가 사라지고, 그만큼 사회 전체의 총 잉여가 감소한다.

이제 학교 매점에 대한 학생들의 불만이 새삼 놀라운 일이 아님을 충분히 이해할 수 있다. 학교 안에는 매점이 경쟁할 만한 상대가 딱히 없으며 매점 빵의 대체재도 없다. 배고픈 학생들은 울며 겨자 먹기로 학교 매점을 이용할 수밖에 없다.

학교 안에서 강력한 시장 지배력을 갖고 있는 매점은 독점 이윤을 확보하기 위해서 가격을 높게 유지하거나 품질이 다소 떨어지는 상품을 공급한다. 이에 만족하지 못한 일부 학생은 학교 매점 이용을 포기하고 배가 고픈 채 공부를 한다. 그만큼 소비자 잉여가 감소한다.

물론 독점 기업이라고 해서 판매하는 제품의 가격을 어이없을 정도로 비싸게 매기지는 못한다. 가격이 비싸면 수요량이 감소하는 수요의 법칙 때문이다. 예를 들어 빵 한 개의 값을 만 원으로 정한다면 대부분의 학생이 매점 이용을 포기하고 집에서 빵을 싸 오거나 몰래 학교 밖 편의점을 이용할 것이므로 매점의 이윤은 오히려 감소한다.

세계 시장에서 막강한 독점력을 갖고 있는 마이크로소프트사가 윈도우 가격을 100만 원으로 올리지 못하는 이유도 여기에 있다. 가격이 터무니없이 높으면 많은 소비자들이 정품을 구입하는 대신에 위험을 무릅쓰고 불법 복제를 선택할 것이 분명하기 때문이다.

🪙 진입 장벽이 높은 독점 시장

사회적으로 비효율적이고 소비자에게도 불리한 독점은 왜 생겨나고 또 유지될까? 새로운 경쟁 기업이 시장에 진출하지 못하도록 막는 진입 장벽(barriers to entry)이 높이 가로막고 있기 때문이다. 독점 시장에 높은 진입 장벽이 존재하는 데에는 여러 가지 이유가 있다.

첫째, 정부가 하나의 기업에만 독점적으로 생산할 권한을 부여하기 때문이다. 과거 우리나라는 정부가 전기, 수도, 철도, 우편 등의 분야에서 특정 기업에게만 독점 생산권을 허용했다. 학교 매점의 경우에는 교육청이 한 학교에 한 개의 매점만 운영할 수 있도록 허용하고 있다. 학교 내 시장의 규모가 두 개 이상의 매점을 운영할 만큼 크지 않다고 판단한 것이다.

둘째, 특허권 때문에 진입 장벽이 존재할 수 있다. 조류 독감 치료제인 '타미플루'는 스위스의 제약 회사 로슈가 개발해서 특허권을 갖고 있는 약이다.

타미플루를 생산할 수 있는 회사는 전 세계에서 로슈뿐이다. 이 회사가 공장을 24시간 완전 가동한다 해도 10년이 걸려야 전 세계 인구의 20퍼센트가 복용할 수 있는 양의 타미플루를 생산할 수 있다고 한다. 만약에 조류 독감이 세계적으로 유행할 경우 많은 사람들이 치료제를 구하지 못해 생명을 잃는 심각한 문제를 초래할 수도 있는 것이다.

그렇다고 무조건 특허를 인정하지 않고 독점을 깨는 것도 곤란하다. 막대한 연구 개발비를 들여 신기술과 신상품 개발에 성공한 기업이 충분한 이윤을 확보할 수 없다면 굳이 새로운 기술 개발에 돈을 투자하려는 필요를 느끼지 못할 것이다.

특허권은 기업이 이윤을 확보할 수 있게 해주는 인센티브 역할을 한다. 공정한 경쟁에서 성과를 거둔 기업이나 사람은 그에 대한 정당한 보상을 받아야 한다. 그래야 이후에도 계속해서 혁신적인 제품과 아이디어가 출현한다.

🪙 만약에 수요자가 하나라면?

독점이라고 하면 수요자는 많은데 공급자가 하나인 경우를 말한다. 이때 공급자는 시장 지배력을 이용해 가격을 정하고 많은 이윤을 얻는다.

그런데 이와 반대로 공급자는 여럿인데 오직 하나의 수요자만 존재하는 경우도 있다. 이를 수요 독점이라고 부른다. 수요 독점 시장에서는 공급자들끼리 서로 경쟁을 벌이고 독점력을 보유한 수요자는 저렴한 가격에 상품을 살 수 있다.

애플은 많은 중소기업으로부터 부품을 공급받아 아이폰을 생산한다. 미국에서 아이폰을 생산하는 곳은 애플밖에 없으므로 애플은 아이폰 부품에 대한 수요 독점자라 할 수 있다.

어느 중소기업이 부품 가격을 인상하려 하면 애플 측에서 하청 계약을 끊고 다른 곳에 부품을 주문할 수도 있으므로, 중소기업 입장에서는 가격을 올리고 싶어도 쉽게 그러지 못한다. 실제로 애플의 수익률에 비해 부품 공급 업체들의 수익률은 훨씬 낮다고 한다.

2015년에 있었던 일이다. 야구선수 박병호가 미국 메이저리그 구단인

포스팅 제도
미국 메이저리그에 진출하려는 프로 야구 선수가 공시(포스팅)되면 메이저리그 구단들이 비공개로 응찰금액을 써내고, 가장 높은 액수를 써낸 구단이 선수에 대한 독점 협상권을 따내는 제도이다.

미네소타 트윈스와 입단 계약을 맺었다. 적어도 연봉 500만 달러 이상을 받을 것이라는 국내 팬들의 당초 예상과 달리 360만 달러를 받는 데 그쳐 아쉬움을 샀다.

박병호 선수보다 한 해 앞서 미국에 진출한 강정호 선수도 상황은 비슷했다. 여기에는 수요 독점이라는 요인이 깔려 있다.

미국 메이저리그에는 포스팅 제도*가 있다. 박병호 선수를 영입하길 원했던 미네소타 트윈스는 포스팅 제도를 통해 계약 협상에 대한 독점권을 획득했다. 만약 박병호 선수가 미네소타 트윈스의 제의를 거절한다면 다른 팀과 협상할 수 없고 1년 동안 메이저리그 문을 두드릴 수도 없었다. 미네소타가 박병호 선수에 대한 수요 독점자가 된 것이다.

이 독점력을 바탕으로 미네소타는 낮은 연봉을 제시하는 배짱을 부렸고 박병호 선수로서는 이를 거절할 수가 없었다. 미국 메이저리그에서 사용하고 있는 포스팅 제도는 선수들에게는 매우 불공평한 제도인 것이 분명하다.

🌳 알쏭달쏭 경제학 개념 이해하기

47 **독점** 시장에서 특정 상품을 한 개의 기업이 공급하는 경우.

48 **수요 독점** 공급자는 많지만 수요자가 하나인 경우.

49 **대체재** 서로 비슷한 속성을 지니고 있기에 한 재화의 수요가 증가할 때 수요가 감소하는 다른 재화.

50 **시장 지배력** 기업이 이윤을 늘리기 위해서 가격을 인상할 수 있는 힘.

51 **진입 장벽** 새로운 기업이 시장에서 생산 활동을 하지 못하도록 막는 장애 요인.

2 어느 매장이나 비슷한 교복 값의 비밀

과점, 담합, 제품 차별, 가격 선도

교복은 중학교나 고등학교에 진학하는 학생들이 반드시 사야 하는 필수품이다. 철수도 개학을 앞두고 평소에 좋아하는 아이돌이 선전하는 회사의 교복을 사달라고 엄마를 조른 끝에 학교 근처의 대리점으로 향했다. 상의, 하의, 카디건, 셔츠를 고르고 나니 38만 원이 나왔다. 엄마는 교복 값이 너무 비싸다고 한숨을 내쉬면서 다른 회사의 교복을 사자고 철수를 설득했다.

요즘 아버지 장사가 어려워 살림에 쪼들린다는 사실을 아는 철수는 엄마의 말에 따르기로 하고 다른 회사 교복을 파는 대리점으로 갔다. 그러나 그곳의 교복 가격은 37만 5천 원이었다. 포기하지 않고 한 곳을 더 방문했지만 결과는 크게 다르지 않았다.

세 회사의 교복 값에는 고작 몇천 원 정도의 차이가 있었다. 실질적으로 같은 값이라고 볼 수 있다. 교복 회사는 독점이 아니다. 여러 개의 교복 회사가 인기 모델을 써가며 광고를 하는 등 치열하게 경쟁하는데 왜 교복 값에는 차이가 나지 않을뿐더러 이렇게 비싼 걸까?

고등학생 천여 명을 대상으로 교복 가격에 대한 생각을 조사한 결과 비싼 편이라고 응답한 학생이 42.6퍼센트, 매우 비싸다고 응답한 학생이 31.5퍼센트였다. 응답자 네 명 가운데 세 명이 교복 가격에 불만을 품고 있었다.[8]

우리나라 교복 시장에는 네 개의 대기업이 영업 중이다. 중소 업체를 통한 공동 구매도 가능하지만 학생 네 명 가운데 세 명은 이들 네 개 브랜드 가운데 하나를 선택하고 있으며 실질적으로 네 개 회사가 교복 시장을 지배하고 있다. 그래서 교복 시장은 과점에 해당한다.

여기서 한 가지 의문이 든다. 과점이란 몇 개의 소수 기업이 존재하는 시장을 말하는데, 교복의 경우에는 수십 곳의 중소 업체를 포함하면 많은 업체들이 존재하므로 과점이라 하기 어렵지 않을까?

보통 우리가 독점이나 과점 여부를 판단할 때는 단순히 눈에 보이는 기업의 수보다는 시장을 지배하는 기업의 수를 살펴본다. 기업이 시장을 지배하는 정도를 측정할 때에는 시장 점유율을 확인하는데, 이는 어떤 상품의 총 판매량 가운데 특정 기업의 상품이 차지하는 비율을 말한다.

예를 들어 교복 시장에 100개의 기업이 존재한다고 하자. 만약 이 기업들이 시장을 모두 동일하게 분할하고 있다면, 각 기업은 시장에서 각각 1퍼센트씩의 시장 점유율을 가지고 있을 뿐이므로 경쟁이 매우 치열하다고 말할 수 있다.

그러나 만약 100개 기업 가운데 한 기업의 시장 점유율이 97퍼센트에 이르고 나머지 99개 기업을 모두 합쳐봐야 시장 점유율이 고작 3퍼센트에 불과하다면 어떨까?

이 시장은 사실상 하나의 기업에 의해 지배되고 있으며 나머지 99개 기업의 힘은 무시해도 좋을 만큼 미약하다. 이런 경우 실제 기업의 수는 100개이지만 독점 시장으로 볼 수 있다. 이와 마찬가지로 네 개의 기업이 실질적으로 시장을 지배하고 있는 교복 시장을 과점으로 보는 것이다.

담합의 달콤한 유혹

우리나라의 경우 소수의 기업이 시장을 지배하고 있는 백화점이나 과자 시장이 과점에 해당한다. 살고 있는 동네에 편의점이 세 곳뿐이라면 동네 편의점 시장도 과점이라고 할 수 있다.

과점 시장에서 발견할 수 있는 가장 중요한 특징은 한 기업의 선택이 다른 기업의 이윤에 큰 영향을 미친다는 사실이다. 어떤 편의점이 삼각 김밥 한 개의 가격을 200원 할인해서 팔기 시작한다면 그곳으로 많은 손님들이 몰릴 것이므로 가격을 내리지 않은 나머지 두 편의점의 이윤이 크게 감소할 것이다.

이를 견디지 못한 두 편의점이 마찬가지로 삼각 김밥 가격을 200원씩 인하한다면, 처음 가격을 인하했던 편의점의 전략은 더 이상 효과를 볼 수 없게 된다. 더 나아가 다른 편의점이 삼각 김밥의 가격을 300원 내린다면 손님을 다 빼앗길 것이다.

이와 같이 과점 기업은 이윤을 최대화하기 위해서 다른 기업의 의사 결정까지 함께 고려해야 한다. 스스로 삼각 김밥 가격을 내리기 전에 다른 두 곳이 따라서 가격을 내릴지의 여부, 만약에 가격을 내린다면 얼마를 내릴지 등을 고민해야 하는 것이다. 그러나 다른 기업의 의사결정을 짐작하는 일은 매우 어렵다.

이와 같은 의사결정의 어려움을 한 방에 해결할 수 있는 방법이 있다. 바로 편의점들끼리 삼각 김밥의 가격을 미리 협의해 결정하는 '담합(collusion)' 행위를 하는 것이다. 이때 담합에 참여한 기업들을 '카르텔(cartel)'이라고 부른다.

가격을 담합하면 이제 다른 편의점이 삼각 김밥을 얼마에 팔지를 염려하지 않아도 된다. 또한 김밥 재료비가 많이 오를 경우에는 일제히 가격을 300원씩 인상하자고 합의하면 그만이다. 비록 편의점이 여러 곳 있다고 하더라도 경쟁이 사라지는 셈이기에 편안히 이윤을 확보할 수 있게 된다. 이런 장점 때문에 담합의 달콤한 유혹을 뿌리치기란 쉽지 않다.

교복 값도 담합 의혹에서 자유롭지 못하다. 서울시 교육청은 2014년 조사를 통해 46개 지역 가운데 송파구 등 18개 지역에서 대리점 간 교복 값이 똑같았다고 보고하면서 가격 담합이 있었을 것으로 추정했다. 과점 기업들이 가격을 담합하면 사실상 시장이 독점화되는 결과를 낳는다.

🪙 정부와 기업의 치열한 두뇌 싸움

가격 담합은 공정한 경쟁을 저해하고 자원의 효율성을 떨어뜨리므로 정부는 이를 법으로 금지하고 있다. 그럼에도 담합의 유혹을 떨쳐버리지 못하는 기업들이 많아 공정거래위원회는 매년 수십 건의 기업 담합 사례를 적발해 과징금을 부과하고 있다.

담합을 하려는 기업들은 정부의 단속에 걸리지 않으면서 담합 효과를 거둘 수 있는 은밀하고 교묘한 방법을 고안해 낸다. 다음의 경우를 살펴보자.

　한 중식당이 일주일 전에 짜장면 가격을 500원 인상했다. 밀가루 가격이 올라 어쩔 수 없었다는 게 주인의 해명이다. 가격 인상에 불만을 품은 철수는 다른 중식당을 이용하기로 마음먹었다. 그런데 찾아간 다른 중식당도 어제부터 짜장면 가격을 500원 올렸단다. 동네의 다른 중식당들도 마찬가지였다. 결국 모든 중식당의 짜장면 값이 일제히 500원씩 인상된 셈이었다. 마치 가격을 담합한 것 같은 모습이었다.

　그러나 중식당 사장들이 한데 모여서 짜장면 가격을 500원씩 인상하자고 회의를 하거나 전화로 협의한 적은 없으므로 담합을 했다는 물증은 없다. 밀가루 가격 인상은 전국적인 현상이므로 같은 재료를 쓰는 중식당들이 공통적으로 가격을 올리게 된 것이라는 변론만 돌아올 뿐이다. 정황도 있고 심증은 가지만 물증이 없기에 중식당들이 담합해서 가격을 인상했다는 점을 입증하기가 어렵다.

이와 같은 중식당 사례는 '가격 선도'에 해당한다. 시장 점유율 1위인 선도업체가 가장 먼저 원가 상승을 이유로 제품 가격을 인상하면 다른 업체들도 약간의 시차를 두고 일제히 가격을 인상하는 것을 말한다.

결국 제품 가격이 같아져 담합을 한 듯한 효과가 나타난다. 가격 인상이 담합의 결과인지 아니면 원가 상승으로 인한 경영상의 불가피한 결정인지 식별이 쉽지 않아 정부로서도 처벌의 칼날을 선뜻 대지 못한다.

가격 선도로 볼 수 있는 현실의 사례로 '라면 가격 담합' 혐의를 들 수 있다. 2012년 공정거래위원회는 네 개 라면 제조 업체에 의해 9년 동안 이루어진 가격 인상 담합을 적발했다. 업계 1위인 업체가 가장 먼저 가격을 인상하면 나머지 세 개 업체가 똑같이 가격을 맞추는 방식이었다고 한다. 공정거래위원회는 이들 업체에 총 1,000억 원이 넘는 과징금을 부과하고 담합 및 정보 교환 금지 명령을 내렸다.

이에 불만을 품은 1위 업체가 소송을 제기하자 대법원은 "원가 상승 압박이 있으므로 선두 업체가 가격을 인상하면 다른 업체들이 따라가는 것이 합리적이라고 볼 수 있다"라며 정황만으로는 가격 인상 담합을 단정하기 어렵다고 판단해 라면 업체 측의 손을 들어줬다.

🪙 과점 기업의 비가격 경쟁

만약 과점 기업들이 정부의 단속을 두려워해서, 또는 은밀하게 담합하는 전략을 마련하지 못해서 담합을 선택하지 않는다면 그 대신 치열한 가격 인하 경쟁을 벌이려 들까? 그렇지 않다. 가격 인하 경쟁이 궁극적으로 자신들에게 이득이 되지 않는다는 공감대가 과점 기업들 사이에 형성되어 있기에 누구도 선뜻 가격 경쟁에 나서지 않는다.

대신 과점 기업은 제품 차별화를 시도해서 이윤 확대를 추구하는 전략을 구사한다. 소비자의 주목을 끌 수 있는 광고를 제작하거나 애프터 서비스를 제공하는 등의 방법으로 자사 제품이 다른 회사 제품보다 낫다는 이미지를 부각시키는 전략이다.

교복 같은 경우는 품질에서 거의 차이가 나지 않는다. 그러므로 각 기업는 광고를 통해 학생들의 관심을 끌려고 노력한다. 아이돌 그룹을 교복 모델로 기용하는 기업이 있는가 하면 유명한 한류 스타를 모델로 선택해 차별화를 시도하기도 한다.

교복에 비해 자동차는 제조 회사마다 제품 품질의 차이가 큰 상품이다. 이런 경우에는 차 외관 디자인, 차내 디자인, 색상, 성능, 연비 등의 수단을 동원해서 자사 자동차의 우수함을 부각시키려 노력한다.

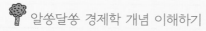
알쏭달쏭 경제학 개념 이해하기

㉒ **과점** 시장에서 특정 상품을 몇 개의 소수 기업이 공급하는 경우.

㉓ **담합** 경쟁을 피하고 이익을 확대하려는 목적에서 두 개 이상의 경제 주체들 간에 이루어지는 합의.

㉔ **카르텔** 담합 행위에 참여한 기업.

㉕ **가격 선도** 선도 업체가 가격을 인상하면 다른 경쟁 업체들이 따라서 가격을 올리는 행위.

3

치열한 경쟁,
그들이 살아남는 법

경쟁, 독점적 경쟁, 광고, 브랜드

"인생은 B(Birth, 출생)와 D(Death, 사망) 사이의 C(Chicken, 치킨)다." 인터넷상에서 유행했던 유머 가운데 하나다. 원래 이 말은 프랑스의 철학자이자 작가인 사르트르°가 "인생은 B(출생)와 D(사망) 사이의 C(Choice, 선택)다"라고 한 말을 패러디한 것이다.

경제학이 선택의 학문임을 설명할 때 경제학자들이 자주 인용하는 문구이기도 한데, C를 선택 대신 치킨으로 대체한 표현이 유행할 정도로 우리나라의 치킨 문화는 정말 대단하다.

치킨을 먹으려고 할 때 고민거리 중 하나는 어떤 종류의 치킨을 어디에서 주문할지 결정하는 일이다.

> **장 폴 사르트르(Jean-Paul Sartre, 1905~1980)**
> 프랑스의 실존주의 철학자, 사상가, 작가. 1964년에 노벨문학상 수상자로 결정되었지만 자신은 공식적인 명예를 부인해 왔다며 수상을 거부한 것으로도 유명하다. 대표 저서로 『존재와 무』, 『자유의 길』 등이 있다.

214

전기구이 통닭, 기름에 바삭 튀긴 치킨, 매운 맛 치킨, 오븐에 구운 치킨, 뼈 없는 순살 치킨, 간장에 졸인 치킨, 카레 맛 치킨도 모자라 파닭까지 있다. 이런 걸 두고 행복한 고민이라고 해야 할지 모르겠다.

어느 동네든 치킨을 배달해 주는 업체만 최소한 열 곳이 넘는다. 분명 치킨 시장은 앞에서 보았던 독점도 과점도 아니다. 제3의 시장 형태인 독점적 경쟁 시장이다.

🥁 많은 기업이 차별화된 상품으로 경쟁하는 시장

독점적 경쟁 시장이란 말은 언뜻 모순처럼 들린다. 정반대의 개념이라 할 수 있는 '독점'과 '경쟁'이 합쳐진 말이기 때문이다. 그럼에도 경제학자들이 '독점적 경쟁'이라는 이름을 붙인 것은 경쟁이 심하지만 그 속에 독점의 성격이 포함되어 있기 때문이다. 다시 말해 치킨 시장은 독점 시장과 경쟁 시장의 특성을 모두 갖고 있다.

먼저 우리나라 치킨 시장은 매우 경쟁적이다. 다양한 방법으로 치킨을 조리해 소비자의 관심을 끌려고 한다. 한 곳에서 새로운 맛의 치킨을 출시해 인기를 끌면 바로 다른 곳에서 비슷한 맛의 치킨을 출시해 경쟁한다.

동시에 우리나라 치킨 시장은 '독점적'이다. 각 치킨 업체는 저마다의 독특한 조리법과 양념 등 비법을 갖고 있어서 다른 업체와 조금씩 차별되는 모습을 보인다. 맛과 품질에 자신 있는 치킨 업체는 자신이 만드는 치킨에 대해 어느 정도의 독점력을 갖는 셈이고, 가격을 높게 설정할 수 있는 시장 지배력도 지닌다.

이 업체의 치킨을 좋아하는 고객들은 다른 치킨 업체가 아무리 많이 있더라도 개의치 않고 반복해서 같은 업체의 치킨만을 먹는다. 덕분에 이 치킨 업체는 경쟁 업체보다 닭 한 마리당 가격을 천 원이나 2천 원 정도 더 비싸게 받을 수 있다.

이처럼 많은 공급자가 존재하며, 각각의 공급자는 경쟁 업체들과 약간씩 차별화된 제품을 생산하면서 경쟁하는 시장이 독점적 경쟁 시장이다. 독점적 경쟁 시장에서 찾아볼 수 있는 세 번째 특성은 진입 장벽이 존재하지 않아 아무나 시장에 뛰어들어 생산 활동을 시작할 수 있다는 점이다.

치킨 시장은 분명히 이 세 가지 속성을 다 만족시킨다. 의류, 학원, 식당, 음반(가수), 미용실, 영화 제작 등의 산업도 독점적 경쟁 시장에 해당한다.

독점적 경쟁 시장에 새로 참여하는 기업은 기존 기업들과 조금이라도 차별화된 상품을 생산해야 소비자에게 비교우위를 호소할 수 있고 시장에서 살아남을 수 있다.

만약 기존 상품과 동일한 제품을 생산한다면 소비자들은 가격만 가지고 비교할 것이다. 이 경우에는 오래전부터 해당 품목을 생산해 온, 그래서 보다 저렴한 비용으로 생산할 수 있는 기존 기업에 대해 우위를 점하기가 힘들다.

💿 올 때도 자유롭게, 떠날 때도 자유롭게

독점적 경쟁 시장의 특성을 더 잘 이해하기 위해서 이번에는 학원의 경우를 예로 들어 생각해 보자. 아주 인기 있는 유명 학원 몇 곳을 제외한 대부분의 학원은 교실에 수강생이 꽉 차지 않아 빈자리가 있게 마련이다.

이들 학원은 시설을 최대한 활용하지 못하고 있으므로 비효율적이다.

학원이 시설을 최대한 활용하려면 수강료를 내려 학생들을 더 끌어모아야 하는데, 그럴 경우 이윤이 감소하므로 차라리 수강료를 높게 유지한 채 어느 정도의 빈자리를 허용하고 있는 것이다.

만약에 정부가 이와 같은 비효율적인 모습을 보다 못해 전체 학원 가운데 20퍼센트를 강제로 문 닫게 하고, 해당 학원에 다니던 학생들을 강제로 다른 학원으로 보내는 정책을 실행했다고 하자. 이 정책이 시행된 후 살아남은 학원의 교실은 모두 정원을 채워 시설을 100퍼센트 활용할 수 있게 되었다.

그렇다고 해서 이 정책이 바람직하다고 할 수 있을까? 사라진 학원에 다니던 학생들은 자신의 선택권을 박탈당한 셈이다. 또한 어쩔 수 없이 별로 원하지 않았던 다른 학원으로 옮겨갔기 때문에 효용이 감소한다.

한 문제를 자세히 설명해 주는 것이 특징이자 장점인 학원이 마음에 들어 다니던 학생이 이제는 한정된 시간 동안 많은 문제를 푸는 학원에 억지로 다녀야 하거나, 기초를 배우던 초급반 학생이 어쩔 수 없이 중급반 수업을 듣는 일이 생기기도 한다.

시장에 있는 소비자의 취향과 욕구는 다양하고 차별화되어 있다. 누구의 취향이 더 중요하고 옳다고 말할 수는 없다. 독점적 경쟁 시장에서 영업 중인 많은 기업들은 제품 차별화를 통해 소비자의 다양한 취향과 욕구를 고루 충족시키고 있는데, 이 가운데 일부 기업을 없애는 정책은 득보다 실이 더 크다.

텔레비전 예능 프로그램도 마찬가지다. 공중파 방송국 외에 수많은 케이블 업체까지 가세하면서 텔레비전 예능 프로그램은 개수를 헤아리기 어려울 정도로 늘어났다. 〈무한도전〉 프로그램이 장수하자 다른 방송국에서 여성 출연자들로 이루어진 〈유한도전〉이라는 프로그램을 만들었다고 가정해 보자.

그런데 시청률이 저조하다. 〈유한도전〉을 비판하는 사람들은 "재미도 없는 프로그램을 왜 계속 만들고 있냐. 자원 낭비하지 말고 폐지해라"라고 댓글을 달지만, 그래도 그 프로그램이 좋아서 보고 있는 시청자들이 있다는 데 주목해야 한다. 내 취향에는 맞지 않더라도 다른 이들의 취향도 소중한 법이다.

〈유한도전〉의 폐지 여부는 일개 시청자나 특정 기관에서 결정할 문제가 아니다. 이는 시장에서 자연스럽게 결정될 문제다. 시청률이 너무 저조해서 손실을 볼 지경이 된다면 방송국에서 알아서 프로그램 제작을 중단할 것이다. 반면에 시청률이 저조하더라도 여전히 이윤을 보고 있거나 더 나은 대안이 없다면 계속해서 제작할 것이다.

이와 같은 자율 조정 기능이 작동하려면 꼭 필요한 전제 조건이 하나 있다. 원한다면 누구나 시장에서 자유롭게 생산 활동을 시작할 수 있고 (자유 진입), 또 반대로 원한다면 누구나 폐업을 해 시장에서 자유롭게 떠날 수 있어야(자유 퇴출) 한다는 것이다.

독점적 경쟁 시장과는 달리 과점 시장의 경우에는 진입 장벽이 높게 가로막고 있어 새로운 기업이 시장에 쉽게 진입하지 못한다. 그래서 이미 영업을 하고 있는 과점 기업들은 과점 지위를 안정적으로 유지하며 상당한 이윤을 확보할 수 있다.

과점 시장의 진입 장벽이 높은 요인으로는 몇 가지가 있다. 첫째, 과점 기업은 대규모 생산이 가능하므로 새로 시장에 진입하려면 수조 원의 신규 투자 자금이 필요하다. 이 정도의 자금을 조달할 수 있는 기업은 현실적으로 그리 많지 않다.

둘째, 생산 기술도 진입 장벽으로 작용한다. 충분한 자금이 있다고 하더라도 자동차를 생산하는 기술이나 스마트폰을 생산하는 기술을 확보하기란 쉽지 않다.

셋째, 한발 앞선 선도 기업만이 누릴 수 있는 이점이 있다. 기존에 영업을 하던 과점 기업들은 소비자의 인지도, 생산 경험 등 여러 모로 신생 기업보다 유리한 점이 많다. 그러므로 신생 기업이 성공할 가능성이 높지 않아 진입을 망설이게 된다.

🪙 광고로 소비자의 마음을 사로잡아라

독점적 경쟁 기업들 역시 광고를 많이 한다. 다른 기업들이 생산하는 제품과 우리 제품을 차별화하는 데 효과적인 수단 중 하나가 광고이기 때문이다. 이들 기업이 지출하는 막대한 광고비는 당연히 생산비의 일부로 반영되어 상품 가격 상승에 기여한다. 그래서 광고를 곱지 않게 보는 시각도 존재한다.

한편 광고가 소비자에게 정보를 제공하는 것보다는 소비자의 취향에 영향을 미쳐 욕구를 자극하는 데만 집중한다는 비판도 있다. 예쁜 연예인이 화장품을 사용한다거나 늘씬한 모델이 음료수를 마시는 광고를 통해 소비자의 욕구를 자극함으로써, 광고가 없었더라면 존재하지 않았을 수요를 만들어낸다는 주장이다.

그러나 분명히 광고에는 순기능이 존재한다. 광고가 있기에 소비자는 상품 가격, 신상품 소개, 품질 안내 등의 중요한 정보를 획득하고, 보다 합리적으로 구매 의사결정을 할 수 있다.

또한 광고는 경쟁을 촉진한다. 새로 생겨난 피자 가게가 광고를 하지 않는다면 이 사실을 모르는 소비자들은 줄곧 기존의 피자 가게에서 피자를 주문할 것이다. 광고를 통해 신생 기업은 자신의 시장 진입 소식과 신상품을 알릴 수 있으므로 광고는 기업의 시장 진입을 도와준다.

독점적 경쟁 기업은 광고를 활용해 자신의 브랜드(brand)를 적극적으로 홍보한다. 소비자들은 특정 브랜드를 신뢰하고 한번 구입한 브랜드의 상품을 반복적으로 구입하는 경향이 있기 때문이다. 예를 들어 치킨을 주문할 때면 소비자마다 머릿속에 가장 먼저 떠오르는 브랜드가 있게 마련인데, 별다른 대안이 없다면 그 브랜드의 치킨을 반복해서 주문하는 경향이 있다.

브랜드는 정보가 충분하지 않을 때 더 큰 위력을 발휘한다. 낯선 지역으로 여행을 온 경우 어떤 치킨 가게의 맛이 좋은지 알 도리가 없다. 이때 평소에 자신이 즐겨 먹던 브랜드의 치킨 가게가 있다면 망설이지 않고 선택할 것이다. 브랜드의 이름이 어느 정도의 품질을 기본적으로 보장해 주므로 이러한 판단은 합리적이라고 볼 수 있다.

상품들의 성격이나 특징이 엇비슷한 오늘날에는 브랜딩(branding)을 어떻게 하느냐가 성공을 결정하는 중요한 요인으로 작용하며, 광고가 브랜딩의 핵심으로 자리 잡고 있다.

독점 기업의 경우에는 광고를 할 까닭이 없어 보인다. 시장에 자신밖에 없는데 뭐하러 광고를 하겠는가. 그러나 과점 기업이나 독점적 경쟁 기업에 비해서는 광고비 지출이 적은 편이지만 독점 기업도 상품 광고를 한다. 어째서일까?

독점 기업은 시장 지배력이 있으므로 이윤을 최대화할 수 있도록 가격을 책정한다. 이런 상황에서 이윤을 더 늘리려면 가격은 그대로인데 판매량만 늘어나야 한다. 이 목적에 적합한 것이 바로 광고이다. 독점 기업은 광고를 통해 자사 상품에 대한 수요 증대를 꾀한다.

또다른 이유도 있다. 아무리 독점 기업이라고 해도 대체재가 아예 없는 것은 아니다. 코레일이 독점 기업이기는 하지만 고속버스나 비행기라는 대체재가 잠재적으로 철도 시장을 위협하고 있다. 철도 수요를 다른 곳에 빼앗기지 않으려면 광고를 해서 소비자의 마음을 계속 붙들어야 한다.

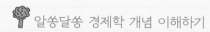
알쏭달쏭 경제학 개념 이해하기

56 **독점적 경쟁** 시장에 특정 상품을 공급하는 기업이 많고 각 기업이 공급하는 상품의 품질이 서로 조금씩 다른 경우.

57 **브랜드** 특정 상품을 나타내는 상표로서, 해당 상품을 다른 상품과 구별해 주는 이름, 디자인, 상징 등을 포함한다.

58 **브랜딩** 브랜드의 이미지와 느낌, 정체성 등을 소비자의 머릿속에 심어주어 다른 경쟁 브랜드와 차별화하고 특별함을 부여하는 행위.

아이돌이 말해 주는
경제 원리

초과 수요, 암시장, 지대

관람 표 가격이 약 8~32만 원이다. 최저가인 8만 원이라 하더라도 영화를 10회 볼 수 있는 금액이다. 상당한 고가임에도 불구하고 표 만 장이 한 시간 만에 매진됐다. 관객의 95퍼센트가 홍콩, 태국, 일본 등 동아시아 각국에서 온 10대와 20대 여성들이다.

이 정도면 어떤 행사에 관한 내용인지 감을 잡은 친구들도 있을 것이다. 한 케이블 방송이 주관한 2015년 MAMA(엠넷 아시안 뮤직 어워드) 이야기이다. 홍콩에서 개최되어 한국을 포함한 16개국에 생중계되었다. 우리나라 아이돌의 위력을 잘 보여주는 사례다.

이번에는 국내 공연으로 시야를 돌려보자. 2015년 10월에 인기 아이돌 그룹 '엑소'의 콘서트가 고척동 돔구장에서 열렸다. 이 공연 표는 예매를 시작한 지 1초 만에 매진됐고 공연 당일에는 무려 2만 2천 명이 몰

려들었다. 이날 엑소 공연의 하루 매출은 20억 원이 넘었다.

　많은 사람들이 이 공연에 관련해 가장 크게 주목한 소식 가운데 하나는 암표 가격이었다. 엑소의 소속사에서 정한 표 가격은 한 장에 5만 5천 원이었는데 단 1초 만에 매진되었다는 데에서 짐작할 수 있듯이 이 가격으로 표를 사려는 수요량이 공급량을 훨씬 초과했다.

　시장 경제에서 초과 수요는 가격 상승을 통해 해결된다. 즉 가격이 상승함에 따라 수요량은 감소하므로 초과 수요가 사라질 때까지 가격 상승을 허용하는 것이다. 그러나 소속사는 10대 청소년들이 공연 표 값으로 지나치게 비싼 금액을 지불하는 일을 방지하고자 5만 5천 원으로 가격을 고정했다.

　그러나 시장에는 분명히 더 높은 가격을 지불하고서라도 표를 사려는 청소년들이 많았다. 이 점을 이용해 어떤 사람들은 표를 암시장(black market)에서 거래했다. 들려오는 소식에 따르면 암표 가격은 최고 50만 원까지 치솟았다고 한다. 암표를 판 사람은 엑소 공연을 보고 싶어 하는 열성 팬들의 소비자 잉여를 착취해 이윤을 얻었다.

여기에서 우리가 얻을 수 있는 교훈은 분명하다. 초과 수요가 있음에도 불구하고 가격을 일정 수준으로 고정해 버리면 암시장이 생겨난다. 그리고 일부 소비자들은 터무니없이 비싼 가격에 표를 구입하게 된다. 암표상은 암표를 팔아 번 소득을 세금도 내지 않고 몽땅 자신의 주머니로 집어넣는다.

경제 원리로 아이돌 파헤치기

아이돌을 탄생시키고 유지하는 과정에도 여러 가지 경제 원리가 담겨 있다. 매년 50개 정도의 아이돌 그룹이 데뷔를 하지만 이 가운데 성공하는 그룹은 전체의 5퍼센트를 넘지 않는다고 한다. 이는 다른 사업 분야에 비해 훨씬 낮은 수치이다. 성공률이 5퍼센트도 안 되는 신제품을 선뜻 출시하려는 기업은 드물 것이다.

연예 기획사는 이처럼 매우 위험한 사업에 투자를 하고 있다. 연습생한 명에게 투자하는 비용이 연간 2~4천만 원이라고 한다. 평균적으로 연습생 기간 5년을 거쳐 정식으로 데뷔하기까지 약 1억 5천만 원이 들어간다는 말이다. 4인조 그룹이라면 6억 원이 필요한 셈이다.

따라서 아이돌 그룹 하나가 성공하면 연예 기획사는 가능한 한 모든 수단을 통해 수익을 창출해야 한다. 실패한 그룹에 대한 투자비까지 메위야 비로소 회사 전체가 이윤을 확보할 수 있다.

공연장에서는 야광봉을 팔고 아이돌과 관련된 사진, 엽서 등 관련 물품을 판매해서 부수입을 올린다. 다른 곳에서 구입한 야광봉을 흔들면 팬심이 약한 것으로 평가받는 분위기를 조성한다. 무릇 진정한 팬이라면 현장에서 야광봉을 구입해야 하지 않겠는가.

그뿐만 아니라 아이돌과 악수를 할 수 있는 사람은 앨범을 산 사람으로 한정한다. 팬미팅에 참가하려 해도 표를 사야 한다. 이 모든 것이 수입을 창출하려는 연예 기획사의 전략이다.

최근에는 아이돌 캐릭터, 티셔츠, 모자, 인형 등을 파는 상설 오프라인 매장까지 운영하는 연예 기획사도 생겨났다. 반지가 19만 원, 토끼 인형이 56만 원, 이어폰 가격이 123만 원이라는 뉴스도 있었다.[9]

아이돌 스타에 빠진 팬들은 비정상적으로 높은 가격이라도 기꺼이 지불할 의향이 있다는 점을 십분 활용한 마케팅 전략이다. 가격 탄력성이 매우 낮은 어린 팬들에게 높은 가격을 적용해서 소비자 잉여를 착취하고 연예 기획사는 수입을 늘린다.

성공한 아이돌은 주어진 시간에 두 가지 활동을 동시에 할 수 없으므로 국내 활동과 해외 활동 가운데 하나를 선택해야 한다. 선택에는 당연히 기회비용이 따른다.

국내 시장보다 해외 시장이 훨씬 크고 해외 시장에서 더 많은 돈을 벌 수 있으므로 해외 활동을 선택하는 것이 합리적이다. 그래서 국내에서 인기를 얻은 아이돌 그룹은 해외 투어 활동에 적극적으로 나서며 그 기간 동안 국내 방송에서는 얼굴을 보기가 힘들다.

연예 기획사가 맨 처음 아이돌 그룹을 구성할 때에는 비교우위라는 경제 원리를 적용한다. 구성원 각자의 능력을 철저히 분석해 저마다 비교우위 분야를 정하고 이에 특화하도록 역할을 나눈다. 보컬 담당, 랩 담당, 안무 담당, 예능 담당, 미모 담당 등을 적절하게 섞어 그룹을 구성할 때 성공할 가능성이 높다는 판단 때문이다. 앞에서 언급한 엑소의 경우에는 파트별 분업화를 완벽하게 이룬 팀이라는 평가를 받고 있다.

연예 기획사는 실패 위험을 줄이려고 구성원 수를 늘리는 전략을 구사하기도 한다. 이는 기업이 투자 손실 위험을 줄이기 위해 사업을 다각화하는 것과 같은 원리다. 팬들의 취향이 다양하다는 점을 고려하면, 여러 명으로 구성된 그룹의 경우 적어도 한 명쯤은 자신의 마음에 드는 멤버가 있을 가능성이 높다.

어떤 청소년은 A멤버를, 다른 청소년은 B멤버를 좋아한다면 두 사람 모두 A와 B가 소속된 그룹의 열성 팬이 된다. 무려 열두 명으로 구성된 (지금은 일부 멤버가 탈퇴했다) 엑소 그룹 가운데 마음에 드는 사람이 단 한 명도 없을 가능성은 매우 낮다.

🪙 너도 나도 슈퍼스타가 되려는 이유

정상에 오른 아이돌의 수입은 상상을 초월한다. 해외에서도 인기를 끈 아이돌의 경우 연간 수천억 원에서 최대 1조 원까지의 매출을 기획사에 선사한다. 아이돌은 아니지만 배우 김수현은 2014년에 중국에서만 900억 원의 광고 수입을 벌어들였다. 반면에 정상에 오르지 못한 아이돌의 수입은 초라하기 그지없다.

그렇다고 이들 간의 능력 차이가 큰 것은 아니다. 두 아이돌 모두 5분 동안 땀을 흘리며 춤을 추고 노래한다. 실력도 엇비슷하다. 〈프로듀스

101〉이라는 프로그램을 보면 아이돌 그룹으로 정식 데뷔하지 못한 연습생들도 상당한 능력을 보유하고 있음을 알 수 있다. 최고의 인기를 누리는 아이돌과 그렇지 못한 아이돌 간의 수입 차이가 능력의 차이로는 도저히 설명할 수 없을 만큼 큰 이유는 무엇일까?

운동 경기에서도 우승자와 준우승자 간의 상금 차이는 크다. 단 1점 차로 이기거나 연장전까지 가서야 겨우겨우 우승을 차지했다 해도 우승자는 준우승자에 비해 훨씬 많은 상금과 영광을 차지한다.

이러니 너도나도 1등에 매달리지 않을 수 없다. 7전 4선승제의 결승전에서 4승 3패로 아깝게 지더라도 준우승자가 받는 상금은 우승자의 몇 분의 일에 불과하다.

어느 분야에서나 1등과 2등의 수입 차이는 있게 마련이지만 연예나 스포츠 시장에서는 그 차이가 유독 크게 벌어진다. 이들 시장에서 극소수의 슈퍼스타에게 수입이 집중되는 것은 해당 시장의 특수성 때문이다.

연예나 스포츠 시장과는 달리 미용 서비스 시장의 경우에는 1등과 2등 사이의 수입 차이가 크지 않다. 왜 그럴까?

누구나 우리나라 최고의 미용 기술을 지닌 미용사에게 머리 손질을 받고 싶어 하지만, 실제로 서비스를 받을 수 있는 것은 극히 제한된 수의 사람뿐이다.

아무리 뛰어난 미용사라 하더라도 한 시간에 한 명의 고객에게 서비스를 제공하는 것이 고작이다. 그렇다고 머리 손질 요금을 수천만 원씩 받을 수도 없는 노릇이다. 그러므로 유명한 미용사는 평범한 미용사에 비해 약간 더 많은 수입을 벌어들일 뿐이다.

연예 시장은 사뭇 다르다. 한 번 공연을 통해 동시에 수만 명에게 서비스를 제공할 수 있다. 평소에는 음원을 통해 언제 어디서나 동시에 수백

슈퍼스타 현상
예능이나 스포츠 분야에서
소수의 슈퍼스타에게 수입
이 집중되는 현상을 말한다.

만 명, 아니 수천만 명이 아이돌 그룹의 노래를 즐길
수 있다.

기술과 매스컴의 발달은 시장을 확대하고 경제적
가치를 부풀림으로써 슈퍼스타 현상*을 한층 심화시
키고 있다. 비행기를 타고 해외에까지 공연을 보러 다니는 사람들도 있
다. 유튜브를 통해 해외에서도 한류 아이돌 스타의 신곡 뮤직비디오를
아무 때나 손쉽게 보고 들을 수 있다. 전 세계가 시장이다.

과거에는 슈퍼스타 현상이 존재하지 않았던 시장마저 기술의 발전으
로 바뀌고 있다. 솜씨 좋은 요리사가 요리한 음식을 먹고 싶은 사람은
그 요리사가 운영하는 식당을 방문해야 했다. 스타 요리사는 하루 저녁
동안 기껏해야 수십 명에게만 음식을 제공할 수 있었다.

그러나 기술의 발달에 힘입어 오늘날에는 스타 요리사가 광고를 통해
수입을 올릴 뿐만 아니라 홈쇼핑을 통해 전국적으로 음식을 판매할 수
도 있다. 요리계에도 슈퍼스타 현상이 나타나게 된 것이다.

🪙 노동을 공급하고 얻는 경제적 지대

아이돌이든 요리사든 직장인이든 선생님이든 자신의 노동을 공급해
무언가를 생산하고 그 대가로 소득을 얻는다는 점에서는 다를 바 없다.
그리고 이들이 현재의 직업에 종사하면서 소득을 버는 것은 다른 일을
할 때 벌 수 있는 소득, 즉 기회비용보다 지금의 소득이 더 크다고 생각
하기 때문이다. 만약 기회비용 쪽이 더 크다면 현재의 일자리를 포기하
고 새로운 일자리로 옮길 것이다.

현재 버는 소득 > 기회비용(= 다른 곳에서 벌 수 있는 소득)

위 관계식을 다음처럼 정리할 수도 있다.

현재 버는 소득 − 기회비용 = 경제적 지대 > 0

노동을 공급하면서 사람들은 다른 곳에서 벌 수 있는 소득(기회비용)보다 더 많은 소득을 벌어들이는데, 이 차이를 '경제적 지대(economic rent)'라고 한다.

소비자가 재화 구입비보다 더 큰 만족을 느껴 소비자 잉여를 얻고 기업이 생산비보다 더 높은 가격을 받아 생산자 잉여를 얻는 것처럼, 노동을 공급하는 사람들은 경제적 지대라는 덤을 얻는다. 사실 경제적 지대는 부르는 이름만 다를 뿐, 기업이 누리는 생산자 잉여와 성격이 같다.

노동을 공급하는 사람은 저마다 경제적 지대를 얻지만 자신의 소득 가운데 경제적 지대가 차지하는 비중은 사람마다 다르다. 자신이 공급하는 노동이 아무나 공급할 수 있는 평범한 노동일수록 현재 소득은 기회비용에 가까워진다. 아무나 할 수 있는 일이라면 기회비용 이상으로 많은 소득을 벌기 힘들다는 뜻이다.

반면에 다른 사람들이 쉽게 공급하기 어려운 노동을 보유하고 있다면 이야기가 달라진다. 아무나 할 수 없는 일이므로 기회비용보다 훨씬 많은 소득을 벌 수 있다. 결국 희소성이 핵심인 것이다.

많은 청소년들이 아이돌 스타가 되기를 꿈꾸지만 극소수만이 실제로 데뷔를 하고 그 가운데 오직 일부만 성공을 거둔다. 성공한 아이돌 스타에게는 희소한 능력이나 기능이 있다.

가창력, 랩, 춤 실력, 개인기, 예능감 등 남들과 차별화된 능력을 갖고 있거나 그도 아니면 자신만의 독특한 캐릭터라도 있게 마련이다. 희소한 능력을 공급한 대가로 상당한 크기의 경제적 지대를 버는 것이다.

연예인이 아니라 하더라도 자신이 속한 분야에서 경제적 지대를 많이 얻고자 하는 사람은 자신의 노동을 다른 사람들과 차별화할 수 있도록 스스로 투자하고 노력해야 한다.

보통 사람들이 지니지 못한 능력이나 기술을 보유한 사람은 그렇지 않은 사람들에 비해 더 많은 경제적 지대와 소득을 얻을 수 있다.

 알쏭달쏭 경제학 개념 이해하기

㉟ **초과 수요** 특정 가격에서 수요량이 공급량보다 많은 상태.

㉠ **다각화** 투자 위험을 줄이기 위해 여러 가지를 혼합해서 분산 투자하는 기법.

㉡ **경제적 지대** 현재 벌고 있는 소득에서 다른 일로 벌 수 있는 소득을 뺀 값.

가수야,
연기자야

위험 분산, 포트폴리오, 범위의 경제

비, 수지, 준호, 임시완, 설현, 혜리에게서 찾을 수 있는 공통점은 무엇일까? 가수와 연기자를 병행하고 있다는 점이다. 그래서 이들의 직업을 가수라고 해야 할지, 아니면 연기자라고 해야 할지 판단하기가 어렵다.

이와는 반대로 연기자가 음반을 내고 가수를 겸업하는 사례도 많다. 또한 원래 가수이지만 예능 프로그램에 많이 출연해서 본업이 뭔지 아리송한 하하, 김종국, 윤종신 등도 있다.

만약 한두 명이 이렇다면 특별한 사례이겠거니 하면서 넘어갈 수도 있지만 이처럼 많은 사람들이 다른 영역으로 활동을 확장하는 것을 보면 뭔가 합리적 이유가 있을 것이다. 그럼 지금부터 멀티 플레이어의 비밀을 파헤쳐 보자.

🪙 위험하지만 높은 수익, 안전하지만 낮은 수익

10년 넘게 꾸준히 모든 돈 1억 원을 어떻게 굴릴지 고민 중인 사람이 있다고 하자. 만약 1억 원을 은행에 예금한다면 원금에 대해서는 염려할 필요가 없다. 그런데 이 세상에 공짜는 없는 법이다. 은행에 맡길 경우 원금의 안전성 보장이 장점이라면, 단점은 예금에서 발생하는 이자가 매우 적다는 것이다.

안정성이 높다는 것은 위험이 적다는 뜻이므로 은행 예금은 저위험, 저수익*이라는 특징을 지닌다. 예금은 돈을 보전한다는 측면에서는 탁월하지만 더 많이 불리는 데는 효과적이지 못하다.

이와 대조적으로 돈을 빨리 불리려는 목적에서 1억 원으로 주식 투자를 할 수도 있다. 모든 일이 예상대로 잘 진행된다면 고수익을 기대할 수 있지만, 종목을 잘못 고를 경우에는 원금마저 까먹을 수 있다는 위험이 있다. 다시 말해 주식 투자의 특징은 고위험, 고수익*이다. 주식 투자는 돈을 불린다는 측면에서는 효과적이지만 원금을 보전한다는 측면에서는 바람직하지 않다.

이런 특성을 고려할 때 갖고 있는 돈을 예금이든 주식 투자든 어느 한쪽에 집중시키는 것은 현명하지 않다. 대신 서로 다른 특성을 지니고 있는 예금과 주식 투자에 적절하게 분산하는 것이 돈 관리의 핵심 원리다.

이 원리는 축구에서의 선수 구성에도 적용할 수 있다. 리오넬 메시는 분명히 우수한 축구 선수지만 선발 11명 모두를 메시 같은 공격수로 구성해서 "닥치고 공

> **저위험, 저수익**
> (low risk, low return)
> **고위험, 고수익**
> (high risk, high return)
> ······················
> 금융 상품의 위험 정도와 수익성은 같은 방향으로 움직이는 경향이 있다.
> 즉 원금에 손실이 발생할 위험이 적고 안전한 금융 상품은 수익성도 낮다. 반대로 수익성이 높은 금융 상품은 원금에 손실이 발생할 위험이 높아 안전성이 떨어진다.

격!" 전략을 구사하면 결코 승리하지 못한다. 골문이 허술해지기 때문이다.

반면에 뛰어난 수비수로만 선발을 구성하면 골문을 지키는 데는 효과가 있지만 득점을 하기가 어려워 역시 승리하지 못한다. 공격수, 미드필더, 수비수를 적절히 구성해야 하고, 미드필더도 공격형과 수비형을 상황에 따라 적절히 배치할 수 있어야 훌륭한 감독이다.

돈 관리를 축구에 대입해 보자. 수비수는 예금이라 할 수 있다. 적절한 규모의 예금을 통해 안전성을 확보한다. 동시에 수익을 추구하기 위해 공격수에 해당하는 주식 투자를 한다. 미드필더로는 채권을 들 수 있다. 상대방 팀의 수준에 따라 선수 구성이 달라지듯 금융 시장의 상황에 따라 예금, 주식, 채권의 구성비를 달리해야 한다.

물론 이처럼 자금을 분산하는 전략에도 단점이 있다. 여러 가지 자산을 동시에 관리해야 하므로 머리가 복잡하고 생각해야 할 것도 늘어난다. 그렇더라도 한꺼번에 모든 것을 잃어버리는 것보다는 낫다.

🪙 계란을 한 바구니에 담지 마라

사람들이 자산을 분산해서 관리하는 가장 중요한 이유는 손실 위험을 줄이기 위함이다. 자산 관리를 실패하는 사람들에게서 찾아볼 수 있는 가장 흔한 실수는 단번에 자산을 크게 불리려는 욕심 때문에 무리하게 한곳에 집중 투자하는 것이다.

예를 들어 자산을 하나의 주식 종목에 투자했다가 주가가 급락하면 보유 자산에 치명적인 손실이 발생해 회복이 불가능해질 수도 있다. 반면에 자산을 여러 종목에 분산해 투자하면 한 종목에서 큰 손실이 발생하더라도 다른 종목에서 발생하는 수익으로 보완할 수 있다. 여러 종목에서 동시에 손실이 발생할 확률은 매우 낮기 때문이다. 이것이 분산 투자의 효과이다.

"계란을 한 바구니에 담지 마라"라는 속담은 괜히 만들어진 것이 아니다. 그만큼 한 바구니에 담는 사람들이 많다는 것이다. 투자자들이 위험한 줄 알면서도 한곳에 집중 투자하는 것은 대박의 유혹에 넘어간 탓이다.

분산 투자를 하다가 어느 한 가지가 매우 높은 수익을 내면 "여기에 전부 투자할걸" 하는 생각이 들고 다음 투자 때 실제로 그렇게 하기도 한다. 그러나 대박이 날 곳을 정확하게 집어낼 줄 아는 사람은 단언컨대 이 세상에 없다.

돈을 분산해서 관리하면 당연히 여러 가지 금융 상품을 보유하게 되는데 자신이 보유하고 있는 상품 목록을 포트폴리오(portfolio)라고 한다. 그래서 분산 투자를 해야 한다는 말을 "포트폴리오를 구성해야 한다"라고도 표현한다.

자신이 보유하고 있는 전체 자산을 합리적으로 관리하기 위해서는 스스로가 처한 상황과 자산의 규모에 맞게 자신만의 포트폴리오를 적절히 구성할 줄 알아야 한다.

위험 분산의 필요성은 비단 자산 관리에만 유효하지는 않다. 식당을 운영하는 경우에도 필요하다. 냉면을 맛있게 만들 자신이 있다고 해서 한 가지 메뉴만 제공한다면, 날씨가 추워질 경우 손님의 발길이 뚝 끊길 우려가 있다. 만두나 갈비탕도 메뉴에 추가한다면 날씨 때문에 손님이 급감할 위험을 어느 정도 줄일 수 있다.

물론 한 가지 메뉴만으로 승부를 거는 식당도 있지만, 이는 사시사철 그 메뉴를 찾는 손님이 끊이지 않는 극히 예외적인 경우에만 해당하는 이야기다. 여러 가지 메뉴를 함께 제공함으로써 한 음식에서의 매출 감소를 다른 음식을 통해 보충하는 것이 위험 분산의 원리이며 합리적인 판단이다.

이제 가수들이 연기자를 겸업하는 현상을 경제 원리의 차원에서 이해할 수 있을 것이다. 비록 지금은 가수로 인기를 얻고 있다 해도 가수는 수명이 비교적 짧은 직종이다. 갑자기 인기가 식기라도 하면 실업자 신세가 될 위험이 있다. 다른 분야로까지 활동 범위를 넓힌다면 한 분야에서 인기가 식더라도 다른 분야에서 활동할 수 있다.

기업들도 위험을 분산하기 위해서 한 가지 사업에만 매달리지 않고 다양한 분야로 확장하는 다각화 전략을 선호한다. 사업을 다각화하면 하나의 사업이 망해도 한꺼번에 기업이 쓰러지지는 않는다.

그렇다고 무작정 사업을 확장한다고 해서 성공이 보장되지는 않는다는 사실을 명심할 필요가 있다. 사업 다각화 전략의 성공 가능성을 높이려면 적절한 사업을 잘 선택해야 한다. 이와 관련해 살펴볼 경제 원리는 바로 '범위의 경제'이다.

🪙 폭이 넓으면 좋은 범위의 경제

우유 회사는 흰 우유만 만들지 않는다. 초콜릿 우유와 딸기 우유도 만든다. 이게 다가 아니다. 요거트에 치즈까지 여러 상품을 만든다. 왜 우유 회사는 우유만 만들지 않고 이것저것 각종 유제품까지 만드는 걸까? 바로 요거트 회사와 치즈 회사를 각각 만들어 따로따로 생산하는 것보다 이득이기 때문이다.

그 이유를 알려면 먼저 이들 제품에 원유가 쓰인다는 공통점이 있다는 사실에 주목해야 한다. 회사가 우유를 만들기 위해서는 원유가 필요하고 원유를 저장, 가공하는 전문가와 생산 시설이 필요하다.

우유 회사가 요거트를 추가로 생산한다 해도 추가 인력과 시설이 필요하지 않다는 뜻이다. 기존의 인력과 시설을 활용할 수 있기에 비용을 절약할 수 있다. 핸드백 회사가 구두와 허리띠까지 함께 생산하는 것도 가죽 전문가와 시설을 공유하는 효과를 기대할 수 있기 때문이다.

이런 현상을 범위의 경제라고 한다. 기업이 생산하는 재화의 범위(영역)를 확대하면 유리해지는 현상으로서, 각 재화를 서로 다른 기업들이 따로 생산하는 경우보다 한 기업이 동시에 생산하는 경우에 생산비가 감소하는 모습을 보인다.

앞에서 한 기업이 특정 상품의 생산량을 늘릴 때 개당 생산비가 감소하는 현상을 규모의 경제라고 했다. 범위의 경제와 규모의 경제는 언뜻 비슷해 보이지만 엄밀히 다른 개념이므로 혼동하지 말아야 한다.

범위의 경제를 잘 보여주는 사례로 신문사가 있다. 신문사는 종이 일간지 외에 주간지도 함께 발간한다. 별도의 회사를 세워 주간지를 만드는 것보다는 기존의 신문사가 주간지도 함께 만드는 편이 유리하다. 일간지를 제작하는 인쇄 시설을 주간지 제작에도 그대로 활용할 수 있어서 생산비를 절감할 수 있다.

이뿐만이 아니다. 일간지에 실을 소식을 취재하는 기자도 공동으로 활용할 수 있다. 취재한 내용 가운데 일부는 일간지에 싣고 보다 상세한 기사를 주간지에 싣는 것이다.

그렇다고 기자 월급을 두 배로 줄 필요는 없으니 인건비도 절감된다. 더 나아가 일간지의 배송 차량과 판매망까지 그대로 활용할 수 있다. 그래서 대부분의 신문사는 일간지, 스포츠 일간지, 주간지, 월간지 등을 모두 제작하고 있다.

기업은 범위의 경제를 활용해 여러 가지 재화를 생산한다. 이는 경제적으로 합리적인 전략이며 사업을 다각화해 위험을 분산하는 데도 도움이 된다. 그렇지만 여러 가지 재화를 함께 생산한다고 해서 늘 범위의 경제와 이윤 증가를 보장받을 수는 없다는 사실에 주목해야 한다.

범위의 경제는 성격이 유사하거나 연관성이 높은 상품들을 함께 생산할 때 실현될 수 있다. 만약 기업이 생산 시설이나 기술을 공유할 수 없는 재화를 추가로 생산하기로 한다면 범위의 경제 효과는 기대하기 어렵다.

반도체 기업이 갑자기 우유를 생산하기 시작했다고 상상해 보면 이해하기 쉬울 것이다. 아무런 관련성도 없는 분야까지 사업 영역을 무분별하게 넓히는 것은 문어발식 확장이라는 비판을 피해 갈 수 없다.

🌳 알쏭달쏭 경제학 개념 이해하기

㉒ 분산투자 보유 자산을 한 곳에 집중하는 대신 여러 곳으로 나누어 투자하는 것으로, 투자에 따른 손실 위험을 줄이는 효과가 있다.

㉓ 채권 기업이나 정부가 돈을 빌리면서 발행해 주는 차용 증서.

㉔ 포트폴리오 자신이 보유하고 있는 자산 목록.

㉕ 범위의 경제 한 기업이 여러 재화를 함께 생산할 경우 따로 생산할 때보다 생산비가 적게 드는 현상.

하나에 하나를 더하면
둘보다 커진다

시너지 효과, 메기 효과

2012년 〈슈퍼스타K4〉에서 로이킴과 정준영은 〈먼지가 되어〉를 함께 불렀다. 반응은 가히 폭발적이었다. 심사위원들도 극찬했으며 다음날부터 음원 시장을 휩쓸다시피 했다. 지금까지도 많은 사람들은 이 노래를 즐겨 듣는다.

정준영과 로이킴은 따로 놓고 보아도 좋은 가수들임에 틀림없지만 〈먼지가 되어〉의 성공은 듀엣이었기에 가능한 일이었다. 두 사람이 함께 부름으로써 최고의 걸작이 탄생한 것이다.

음악 시장에서 이처럼 시너지(synergy) 효과를 기대하는 공동 작업, 컬래버레이션(collaboration)이 유행하고 있다. 아이유는 임슬옹과의 컬래버레이션으로 〈잔소리〉를 발표해 공전의 히트를 쳤다. 김창완과도 손을 잡고 색다른 감동을 선사하기도 했다. 바이올린, 비올라, 첼로는 따로 따로 연주해도 감미롭지만, 세 대의 악기가 함께 연주하는 현악 3중주가 한층 아름다운 선율을 들려주는 것도 시너지 효과라고 할 수 있다.

🪙 뭉치면 좋은 시너지 효과

시너지 효과에서는 '1+1 > 2'가 가능하다. 수학적으로는 불가능한 일이지만 경제에서는 충분히 가능하다. 우리는 여러 분야에서 시너지 효과를 발견할 수 있다.

스마트폰은 휴대 전화와 디지털카메라를 융합해 사회를 통째로 바꿔 놓는 위력을 발휘했다. 여기에 인터넷, MP3, 동영상 감상 기능까지 결합하면서 스마트폰은 시너지의 대표적인 제품 사례로 자리 잡았다.

둘 이상의 기업이 합병을 하는 것도 시너지 효과를 기대하기 때문이다. 예를 들어 다음커뮤니케이션과 카카오는 2014년에 합병해 다음카카오가 되었다. 두 회사는 "다음커뮤니케이션이 보유한 우수한 콘텐츠, 서비스 비즈니스 노하우, 전문 기술과 카카오의 모바일 플랫폼 경쟁력이 결합하면 최상의 시너지 효과를 낼 것"이라며 합병 이유를 밝혔다.

만약 수학에서처럼 '1+1=2'라면 굳이 회사들이 합병을 할 이유가 없이 각자 독립적으로 영업을 해나가면 된다. 그러나 경제적 효과 측면에서 보면 두 회사가 독자적으로 활동할 때보다 결합해서 하나의 회사로 활동할 때 새로운 에너지와 동력을 만들어낼 수도 있다.

두 조직의 구성원들 사이에 긍정적인 관계가 형성되고 상호 작용과 소통이 원활하게 이루어지면, 각자 독립적으로 일할 때보다 효율적이기 때문이다.

물론 두 기업이 합병한다고 해서 시너지 효과가 자동적으로 생겨나는 것은 아니다. 실제로 합병 후 상황이 악화된 사례도 많다. 대부분은 두 조직의 구성원들 사이에 갈등이 발생해 시너지 효과가 나타나지 않은 결과다.

〈슈퍼스타K〉나 〈쇼미더머니〉가 참가자들에게 공동 작업 과제를 부여하는 이유도 그들이 서로 협력할 수 있는 사람들인지를 확인하기 위해서다. 어떤 참가자는 혼자서 노래할 때에 비해 훨씬 못한 결과를 낳아 심사위원들이 실망하는 장면을 자주 볼 수 있다.

어느 동네든 흔히 '먹자골목'이라고 부르는 곳이 존재한다. 음식점들이 한데 몰려 있으면 경쟁이 치열해 경영하기가 힘들 것 같지만 따로 떨어져 있을 때보다 오히려 장사가 더 잘 된다고 한다. 한곳에 몰려 있으므로 훨씬 많은 고객을 끌어들일 수 있어서 시너지 효과가 발생하기 때문이다.

🪙 경쟁력을 높이는 메기 효과

지금은 사라졌지만 〈나는 가수다〉라는 프로그램은 우리나라 방송 역사에 한 획을 그었다. 여기에 출연한 가수들은 새롭거나 낯선 얼굴이 아니었으며 기존 우리나라 음악 시장에서 이미 활동하고 있던 사람들이었다. 그럼에도 불구하고 이 프로그램이 높은 시청률을 기록할 수 있었던 것은 가수들의 열창과 수준 높은 음악이 있었기 때문이다.

왜 이 프로그램이 시청자들에게 보다 수준 높은 음악을 전달할 수 있었을까? 여기에 대한 답을 다음의 미꾸라지 이야기에서 찾아보자.

논을 둘로 나누어 한쪽 논에는 미꾸라지만 넣고, 다른 쪽 논에는 메기와 미꾸라지를 함께 넣으면 어떻게 될까? 메기를 넣은 쪽 논의 미꾸라지가 훨씬 더 건강하고 활발하게 움직이는 모습을 관찰할 수 있다. 메기에게 잡아먹히지 않으려고 긴장하고 움직였기 때문이다. 이를 메기 효과라고 부른다.

위기의식을 느끼지 못하거나 위협적인 경쟁자가 없는 기업은 나태해져 경쟁력을 잃기 쉽다. 반대로 끊임없이 위협을 느끼고 자극을 받는 기업은 생존을 위해 노력하고, 그 결과 경쟁력이 높아진다.

국내 토종 기업들이 운영하는 대형 마트만 있던 우리나라에 세계 최대 규모의 월마트가 진출한 적이 있다. 위기감을 느낀 국내 대형 마트들은 이에 굴하지 않고 월마트와 경쟁하기 위해서 한국 소비자의 마음을 끌 수 있는 다양한 전략을 적극 도입했다.

결국 두 손을 든 월마트는 한국 시장에서 철수할 수밖에 없었고 우리나라 대형 마트들의 경쟁력은 한층 높아졌다. 이에 힘입어 이제는 우리 대형 마트가 역으로 해외 시장에 진출하기 시작했다.

사람도 마찬가지다. 경쟁이라는 자극이 없으면 나태해지기 쉽다. 누구나 편한 것을 좋아하기 마련이다. 〈나는 가수다〉는 기존의 유명 가수들 간에 경쟁을 도입했다. 아무리 유명하고 경력이 화려한 가수라 하더라도 경쟁에 져서 탈락하지 않기 위해 혼신을 다해 준비를 하고 공연을 했다. 노래 한 곡을 위해 일주일 내내 수없이 반복해서 연습했다. 그러니 좋은 노래가 나오지 않을 리 없다.

이 프로그램이 폐지된 이후에도 경쟁을 통한 서바이벌이라는 요소는 다른 프로그램들에 계승되어 끊임없이 새로운 형태로 발전, 진화하고 있다. 〈불후의 명곡〉, 〈히든싱어〉, 〈복면가왕〉 등의 프로그램은 비록 포맷은 제각각이지만 경쟁과 생존이라는 공통점을 갖고 있다.

 알쏭달쏭 경제학 개념 이해하기

❻❻ **시너지 효과** 둘 이상의 요소, 사람, 기업이 결합될 때 더 큰 효과가 창출되는 현상.

❻❼ **메기 효과** 미꾸라지가 있는 곳에 메기를 넣으면 미꾸라지들이 피해 다니느라 경쟁력이 강해지는 효과.

의예과 정원이 늘지 않는 이유

우리나라 자연계 고등학생들이 가장 가고 싶어 하는 학과는 의예과이다. 실제로 매년 대학수학능력시험 성적이 발표되면 각종 학원과 언론을 통해 학과별 지원 가능 점수의 추정치가 발표되는데, 의예과는 수십 년째 최상위권을 확고부동하게 점령하고 있다.

서울대학교 비의예과와 지방대 의예과에 동시 합격한 학생들의 대부분은 지방대 의예과를 선택한다. 명문 대학교 인기학과에 합격했으나 의예과에 들어가기 위해 재수를 택하는 학생들도 많이 있다.

2015학년도 기준으로 우리나라 의예과 전체 모집 정원은 2,255명이다. 적지 않은 숫자지만 의예과 진학을 희망하는 고등학생들의 수에 비하면 턱없이 부족하다. 정원을 늘려주면 더 많은 고등학생들이 희망하는 의예과에 진학할 수 있고 재수의 길을 택하는 학생들도 줄어들 텐데, 왜 의예과 정원은 대폭 늘어나지 않는 걸까?

의사는 더 많은 의사가 생기는 것을 반대한다

의사가 학생들에게 인기 있는 이유는 직업이 안정적이라는 점도 있지만, 상대적으로 많은 소득을 벌 수 있기 때문이다. 그러면 의사는 왜 소득을 많이 벌 수 있을까?

의사 역시 수요와 공급에 의해서 소득(임금)이 결정된다. 당연히 희소해야 몸값이 비싸진다. 의사 수요에 비해 공급이 적으면 의사의 소득이 올라간다. 의사에 대한 수요는 환자 수 또는 질병 발병 정도에 달려 있으므로 수요를 인위적으로 조정하는 것은 불가능하다. 반면에 공급은 조정이 가능하다. 의예과 입학 정원을 변경하는 방법으로 해결할 수 있다.

그러나 의사 공급이 증가하면 의사들의 소득이 하락하므로 이를 달가워하지 않는 사람들이 있다. 현재 의사로 종사하고 있는 사람들이다. 공급이 한정된 시장에서 많은 소득을 벌고 있는 의사들은 신규 의사의 공급을 최대한 억제해서 고소득을 유지하고 싶어 한다.

의사들이 벌고 있는 고소득 가운데 상당 부분이 경제적 지대에 해당한다. 의사 공급이 제한적일수록 경제적 지대 또한 증가한다. 이를 잘 알고 있는 의사들은 대학교의 의예과 정원이 늘어나지 않도록 정부에 압력을 가한다. 이와 같이 공급을 억제해서 경제적 지대를 확보하려는 노력을 지대 추구(rent-seeking) 행위라고 부른다.

역사적으로도 지대 추구 행위는 빈번하게 이루어져왔다. 중세 유럽 도시에서는 상인과 수공업자들이 이익 단체인 길드를 조직했다. 각각의 길드는 소속 장인의 수를 엄격히 제한했고 지위를 세습하도록 했다. 야간작업을 제한했으며 제품 가격을 통제해서 자신들의 경제적 이익을 보호하는 등의 방법으로 상당한 특권을 누리기도 했다.

교사는 더 많은 교사가 생기길 바란다

의사와 교사 사이에는 공통점이 많다. 의사가 되려면 의예과에, 초등학교 교사가 되려면 교대에, 중고등학교 교사가 되려면 사범대에 들어가서 일정 기간 동안 공부한 후 국가시험에 합격해야 한다.

그런데 이들 사이에는 흥미로운 차이점이 있다. 의사들과는 달리 현직 교사들은 교대나 사범대 입학 정원 확대를 반대하지 않는다. 오히려 더 늘려달라고 요구한다. 왜 그럴까? 이러한 차이는 의사와 교사 간의 소득 결정 방식이 다른 데서 비롯한다.

의사의 소득은 시장에서 수요와 공급에 따라 결정되므로 공급이 제한적일수록 소득이 증가한다. 그러나 교사의 소득은 수요와 공급에 의해 결정되지 않고 정부의 공무원 보수 체계에 따라 정해진다. 교사 공급이 희소하다고 개별 교사의 소득이 증가하지는 않는다는 뜻이다.

그러므로 교사들에게는 지대 추구 행위를 할 동기가 없다. 신규 교사의 공급이 제한될수록 학교에서의 업무 부담만 증가할 뿐이므로 이들은 신규 교사들이 많이 공급되기를 원한다.

청소년들 역시 한 국가의 국민으로서 경제 생활을 하고 있다. 정부가 추진하는 경제 정책을 평가하고 의견을 피력할 수도 있으며, 만 19세가 되면 소중한 투표권도 행사하게 된다.

5장에서는 나와 우리 가족의 경제 생활에 밀접하게 영향을 미치는 빈부 격차, 국가 채무, 인플레이션, 실업, 경기, 자유 무역 등에 대해 살펴볼 것이다.

지금은 자신과 관련이 없는 일처럼 여겨질지도 모른다. 하지만 머지않아 나와 우리의 문제가 될 수도 있다는 마음가짐으로, 현재 우리나라가 겪고 있는 경제 문제와 이에 대처하기 위해 정부가 사용하고 있는 정책을 함께 고민해 보자.

5장

**국가 경제 이슈를 알고
경제학 마스터하기**

시장 경제에서
정부가 할 일

공공재, 무임승차, 공유자원의 비극, 외부 효과

KBS에서 방영하는 〈도전! 골든벨〉이 드디어 우리 학교에 왔다. 오후 수업을 하지 않는다는 게 가장 기뻤지만 우리 학교가 텔레비전을 통해 전국에 소개되고 잘만 하면 자신의 얼굴이 방송을 탈 수도 있다는 점에 많은 학생들이 흥분했다.

최후의 2인까지 남은 같은 반 친구가 교장 선생님에게 간청한다. "오늘 골든벨을 울리면 보충수업 없애주세요." 교장 선생님은 한 치의 망설임도 없이 크게 하트를 그린다. 학생들의 환호성 소리가 강당을 뒤흔든다.

그 학생은 친구들의 응원에 화답이라도 하듯 마침내 골든벨을 울렸다. 교장 선생님의 약속대로 학생들은 평소보다 일찍 집으로 향했다. 골든벨의 위력은 대단했다. 녹화 당일 집에 일찍 갈 수 있었던 것은 빙산의 일각에 불과했다.

프로그램이 방송된 다음 날부터 SNS를 통해 중학교 동창생들이 부럽다는 메시지를 보내왔다. 우리가 지나갈 때면 주변 사람들이 "오~ 골든벨 울린 학교" 하면서 대견하다는 시선을 던진다.

이러한 편익은 골든벨을 울린 학생만 누리는 것이 아니다. 같은 학교의 학생 모두가 더불어 편익을 누린다. 대부분의 학생은 골든벨을 울리는 데 아무런 기여도 하지 않았지만 똑똑한 친구가 쌓아올린 업적에 무임승차하고 있는 것이다. 여러 학생이 무임승차를 할 수 있는 것은 골든벨을 울린 당사자에게만 혜택을 한정할 방법이 현실적으로 없기 때문이다.

무임승차 행위가 더욱 적나라하게 드러나는 것은 조별 과제에서다. 같은 조에 속한 학생들이 비슷한 노력을 기울이고 각자의 역할을 충분히 다했을 경우에 가장 높은 과제 점수를 얻을 수 있을 것이다. 그러나 조원 가운데에는 다른 친구에게 의지해 자신은 별다른 노력을 기울이지 않은 채 조별 점수만 챙기는 학생이 꼭 있게 마련이다.

비록 적극적으로 무임승차를 하려는 마음은 없다 해도, 이왕이면 과제를 가장 잘 수행할 것 같은 학생과 같은 조에 편성되기를 은근히 기대해 그 친구의 능력에 어느 정도 무임승차하려는 마음은 누구에게나 있을 것이다.

🌼 무임승차가 가능한 공공재

현실의 경제 생활에도 무임승차 문제가 종종 발생한다. 비가 많이 오면 강이 넘치고 가뭄에는 식수를 구하기 힘든 지역 주민들이 댐을 건설하자는 데 뜻을 모은다. 댐 건설이 가져다줄 편익을 모두가 기대하는 눈치다.

문제는 댐을 건설하는 비용이다. 댐 건설로 혜택을 입게 될 지역 주민들에게 여러분을 위한 댐이므로 건설비를 내라고 하면 얼마나 많은 사람들이 자발적으로 건설비를 부담하려고 할까?

"나는 농사 안 지어. 댐이 꼭 필요한 건 아니야."

"우리 집은 강에서 멀리 떨어져 있어서 혜택이 크지 않아. 강가에 있는 집들만 내면 돼."

"우리 집은 식구가 두 명뿐인데 식구가 많은 집이 더 많이 부담해야지."

별의별 이유를 다 대가며 비용 부담하기를 꺼릴 것이다. 만약 댐 건설비를 부담한 집에만 편익이 돌아간다고 하면 돈이 아깝더라도 어쩔 수 없이 건설비를 부담할 것이다. 그러나 건설비를 내지 않은 집만 홍수 피해를 입도록 하는 건 불가능하다.

이처럼 댐에는 독특한 측면이 있다. 댐 건설비를 내지 않은 집도 일단 댐이 건설되면 홍수 예방, 농수 확보, 관광 등의 온갖 편익을 고스란히 누릴 수 있다. 이렇게 비용을 내지 않은 사람을 혜택에서 배제하지 못하는 현상을 '비배제적(비배타적)'이라고 한다.

댐에서 발견할 수 있는 두 번째 특성은 일단 건설되면 많은 사람들이 '동시에' 편익을 누릴 수 있다는 점이다. 어느 집이 홍수 예방이라는 편익을 누린다고 해서 그 옆집이 편익을 못 누리는 일은 없다. 두 집이 서로 먼저 혜택을 차지하려고 경합할 필요 없이 함께 사이좋게 누릴 수 있다. 이처럼 서로 다투지 않고 함께 혜택을 얻을 수 있는 현상을 '비경합적'이라고 한다.

여러 학생이 교실에서 함께 공부를 하더라도 형광등이 주는 불빛의 혜택은 공평하게 누릴 수 있다. 그러므로 교실의 형광등은 비경합적이라고 할 수 있다. 반면에 한 학생이 화장실을 이용하면 다른 학생은 그 칸을 이용할 수 없으므로 학교 화장실은 경합적이다.

우리 주위에 있는 대부분의 재화나 서비스는 배제적이면서 경합적이다. 예를 들어 학교 매점에서 음료수를 사 마시려면 반드시 돈을 내야하므로 배제적이다. 그리고 한 학생이 음료수 캔을 사면 다른 학생이 살수 있는 음료수 캔의 수가 감소하므로 경합적이다. 인기 있는 제품이라면 자칫 품절되어 마시지 못하는 학생이 나올 수도 있다.

그러나 어떤 재화나 서비스는 이와 정반대로 비경합적이면서 비배제적이다. 공공재가 그렇다. 댐, 국방, 치안, 가로등, 등대 등이 공공재에 해당한다.

예를 들어 국방의 경우 방위세를 내지 않은 경제 주체를 배제하고 방위세를 낸 경제 주체에게만 국방 서비스를 제공할 수는 없으므로 비배제적이다. 또한 새로 아이가 태어나 국방 서비스의 혜택을 소비하기 시작하더라도 기존 국민이 누리는 국방 서비스의 양에는 변함이 없으므로 비경합적이다.

🌿 정부에 주어진 경제적 역할

댐 건설을 민간 부문에 맡기면 비배제적 특성과 그로 인한 무임승차 행위 때문에 댐이 필요한 만큼 충분히 건설되지 않는다. 이로 인한 피해는 주민들이 고스란히 입게 되고 국민 전체의 후생 수준이 낮아지는 결과를 낳는다.

일반적으로 시장은 자원을 효율적으로 배분하고 국민의 후생을 보장해 준다고 알려져 있지만, 공공재의 경우에는 독특한 특성 때문에 자원의 효율적 배분과 후생 수준 최대화를 이루지 못하는 시장 실패 현상이 나타나기도 한다.

그러면 어떻게 해야 할까? 민간 부문이 실패할 경우 세 번째 경제 주체인 정부가 구원 투수로 나서야 한다. 댐을 충분히 건설하는 일이 정부가 해야 할 역할이다. 여기서 의문이 생긴다. 정부는 어떻게 댐 건설비를 조달할까? 바로 세금이다. 이런저런 명목으로 거둔 세금을 사용해 국민에게 꼭 필요한 공공재를 직접 생산해서 공급하는 것이다. 이처럼 시장경제 체제하에서도 정부의 역할은 여전히 존재한다.

공공재 때문에 시장 실패 현상이 나타나기도 한다고 말했지만, 공공재가 시장 실패의 유일한 요인은 아니다. 시장이 실패하는 데에는 공공재 외에 몇 가지 요인이 있다.

우선 공공재와 비슷하면서도 조금 다른 것으로 공유자원이 있다. 공유자원이란 바다의 물고기, 야생의 뱀, 산속의 도토리 등 사유 재산권이 부여되어 있지 않은 재화를 말한다. 이는 주인이 딱히 정해져 있지 않으므로 돈을 내지 않더라도 아무나 먼저 차지하는 사람이 임자가 되는 비배제적 특성을 지닌다.

비배제적이라는 점에서는 공공재와 같지만 공공재와 달리 공유자원은 경합적이다. 사람들이 많이 잡고 딸수록 빨리 고갈되고 다른 사람들이 먹을 양이 감소하기 때문이다.

그래서 사람들은 공유자원을 서로 먼저 차지하려고 경합한다. 코끼리, 호랑이, 곰, 고래, 명태 등이 멸종 위기에 처한 이유가 여기에 있다. 이를 '공유자원의 비극'이라 부른다. 이에 대처하기 위해 세계 각국 정부는 수렵 및 포획 자체를 금지하고 금어기를 설정하는 등의 규제를 내리거나 사유 재산권을 부여하는 방법으로 공유자원 보호에 나서고 있다.

독과점 기업도 시장 실패를 초래하는 요인이 될 수 있다. 독과점 기업이 시장 지배력을 악용해 불공정 행위를 하고 소비자를 착취하면 시장에서 자원이 효율적으로 배분되지 못한다. 과점 기업들이 담합해서 가격을 높게 유지하거나 기업끼리의 경쟁을 피하는 경우가 대표적인 사례다. 이를 금지하고 담합 기업을 처벌하는 것이 정부의 역할이다.

마지막으로 정보의 부족 때문에 시장이 실패할 수도 있다. 일반적으로 생산자인 기업이 소비자보다 제품에 대한 정보를 더 많이 보유하고 있는 것은 당연한 일이므로, 경제 주체 간 정보는 비대칭적으로 분포되어 있다고 할 수 있다.

공개되었을 때 기업에 유리한 정보라면 기업은 엄청난 광고비를 들여가며 소비자에게 알리려고 자발적으로 노력할 테지만, 제품의 결함과 같은 불리한 정보는 은밀하게 감추려 하므로 정보가 소비자에게까지 전달되지 않는다. 그 결과 소비자들의 합리적 의사결정에 지장을 초래한다.

이런 경우 정부는 기업 측에 핵심 정보를 공개하도록 하는 법을 제정하기도 한다. 음식의 원산지 표시가 대표적이다. 소비자들은 국산 식재료를 선호하지만 식당은 값싼 수입산 식재료를 쓰고 싶어 한다. 정부는 음식의 원산지를 반드시 식당 내부에 게시하도록 함으로써 소비자가 원산지를 파악한 후 음식을 선택할 수 있도록 돕는다.

또한 모든 과자에 영양 성분을 표시하고, 수입 과자에는 제조국과 제조일 또한 표시하도록 강제함으로써 소비자가 제품에 대한 정보를 쉽게 확인할 수 있도록 해주고 있다.

🌷 의도하지 않아도 생기는 외부 경제와 외부 불경제

영희는 끼도 많고 성격이 쾌활해서 쉬는 시간에 교실 분위기를 띄우고 공부에 지친 반 친구들에게 활력을 준다. 반면에 철수는 수업 시간마다 떠들거나 엉뚱한 짓을 해 수업 분위기를 망친다. 주위에 있는 친구들의 공부를 방해한다고 툭하면 선생님께 핀잔을 듣는다.

영희는 다른 친구들에게 긍정적인 영향을 미친다. 그렇다고 그에 대한 대가를 받거나 하지는 않는다. 그저 자기가 좋아서, 자기 성격대로 행동하는 것뿐인데 그 덕분에 친구들의 편익이 증가하는 '외부 경제'가 나타난다.

이에 비해 철수는 다른 친구들에게 부정적인 영향을 미친다. 수업 분위기를 망치고 공부 효과도 떨어뜨려 놓았지만 거기에 대해 아무런 피해 보상도 해주지 않는다. 교실에 '외부 불경제'를 초래한 셈이다.

현실 경제에서도 어느 경제 주체의 행위가 다른 경제 주체에게 긍정적인(좋은) 영향을 미치는 외부 경제 현상이 발생하곤 한다. 반대로 부정적인(나쁜) 영향을 미치는 외부 불경제 현상도 발생한다. 이 둘을 합쳐서 외부 효과 혹은 외부성이라고 부른다.

가죽을 생산하는 회사가 있다. 257쪽의 그래프를 보면 가죽에 대한 수요와 가죽의 공급이 만나 균형을 이룬다. 그런데 가죽의 공급 곡선은 한 개가 아니라 두 개이다. 첫 번째는 회사가 가죽을 생산하는 과정에서 지불하는 사적 비용(개인 비용)만 반영한 공급 곡선이다. 여러분들이 일반적으로 생각하는 것과 같은 공급 곡선이다.

하지만 가죽을 생산할 때는 생산비 말고도 환경 오염과 수질 오염이라는 비용이 추가로 발생한다. 외부 불경제 현상 때문이다. 이 비용까지 모두 포함한 사회적 비용은 사적 비용보다 크므로, 두 번째 공급 곡선은 첫 번째 공급 곡선보다 위쪽에 위치한다.

가죽 회사가 사적 비용만을 고려해서 의사결정을 할 때 가죽의 생산량은 R이다. 그러나 이는 사회적 비용을 포함하지 않았으므로 사회적 관점에서 볼 때 효율적인 상태가 아니다. 가죽을 생산하면서 기업이 사회에 미친 비용까지 모두 고려했을 때의 생산량 S가 자원을 가장 효율적으로 사용하는 최적 생산량에 해당한다.

가죽 회사가 자신이 사회에 미치는 부정적인 영향, 즉 자신이 사회에 입힌 피해를 생산비에 포함하지 않는 경우에는 사회적으로 바람직한 수준보다 더 많이 가죽을 생산하게 되므로 자원이 비효율적으로 사용되는 시장 실패 현상이 나타난다.

정부는 외부 불경제 문제를 해결하기 위해서 가죽 회사 측에 사회에

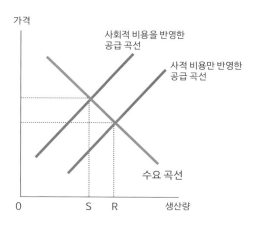

가격

사회적 비용을 반영한
공급 곡선

사적 비용만 반영한
공급 곡선

수요 곡선

0   S   R   생산량

외부 불경제와 공급 곡선

초래한 피해 비용을 추가로 부담하도록 규제한다. 이제 가죽 회사가 부담하는 비용이 사회적 비용과 일치하게 되므로 회사는 사회적 최적 수준인 S만큼 가죽을 생산하게 된다.

현재 우리나라는 이와 같은 목적에서 환경 오염세, 교통유발부담금 등을 각 기업 및 개인에게 부과하고 있다.

다른 경제 주체에게 긍정적 영향을 주는 외부 경제 현상도 외부 불경제 현상과 같은 논리이다. 기초 연구에 얼마를 투자할 것인지 고민하는 회사가 있다고 해보자. 역시 258쪽의 그래프를 보면 수요와 공급이 만나는 곳에서 균형이 이루어지는데 이번에는 수요 곡선이 두 개 존재한다. 첫 번째는 회사가 기초 연구를 통해 얻는 편익만 반영하는 수요 곡선이다. 여러분들이 일반적으로 생각하는 것과 같은 수요 곡선이다.

그런데 기초 연구가 이루어지면 해당 회사가 누리는 편익 외에도 사회적 편익이 추가로 발생한다. 다른 분야에서도 그 연구의 혜택을 간접적

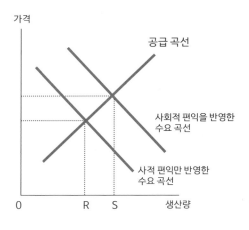

가격

공급 곡선

사회적 편익을 반영한
수요 곡선

사적 편익만 반영한
수요 곡선

0   R   S   생산량

외부 경제와 수요 곡선

으로 누리게 되는 외부 경제 현상이 나타나기 때문이다. 이러한 편익까지 모두 포함한 사회적 편익은 사적 편익보다 크므로, 두 번째 수요 곡선은 첫 번째 수요 곡선보다 위쪽에 위치한다.

회사가 사적 편익만을 고려해서 의사결정을 할 때 기초 연구의 생산량은 R이지만, 이는 사회적 편익을 포함하지 않았으므로 사회적인 관점에서 효율적인 상태가 아니다. 기초 연구를 통해 사회에 미친 편익까지 모두 고려했을 때의 생산량 S가 자원을 효율적으로 사용하는 최적 생산량에 해당한다.

이 회사가 자신이 사회에 미치는 긍정적인 영향을 고려하지 않는 경우에는 사회적으로 바람직한 수준보다 기초 연구를 덜 하게 되므로 자원이 비효율적으로 사용되는 시장 실패 현상이 나타난다.

정부는 이 문제를 해결하기 위해서 사회에 기여한 편익만큼을 보조금을 회사 측에 지급한다. 그러면 회사가 인식하는 편익이 사회적 편익과 일치하게 되므로 사회적 최적 수준인 S만큼 기초 연구를 수행한다.

이처럼 외부 불경제의 경우에는 세금을 부과하고 외부 경제의 경우에는 보조금을 지급함으로써 기업이 스스로 최적 생산량을 선택하도록 하는 정책은 경제 원리 측면에서 매우 우수하고 바람직하다. 그러나 실제로 이 정책을 시행하는 데에는 많은 어려움이 있다. 가장 큰 어려움은 사회에 초래하는 비용이나 편익을 정확하게 측정할 수 없다는 것이다.

그래서 정부는 대안으로 오염 물질 배출량을 법으로 규제하는 정책을 병행한다. 기업에게 특정 오염 물질 배출량을 줄이라고 명령하거나 정화 시설을 구비하도록 요구하는 일 등이 이에 해당한다.

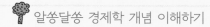
알쏭달쏭 경제학 개념 이해하기

68 비경합적 추가로 소비하는 사람이 나타나도 이미 소비하고 있던 경제 주체의 소비 가능성이 감소하지 않는 현상.

69 비배제적 사용에 따른 대가를 지불하지 않는 경제 주체를 소비하지 못하게 배제하기 어렵거나 불가능한 현상.

70 공공재 비배제성과 비경합성을 모두 지니는 상품.

71 공유자원의 비극 사유 재산권이 부여되지 않아서 비배제적이지만 경합적인 공유 자원이 쉽게 고갈되거나 멸종될 위기에 처하는 현상.

72 외부 경제 어느 경제 주체의 행위가 의도치 않게 다른 경제 주체에게 긍정적인(좋은) 영향을 미쳐 다른 경제 주체의 편익을 증가시키는 현상.

73 외부 불경제 어느 경제 주체의 행위가 의도치 않게 다른 경제 주체에게 부정적인(나쁜) 영향을 미쳐 다른 경제 주체의 비용을 증가시키는 현상.

금수저와
흙수저

양극화, 빈부 격차, 누진세, 낙수 효과

기록은 깨지기 위해 있다고 했던가. 우리나라에서 지속적으로 신기록을 경신하고 있는 부문 가운데 하나가 해외여행자 수이다. 해외여행을 소재로 하는 텔레비전 방송 프로그램이 인기리에 방영되고 세계 구석구석을 매력적으로 소개하고 있다.

그래서인지 마치 우리나라는 여행 공화국인 듯하다. 만나는 사람마다 얼마 전에 다녀온 해외여행 이야기를 나누는 모습이 마치 누가 몇 군데를 더 다녀왔는지 내기라도 하는 것 같다.

해외여행에는 돈이 많이 든다. 그럼 우리나라 사람들이 모두 부자가 되기라도 한 것일까? 그렇다면야 얼마나 좋겠느냐마는 불행히도 이런 뉴스 못지않게 우울한 소식도 자주 들려온다.

밥을 굶는 아이들, 노숙자, 나날이 증가하는 생계형 범죄, 생활고에 시

달리며 홀로 살던 노인이 싸늘한 시신으로 발견되었다는 등의 뉴스를 심심찮게 접할 수 있다.

이와 같은 상반되는 뉴스를 통해서 우리는 사람들 사이에 존재하는 소득 불평등이 얼마나 심한지를 피부로 느낄 수 있다. 한때 우리 사회를 뜨겁게 달구었던 수저 계급론 논쟁도 소득 불평등의 단면을 잘 보여준다.

부모의 사회적 위치나 재력이 좋은 사람을 금수저, 이와는 반대로 부모까지 봉양해야 하는 사람을 흙수저라고 부르면서 부모의 사회 경제적 수준이 자녀에게 그대로 대물림되는 경향을 비꼬았다.

🌸 커지는 소득 불평등, 숨막히는 세상

한 사회의 구성원 모두가 같은 정도의 소득을 벌지 못하는 것은 당연한 일이다. 수십억 원대 연봉을 받는 사람이 있는가 하면 쥐꼬리만 한 월급으로 줄줄이 딸린 식구를 부양하는 사람도 있다.

어디 이뿐인가. 대학 졸업 후에도 취업이 안 되거나 다니던 회사를 퇴직한 후 변변한 소득없이 부모에게 의존하는 젊은이들도 많다.

우리나라의 소득 불평등은 어느 정도이며 어떤 특징이 있을까? 한 국가 국민의 소득 불평등을 측정하는 지표로는 로렌츠 곡선, 십분위 분배율 등 여러 가지가 있지만 가장 널리 쓰이는 것은 지니 계수*이다.

지니 계수를 통해 살펴본 우리나라의 소득 불평등 추이는 다음의 두 가지로 요약할 수 있다. 첫째, 1990년대

> **지니 계수**
> **(Gini's coefficient)**
> ··············
> 이탈리아 통계학자인 코라도 지니(Corrado Gini)가 한 국가의 소득 불평등이 어느 정도인지를 측정하기 위해 개발한 지표. 지니 계수는 0과 1 사이의 값을 갖는다. 지니 계수가 0이면 모든 국민이 동일한 소득을 벌고 있음을 나타내며, 소득 불평등이 심해질수록 지니 계수의 값이 커진다.

**낙수 효과
(trickle down effect)**

대기업이 성장하면 그 영향이 다른 기업, 근로자, 저소득층까지 확산되는 현상. 피라미드 모양으로 컵을 층층이 쌓아놓고 맨 위의 컵에 물을 부으면 물이 넘쳐서 자연스럽게 아래쪽 컵으로 흘러내리는 현상에 빗댄 말이다.

이전까지는 눈부신 경제 성장에 힘입어 소득 불평등이 상당히 개선되었다. 둘째, 이와 같은 흐름은 1990년대 이후부터 달라지기 시작했고 특히 1997년 경제위기를 겪으면서 소득 불평등이 악화되었다.

1990년대 이전까지는 우리나라 경제에서 근로자의 임금이 빠르게 증가했고, 고도성장의 과실이 경제 주체들에게 비교적 고르게 분배되었다. 대기업이 성장하면 대기업에 부품을 공급하는 중소기업도 매출이 증가했고 근로자들의 임금도 늘어났다. 경제 성장의 결실이 저소득층을 포함해 경제 전반으로 확산되는 낙수 효과* 덕분이다.

그러나 1990년대에 들어와서는, 특히 1997년 경제위기 이후 이와 같은 낙수 효과가 제대로 나타나지 않고 있다. 대기업의 지속적인 팽창이 중소기업으로까지 이어지지 못해 기업 간 불평등이 확대된 결과, 우리나라 100대 기업이 버는 이익이 전체 50만 개 기업이 버는 이익의 60퍼센트나 차지하게 되었다.[10] 또한 기업의 수입이 근로자들에게까지 충분히 분배되지 못하고 있다.

🌼 왜 소득 불평등이 생기는 걸까?

소득 불평등 현상을 초래하는 원인을 한두 가지 요인만으로 설명하기는 불가능하다. 소득 불평등은 여러 가지 요인이 복합적으로 작용한 결과라고 보아야 한다.

기본적으로 소득은 노동을 공급한 대가로 받는 보수에 의해 결정된다. 즉 양질의 노동이나 뛰어난 경영 능력을 제공하는 사람은 그만큼 다른 사람에 비해 소득을 많이 번다. 이것이 소득 불평등이 발생하는 첫 번째 요인이다. 개개인이 지닌 육체적, 정신적 능력에 차이가 존재하므로 생산성과 소득이 달라진다.

게리 베커(Gary S. Becker, 1930~2014)
전통적 경제학의 영역에서 벗어나 결혼, 출산, 인종차별, 범죄, 마약 등 다양한 분야에 경제학 원리를 적용해 분석한 미국의 경제학자. 1992년에 노벨 경제학상을 수상했으며 대표 저서로 『인적 자본(Human Capital)』, 『차별의 경제학 (The Economics of Discrimination)』 등이 있다.

만약 개인의 능력이 순전히 유전적 요인에 의해 타고난 것이라면 능력의 차이를 해결할 수 있는 특별한 방안은 없다. 그러나 유전 요소가 전부는 아니다. 후천적으로 계발하고 노력해서 능력을 '습득'할 수도 있다.

교육과 훈련을 통해 사회가 필요로 하는 능력, 기술, 정보를 습득해 인적 자본(human capital)을 축적한다면 그렇지 않은 사람에 비해 더 많은 소득을 벌 가능성이 높다.

노벨 경제학 수상자 게리 베커*는 기업이 투자를 통해 기계나 생산 설비 같은 (물적) 자본을 구축해서 생산성을 높이는 것처럼, 개인도 스스로에 대한 투자를 통해 인적 자본을 구축해서 생산성을 높일 수 있다고 주장했다.

청소년들이 교육을 받는 것도 인적 자본을 구축하는 과정으로 볼 수 있다. 우리 경제가 고도화, 정보화 단계로 진행될수록 단순노동보다는 인적 자본의 중요성이 커지므로 교육과 훈련을 통해 자기 계발을 위한 투자를 끊임없이 함으로써 사회가 요구하는 인적 자본을 구축해야 한다.

소득 불평등을 결정하는 두 번째 요인은 상속이나 유산이다. 유산은 이전 세대의 불평등을 다음 세대로 이전시킨다는 점에서 소득 불평등을 결정하는 요인일 뿐 아니라 지속시키는 요인이기도 하다.

정부는 이로 인한 문제를 완화하기 위해서 상속 재산에 대해서는 높은 세율의 상속세를 부과하고 있다.

세 번째 요인은 개인적 선택이다. 여가와 노동, 소비와 저축, 취직과 사업 가운데 어느 것을 선택하는지에 따라서 소득 불평등이 심해질 수도 있다.

사회적, 제도적 요인이 소득 불평등을 초래하기도 한다. 세계화와 자유 무역의 확산으로 저가 상품이 수입되면서 저임금, 비숙련 근로자는 일자리를 잃는 반면에, 고임금, 숙련 근로자의 몸값은 상승하는 경향이 있다.

또 정보통신 기술이 발전하면서 갈수록 고학력, 고기술 노동자에 대한 수요가 집중적으로 증가하므로 이들의 임금은 가파르게 상승하는 반면에 저학력, 저기술 노동자의 임금은 정체된다.

🌸 소득 불평등을 완화하기 위한 정부의 노력

소득 불평등이 심화되면 사회가 불안정해지고 범죄, 자살, 집단 간 갈등 등 여러 사회 문제가 발생한다. 또한 사회 문제를 초래하는 데 그치지 않고 경제적으로도 결코 적지 않은 문제를 일으킨다. 그렇다면 소득 불평등이 경제에 미치는 영향에는 어떤 것이 있을까?

첫째, 소득 불평등이 심해지면 갈등 해소와 개혁을 요구하는 목소리가 높아져 경제가 불안해질 수 있다. 경제가 불안해지면 기업은 신규 투자를 망설이게 되고 정부는 사회 질서를 유지하기 위해 많은 비용을 지출해야 한다. 외국인들은 신규 투자를 꺼리고 기존에 투자한 자금을 회수해 다른 안정적인 국가로 옮겨간다.

둘째, 소득 불평등은 인적 자본의 축적에 부정적인 영향을 미친다. 자신의 인적 자본뿐 아니라 자녀의 인적 자본 구축을 위해서는 상당한 규모의 교육비 지출이 필요하다.

저소득층의 경우에는 소득이 충분치 못하거나 대출을 받기가 어려워 고가의 사교육은커녕 적정한 수준의 교육 투자조차 감당하기 어려울 수 있다. 이로 인해 소득 불평등이 대물림될 가능성이 있다.

이처럼 소득 불평등이 경제에 부정적 영향을 미치고 경제가 안정적으로 성장하는 데 장애 요인이 되므로 정부는 이를 개선하기 위해 여러 가지 소득 재분배 정책을 채택한다.

소득이나 재산이 많을수록 세율이 높아지는 누진세 제도는 소득 재분배를 위한 대표적인 정책 수단이다. 우리나라에서는 개인이 버는 소득에 부과하는 개인 소득세, 법인(또는 기업)이 버는 소득에 부과하는 법인세 모두 소득이 많을수록 세율이 높아진다.

예를 들어 개인 소득세는 소득이 적을 경우에는 6퍼센트를 세금으로 내지만, 5억 원이 넘는 소득에 대해서는 42퍼센트를 세금으로 낸다 (2018년 기준).

국민연금이나 고용보험도 소득 재분배 정책의 일환이다. 국민연금의 경우 기본적으로 보험료를 많이 낸 사람이 연금도 많이 받는다. 하지만 저소득층은 자신이 낸 보험료에 비해 상대적으로 연금을 더 많이 받는다. 반면에 고소득층은 저소득층에 비해서 상대적으로 연금 혜택이 적으므로, 고소득층에서 저소득층으로 소득이 이전되는 소득 재분배 효과가 있다.

여기서 잠깐, 소득 재분배 정책에도 득과 실이 있음에 주목해야 한다. 정부의 소득 재분배 정책이 자칫 사람들의 근로 의욕을 해칠 수도 있다는 우려가 제기되곤 한다.

예를 들어 누진세율을 피하기 위해 일을 적게 하거나, 일을 포기하고

공공부조
····················
최저 생활을 누릴 수 없는 사람들에게 국가가 물질적·비물질적 급여를 제공함으로써 국민 생활의 질을 향상시키려는 복지 제도이다.

정부의 공공부조*에 의지하는 사람들이 늘어난다면 좋은 취지에서 정부가 시행하는 재분배 정책이 경제에 오히려 악영향을 미치고 경제의 효율성을 떨어뜨릴 수 있다.

저소득층을 위한 교육 서비스 제공은 소득 불평등 완화와 경제 성장에 함께 기여할 수 있는 정책으로, 오래전 유럽에서 이미 효과가 입증된 바 있다. 인적 자본의 중요성을 인식한 영국은 19세기 후반부터 공교육을 확충하기 시작했다. 1880년 처음으로 의무 교육이 실시되었으며 1890년에는 기술 교육을 위한 공적 기금을 조성했다.

프랑스도 이 시기에 무상으로 의무 초등 교육을 시작했다. 독일은 기술 훈련을 강화하고 기초과학을 산업에 적용하도록 지원하는 자금을 제공했다.

이러한 노력에 힘입어 이들 국가에서는 근로자들의 임금이 크게 상승했고 소득 분배 상황이 눈에 띄게 개선되었다. 이는 중산층의 확대와 지속적이고 안정적인 경제 성장의 토대가 되었다.[11]

✿ 경제에도 민주화가 필요하다고?

우리나라의 소득 불평등 문제를 이야기할 때 꼭 따라다니는 주제가 양극화다. 두 현상은 서로 연결되어 있지만 약간 다른 양상을 보인다. 양극화는 중산층이 감소하면서 소득 분포가 고소득층과 저소득층 중심으로 쏠리는 현상을 말한다. 우리나라에서는 소득 불평등이 심화되고

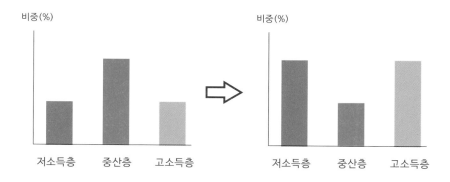

비중(%)   비중(%)

저소득층 중산층 고소득층   저소득층 중산층 고소득층

소득의 양극화 현상

있을 뿐만 아니라 양극화 현상마저 두드러지게 나타나고 있다.

　우리나라에 양극화 현상을 초래한 요인으로 비정규직 확산을 꼽을 수 있다. 1997년 경제위기를 겪은 기업들은 인건비를 절감하기 위해 비정규직 근로자를 대거 채용했다. 같은 일을 하면서도 정규직에 비해 낮은 임금을 받는 비정규직의 확산은 고임금 근로자와 저임금 근로자 사이의 임금 격차를 벌리는 데 일조했다.

　양극화 현상은 비단 개인의 소득 분포에 그치지 않고 우리 사회 전반에 걸쳐 나타난다. 예를 들어 대기업과 중소기업 간에도 양극화 현상이 문제가 되고 있다. 성장의 과실이 대기업으로 편중되어 흘러드는 바람에 경기 침체가 찾아와 중소기업의 어려움이 상대적으로 더 가중되는 형편이다.

　기업 간 양극화 현상의 단면을 들여다볼 수 있는 것이 식당의 사례다. 주위를 보면 조그마한 분식집을 차리고 얼마 지나지 않아 빚만 남긴 채 문을 닫는 경우를 종종 볼 수 있다. 비록 아직 문을 닫지는 않았더라도 손님이 별로 없어 파리만 날리는 영세 식당들도 많다.

　그렇다고 모든 식당이 어려움을 겪고 있는 것은 아니다. 예를 들어 랍스터를 마음껏 먹을 수 있는 한 뷔페식당은 예약하기가 하늘의 별따기와 같다. 가격이 저렴하지도 않다. 한 끼 식사 가격이 무려 100달러 (2016년 10월 기준 약 11만 원)가 넘는다.[12]

생활이 어려운 독신 노인의 한 달 식비에 버금가는 셈이다. 한 유명 요리사가 운영하는 식당도 코스 요리가 10만 원이 넘지만 식사를 하려는 손님들이 줄을 서서 기다린다.

소득 불평등과 양극화 문제가 심각해지자 경제도 민주화할 필요가 있다는 주장이 제기되었다. 민주화는 정치 분야에서 쓰이는 용어로 모든 국민이 동등하게 한 표씩의 의사결정권을 보유하는 것을 말한다. 그런데 왜 경제에 민주화라는 말을 사용할까? 이 표현의 유래는 헌법 119조 2항에서 찾을 수 있다.

> 국가는 균형 있는 국민 경제의 성장 및 안정과 적정한 소득의 분배를 유지하고, 시장의 지배와 경제력의 남용을 방지하며, 경제 주체 간의 조화를 통한 경제의 민주화를 위해 경제에 관한 규제와 조정을 할 수 있다.

우리나라는 시장 경제를 바탕으로 하고 있으므로 개인의 자유를 지나치게 침해하지 않는 한도 내에서 모든 사람이 공평한 기회를 갖게 해 불평등을 완화하자는 것이 경제 민주화의 취지다.

이를 위해 우리나라는 재벌과 대기업을 규제하고 중소기업을 보호하는 데 정책의 초점을 두고 있다. 대기업이 중소기업의 기회를 박탈함으로써 부를 집중적으로 축적해 불균형이 심화되고 있다는 진단에 따른 것이다.

이에 따라 대기업이 운영하는 대형 마트는 의무적으로 휴일을 정해서 영업을 쉬어야 한다. 또한 중소기업이 담당하는 것이 적합하다고 판단되는 업종(예를 들면 빵집, 두부, 간장 등)에는 대기업이 새로 진입하지 못한다. 이 밖에 대기업이 납품 업체인 중소기업에게 저지르는 '갑질'(예를 들면 납품 단가 후려치기, 뒷돈 요구하기, 기술 탈취 등)을 근절하기 위한 노력도 기울이고 있다.

> **중소기업 적합업종 제도**
> 대기업 때문에 중소기업의 경영 악화가 우려되는 업종을 지정해 대기업의 신규 진입을 금지하는 제도이다.
> 이를 통해 중소기업은 경쟁력을 확보하고 중견기업으로 성장할 기회를 얻게 된다. 대기업은 해당 업종에 더 이상 설비 투자를 하지 못한다.

그러나 인위적인 정부 개입을 반대하는 사람들은 우리나라의 경제 민주화가 지나친 대기업 때리기로 변질되었으며, 중소기업을 보호하는 정책 때문에 오히려 중소기업의 경쟁력이 약화될 것이라고 비판하고 있다.

또한 중소기업 적합업종 제도°의 규제를 받지 않는 외국계 대기업이 우리나라 대기업이 철수한 자리를 비집고 들어와 어부지리로 이득을 취하는 부작용도 나타나고 있다.

 알쏭달쏭 경제학 개념 이해하기

㉔ **소득 불평등** 개인 간 또는 세대 간 소득 분포가 균등하지 않은 상태.

㉕ **소득 양극화** 중산층이 감소하면서 소득 분포가 고소득층과 저소득층 중심으로 쏠리는 현상.

㉖ **누진세** 과세 대상이 되는 소득이나 재산이 증가함에 따라 세율이 높아지는 형태의 세금.

㉗ **인적 자본** 노동을 더욱 생산적으로 만드는 데 기여하는 사람들의 지식, 기능, 태도, 창의력 등.

빛을 권하는
세상

대출, 부채, 레버리지, 국가 채무

직장인 모바일 대출, 영업점 방문 없이 대출 가능

대출 기준을 확 낮춘 주택 전세 자금 대출

고객 등급에 따라 특별 우대 금리 제공

홍수를 이루고 있는 은행의 대출 광고들이다. 어디 이뿐이랴. 케이블 방송에서는 돈을 대출받으라는 대부 업체의 광고가 하루 402회나 전파를 탄다고 한다.[13] 대부 업체의 광고는 은행 광고보다 한층 자극적이고 유혹적이다.

전화 한 통화면 즉시 대출

첫 달 이자 면제

어른들에게는 돈을 빌려주겠다는 휴대 전화 문자가 하루가 멀다 하고 날아온다. 돈을 빌려주는 방법도 다양하다. 마이너스 통장, 신용카드 대출, 주택 담보 대출, 보험 약관 대출 등 온갖 방법으로 빚을 내 쓰라고 유혹한다.

마이너스 통장은 내 계좌에 잔액이 없더라도 미리 정해 놓은 금액까지는 인출할 수 있도록 해 잔액이 마이너스가 되는 대출 방법이다. 신용카드 대출은 신용카드로 현금을 인출하는 방법으로 돈을 빌리는 것이며, 보험 약관 대출은 자신이 가입한 보험을 담보로 해서 받는 대출을 말한다.

이쯤 되면 가히 '빚을 권하는 세상'이라고 불러도 좋을 듯하다. 은행이나 대부 업체가 엄청난 광고비를 써가면서 대출에 열을 올리는 이유는 대출 이자가 그들의 주된 수입원이기 때문이다. 예금으로 맡아놓은 많은 돈을 남에게 빌려주지 못하고 은행에 쌓아놓기만 한다면 예금 이자를 지불할 수 없고 적자를 보게 된다.

이때 돈을 빌리는 경제 주체는 가계와 기업이다. 소비자는 비싼 대출 이자를 내더라도 빌린 돈을 가지고 필요한 상품을 구입해 더 큰 효용을 얻을 수 있다는 판단에서 대출을 받는다. 기업 역시 빌린 돈을 가지고 사업에 투자해 더 큰 이윤을 얻은 후 대출 이자를 상환한다.

남에게 빚을 지는 것이 바람직한 일은 아니지만 빚 관리를 잘할 수만 있다면 분명히 더 나은 경제 생활을 하는 데 도움을 받을 수 있다. 불가피하게 돈이 필요한 경우는 누구에게나 생길 수 있다.

그래서 대출의 역사는 인류의 역사만큼이나 오래되었다. 화폐가 지금처럼 발달하지 않았던 아주 오래전에는 주로 먹을 것이나 필요한 물건

을 직접 빌리고 빌려주었다. 우리나라에서도 농사철이 되면 종자를 빌린 후 수확해 곡물로 되돌려주는 형태의 대출이 다반사였다.

고려 성종 때는 원금보다 더 많은 이자를 받지 못하게 하는 자모정식법을 도입했고, 조선 세종은 이자율이 연 10퍼센트를 넘지 못하게 하는 강력한 이자제한법을 시행했다는 기록이 있는 것을 보면, 당시에도 대출이 널리 이루어졌음을 짐작할 수 있다.

금융 산업이 발달한 오늘날에는 돈을 빌리고 빌려주는 행위가 더 다양하고 빈번하게 이루어진다. 사람들은 빚을 내서 집을 사거나 자동차를 구입한다. 대학 등록금도 대출을 받아 낼 수 있다. 심지어 주식 투자도 남의 돈을 빌려서 할 수 있는 세상이다.

🌸 빚으로 돈을 버는 원리

빚을 지고 싶어서 지는 사람이 있을까 싶겠지만 더러 그런 사람들이 있다. 더 큰 돈을 벌기 위한 투자 자금을 마련하려는 목적에서 돈을 빌리는 사람들이다. 이들이 빚으로 조달한 자금을 투자해서 이익을 남기는 원리는 간단하다.

3억 원짜리 아파트가 있는데, 아파트 가격이 계속 오를 것으로 확신하고 있는 사람이 있다고 하자. 지금은 수중에 2억 원밖에 없어 이 아파트를 구입할 수가 없다. 만약 은행에서 1억 원을 5퍼센트의 이자율로 대출받는다면, 이 사람은 매년 대출 이자로 500만 원을 은행에 지급해야 한다.

이자 = 원금 × 이자율

만약 아파트 가격이 매년 500만 원 이상씩 오른다면, 예를 들어 1년 후에 3억 1,000만 원으로 오른다면 이자 500만 원을 갚고도 500만 원을 버는 셈이다. 은행에서 돈을 빌리지 않았더라면 벌 수 없었을 돈이다. 만약 아파트 가격이 더 가파르게 올라 몇 년 후에 4억 원 이상이 된다면 이자뿐만 아니라 대출 원금 1억 원도 깨끗하게 갚을 수 있다.

실제로 과거 우리나라에서는 은행에서 대출을 받아 집을 산 후에 몇 년 지나서 집값이 크게 올라 빌린 돈과 이자를 모두 갚고도 돈이 남는 경우가 있었다. 부동산 투기가 성행했던 시절의 일이다.

이처럼 남의 돈을 이용해서 수익률을 높이는 방법을 영어로 레버리지(leverage) 효과, 우리말로 지렛대 효과라고 한다. 지렛대를 이용하면 작은 힘으로도 무거운 물건을 들어 올릴 수 있는 것처럼 비록 자신이 갖고 있는 돈이 적더라도 남의 돈을 빌려 잘 활용하면 많은 수익을 얻을 수 있다는 뜻이다.

지렛대가 길수록 들어 올릴 수 있는 무게가 커지는 것처럼, 빌려서라도 많은 돈을 투자하면 벌어들일 수 있는 수익도 늘어난다.

레버리지 효과는 기업의 투자에도 그대로 적용할 수 있다. 기업이 새 사업을 추진하려 하는데 보유 자금이 부족할 경우 은행에서 대출을 받는다. 이렇게 확보한 빚을 잘 활용해 신규 사업을 성공적으로 이끌고 이자보다 많은 이윤을 확보할 수 있다면 기업 성장에 도움이 된다. 그래서 기업은 레버리지 효과를 잘 활용할 줄 알아야 한다.

그러나 양지가 있으면 음지도 있는 법이다. 빚을 이용해 레버리지 효과를 얻는다는 긍정적인 측면을 기대할 수 있는 동시에 위험이라는 부정적인 측면도 도사리고 있음을 간과해서는 안 된다. 누구나 돈을 빌릴 때에는 미래가 자신의 계획대로 실현되기를 기대하지만 미래를 보장할 수 있는 사람은 없다.

만약 기대와 달리 아파트 가격이 대출 이자보다 적게 오른다면 대출 이자를 낼 돈이 부족해진다. 또다시 돈을 빌리거나 이자를 상환하지 못하고 연체하는 수밖에 없다. 더 나아가 아파트 가격이 하락하기라도 한다면 대출로 인한 손실은 더욱 커진다.

현재 우리 경제는 저성장 시대로 접어들었다. 과거처럼 아파트나 땅을 사놓기만 하면 가격이 크게 오르던 시대는 지나갔다. 신규 사업을 벌이기만 하면 대부분 성공하던 시절도 이제는 과거의 이야기일 뿐이다.

이처럼 세상이 변했기에 레버리지에 의존해 부동산 투자나 주식 투자를 할 경우 실패할 확률이 높아졌지만, 미처 새로운 패러다임에 적응하지 못하고 여전히 과거의 투자 습관에 따르는 사람들이 많다.

🌸 한국 경제의 뇌관, 가계 부채

오늘날 우리나라 가계가 짊어지고 있는 부채의 규모는 나날이 눈덩이처럼 불어나고 있어 우리 경제에 커다란 시름을 안겨주고 있다. 부채란 남에게 진 빚을 말한다. 2015년 말 기준으로 우리나라 가계가 지고 있는 부채를 모두 합하면 1,200조 원이 넘는다.

가계가 벌고 있는 가처분 소득에 비해 가계 부채의 비율은 매년 급속도로 높아지고 있다. 소득보다 부채 규모가 빨리 늘어나고 있다는 뜻이다.

이 비율은 OECD(경제 협력 개발 기구) 회원 국가 평균보다 상당히 높은 수준이며 2008년 미국에서 금융위기가 발생했을 당시보다도 높다. 모든 가계에 부채를 상환할 능력이 있다면 크게 문제될 것이 없지만 부채를 갚을 능력이 없는 가계가 상당수 있다.

우리나라에서 가계 부채의 증가를 부추기는 요인 가운데 하나는 사상 최저 수준으로 떨어진 낮은 금리이다. 과거의 높은 금리에 익숙한 상태에서 금리가 낮아지자 "이 정도 이자보다는 많은 수익을 벌 수 있겠지", "이자 부담이 옛날보다 많이 줄었네" 하면서 대출을 받는 사람들이 크게 늘어난 것이다.

가계 부채의 증가는 해당 가계의 문제에 그치지 않고 경제 전체에 영향을 준다는 점에서 우리 경제의 뇌관으로 불리기도 한다. 부채를 많이 보유한 가계는 당연히 살림이 어려워지고 지갑을 닫게 된다. 이는 경제 전체의 소비 위축으로 이어지고 기업의 매출 부진, 고용 둔화, 근로자의 소득 감소 등의 악순환을 초래할 우려가 있다.

만약 일부 가계가 부채를 상환할 능력이 없어 파산하기라도 한다면 돈을 빌려준 은행이 타격을 입는다. 손실을 만회하려는 은행은 대출 이자율을 높이거나 신규 대출을 억제해서 정작 돈이 필요한 사람이나 기업이 어려움을 겪게 된다.

만약 경제 여건이 달라져 금리가 인상된다면 가계 부채 문제는 더욱 심각해진다. 고정 금리로 대출받은 경우에는 금리가 인상되더라도 계약 당시의 금리가 그대로 적용되므로 이자 액수에 변함이 없다. 문제는 변동 금리로 대출받은 사람들이다.

우리나라에서 주택 담보 대출을 받은 사람의 약 70퍼센트가 변동 금리 대출이라고 한다.[14] 금리가 인상되면 대출 금리도 이에 따라 상승하므로 매달 갚아야 하는 이자 액수가 증가한다. 그러면 가계의 소비는 더욱 위축되고, 빚을 갚지 못해 금융 채무 불이행자가 되거나 파산자가 되는 사람들이 늘어날 것이다.

❀ 나랏빚이 1초에 136만 원씩 늘어나고 있다

가계 부채도 문제지만 국가가 지고 있는 빚도 결코 소홀히 생각할 수 없다. 소득보다 지출이 많은 가계가 빚을 지듯이, 국가도 수입보다 지출이 많으면 빚을 질 수밖에 없다. 한 국가가 지고 있는 빚을 국가 채무, 국가 부채, 나랏빚이라고 한다.

우리나라 국가 채무는 2015년의 경우 1초에 136만 원씩 늘어났다. 개인적으로 지고 있는 빚과는 별개로 국민 1인당 1,052만 원씩 빚을 지고 있는 셈이다. 개인도 아니고 국가가 부채를 많이 떠안고 있는 게 무슨 걱정이냐고 생각할 수도 있다.

국가가 빚을 갚아야 할 시기가 도래했음에도 돈이 없어 갚지 못하는 디폴트(default) 또는 채무 불이행 상태가 된다고 해서 지구상에서 사라지거나 월드컵 출전이 금지되지는 않는다. 파산한 국가나 해당 국가의 국민을 교도소에 가둘 수도 없다. 2015년에 디폴트를 선언한 그리스는 여전히 건재하다.

그러나 그리스의 속사정을 들여다보면 국가 부채의 심각성을 잘 이해할 수 있다. 우선 수출 대금을 받지 못할 것을 우려한 국가들이 그리스와의 교역을 꺼린다. 수입을 원활히 하지 못하니 생활필수품이 부족해지고 기업은 생산에 필요한 원자재 확보에 어려움을 겪는다. 생필품 가격이 급등하고 품귀 현상까지 일어나면서 생활비가 치솟는다.

한편 경기 침체에 직면한 기업은 고용을 축소하므로 실업자가 급증하고 근로자의 월급이 삭감된다. 은행이 파산하는 일도 일어날 수 있으며 심할 경우에는 기업의 줄도산이 이어진다. 한마디로 국내 경제가 와해되고 빚을 갚을 능력은 더욱 약화된다. 상상하기조차 끔찍한 일이다.

물론 우리나라의 현재 국가 채무가 디폴트에 이를 정도로 심각한 수준이라는 뜻은 결코 아니다. 우리나라 국가 채무는 다른 선진국에 비하면 아직 양호한 수준이다. 문제는 국가 채무의 증가 속도가 빠르다는 데 있다.

과거 우리나라는 고성장을 지속하면서 조세 수입도 크게 증가했다. 이에 비해 후생 복지비 등 정부의 지출 규모는 수입을 초과하지 않아서 국가 부채가 많지 않았다.

그러나 1997년 경제위기 이후 사정이 달라졌다. 경제위기의 후유증을 치유하기 위해 정부가 막대한 예산을 쏟아붓기 시작했다. 여기에 복지 예산이 매년 크게 증가하고 있다. 또한 경기 침체가 지속되면서 조세 수입은 기대만큼 증가하지 않고 있다. 그렇기에 국가 부채가 빠른 속도로 매년 증가하고 있다.

앞으로도 당분간은 이러한 추세가 완화될 기미가 보이지 않는다. 다른 선진국들이 그랬듯이 우리나라도 이렇게 가다가는 국가 부채가 위험한 수준에 도달할 수 있으므로 미리미리 대비할 필요가 있다.

국가 채무는 국내 경제에 부담을 준다. 국가는 일반적으로 국내 가계, 국내 기업, 외국인에게서 돈을 빌린다. 단순하게 생각하기 위해 국가가 국내 가계와 국내 기업에서만 돈을 빌렸다고 해보자. 어차피 이 나라에 살고 있는 처지니까 국가에 아무리 많은 돈을 빌려줘도 상관없을 것이라고 가볍게 생각해서는 안 된다.

가계와 기업이 국가에 돈을 빌려준 만큼 다른 용도에 쓰일 돈이 줄어든다. 희소한 돈에 기회비용이 발생하는 것이다. 결국 가계가 소비하거나 주식에 투자하거나 기업이 신규 사업에 투자할 여력이 감소해 경제 성장에 지장을 받는다.

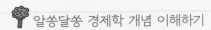
알쏭달쏭 경제학 개념 이해하기

㉘ 고정 금리 약속한 금리가 만기까지 적용되어 시중 금리 변동과 관계없이 동일한 금액의 이자를 부담하는 방식.

㉙ 변동 금리 시중 금리와 연동해서 대출 금리가 변동되어 이자 부담이 달라지는 방식.

㉚ 디폴트 기업이나 국가가 빚을 갚을 때가 되었지만 갚지 못하는 채무 불이행 상태.

하늘에서
돈이 떨어지면

인플레이션, 디플레이션, 총수요, 총공급

하늘에서 돈이 떨어지는 꿈을 해몽하는 글을 읽은 적이 있다. 다음과 같은 내용이었다.

> 만약에 돈이 하늘에서 떨어지면서 여기저기 흩어져버렸다면 그 돈은 자신의 것이 아니고 오히려 재산을 탕진하거나 경제적인 어려움을 겪을 수 있음을 의미한다. 반면에 만약 하늘에서 떨어진 돈이 자신의 집 마당에 차곡차곡 쌓였다면 그 돈은 자신의 것이 된다. 사업이 잘되어 돈을 벌거나 유산상속 등으로 부자가 되는 것을 암시한 꿈이다.[15]

이 해몽이 경제학의 원리를 잘 반영하고 있어서 놀라지 않을 수 없었다. 어쩌면 경제학을 잘 아는 사람이 해몽의 글을 썼는지도 모르겠다.

많은 사람들이 하늘에서 돈이 떨어졌으면 좋겠다는 말을 한다. 얼마나 돈을 벌고 싶으면 이런 생각을 하겠느냐마는, 정말로 하늘에서 돈이 떨어지면 우리는 부자가 될 수 있을까?

🌸 하늘에서 돈이 떨어지면 돈의 가치도 떨어진다

꿈과 같은 일이 현실에서 벌어진다고 상상해 보자. 넘쳐나는 돈으로 그동안 사고 싶고 먹고 싶었던 것들을 사들인다. 궁궐 같은 집도 산다. 문제는 나만 이러는 게 아니라는 점이다. 모든 사람들이 더 많은 재화와 서비스를 구입하려고 나선다.

그런데 사람들이 사려는 재화와 서비스의 생산량은 한정되어 있게 마련이다. 결국 품귀 현상이 일어나고 재화와 서비스 가격이 천정부지로 치솟는다. 돈은 점점 가치를 잃어버리고 한낱 종이에 불과해진다.

부자가 된 것이 아니라 가치가 떨어진 돈을 더 많이 보유하게 되었음을 깨닫기까지는 오랜 시간이 걸리지 않는다. 사람들이 돈을 소중하게 여기고 아끼는 것은 돈이 희소하기 때문이다. 희소성을 잃는 순간 돈은 종잇조각에 불과해진다.

이것은 인플레이션이 발생하는 상황을 극단적으로 보여주는 가상의 이야기이지만, 현실 경제에서 인플레이션이 발생하는 원리도 이와 다르지 않다. 한 국가가 생산하는 재화와 서비스의 양에 비해 사람들이 갖고 있는 돈의 양이 과도하게 많아지면 물가가 올라 인플레이션이 발생한다. 이는 인플레이션이 발생하는 첫 번째이자 가장 중요한 요인이다.

이처럼 국민 전체의 총수요가 해당 국가의 총공급을 초과하면 수요

견인 인플레이션이 발생한다. 수요가 주도적인 역할을 해서 인플레이션을 일으켰다는 뜻이다.

어떤 재화에 초과 수요 현상이 나타나면 가격이 오르듯, 여러 재화나 서비스에서 동시다발적으로 초과 수요 현상이 나타나면 인플레이션이 발생한다.

인플레이션이 발생하는 두 번째 요인으로는 생산비 증가를 들 수 있다. 어떤 재화의 생산비가 증가하면 공급이 감소해서 가격이 오르듯, 많은 재화의 생산비가 일제히 증가하면 비용 인상 인플레이션이 발생한다. 생산 비용이 올라서 발생하는 인플레이션이라는 뜻이다.

경제 전체에 파급 영향을 미치는 석유, 주요 원자재, 핵심 부품의 가격이 크게 오를 때 발생하는 인플레이션이 이에 해당한다.

비용 인상 인플레이션이 발생하는 경우에는 우리나라 정부의 입장에서 마땅한 대책을 수립하기가 어렵다. 원유나 원자재 가격은 국제 시장에서 결정되거나 전쟁이나 국제 정치의 영향을 받기 때문이다. 수요 견인 인플레이션의 경우와는 사뭇 다르다. 그래서 정부는 인플레이션 대책을 고민할 때 주로 수요를 관리하는 측면에 초점을 맞추고 있다.

✿ 인플레이션의 강력한 파괴력

인플레이션이 온 국민의 주목을 끄는 것은 한마디로 자신의 경제 생활이 영향을 받기 때문이다. 은행에 1억 원을 예금한 사람을 생각해 보자. 이 예금주는 지금 당장 1억 원짜리 집을 살 수 있지만 이를 포기하고 예금을 선택했다. 그 대가로 은행에서 예금 이자를 받는다. 만약 이자율이 3퍼센트라면 1년 후 1억 300만 원을 받는다.

그런데 인플레이션이 발생해서 1년 후에 집 가격이 1억 1,000만 원으로 올랐다고 하자. 이 사람은 은행에서 인출한 돈으로 작년에는 구입할 수 있었던 주택을 이제는 구입할 수 없다. 이런 현상이 발생하면 사람들이 은행에 돈을 맡기길 주저한다.

반면에 부동산을 포함해 투자 가치가 있는 재화에 대한 관심은 늘어난다. 돈의 가치는 하락하지만 물건은 가격이 오르기 때문에 물건을 보유하는 편이 합리적이라고 생각하는 것이다. 성실하게 일해서 월급을 받는 근로자는 손해를 보고 투기에 나서는 사람이 이익을 보는 세상이 된다.

이게 다가 아니다. 이번에는 1억 원을 친구에게 빌려줬다고 생각해 보자. 위에서와 마찬가지 현상이 발생하면 돈을 빌려준 사람, 즉 채권자가 손해를 본다. 반면에 돈을 빌린 채무자는 이득을 본다. 채무자가 1년 후에 갚아야 할 돈 1억 300만 원은 인플레이션 때문에 1년 전 1억 원의 가치보다 낮아져 상환 부담이 줄어든다.

인플레이션 때문에 채권자 자산의 일부가 채무자에게로 넘어간 효과가 발생한다. 자신의 노력이 부족했기 때문이라면 문제가 안 되지만, 자기 탓이 아니라 인플레이션 때문에 이런 일이 발생했다면 심각한 문제다.

자신은 은행에 예금만 할 뿐 아무에게도 돈을 빌려주지 않았으니 인플레이션이 발생해도 별 문제 없다고 생각할 수도 있다. 그러나 이는 잘못된 생각이다. 우리가 은행에 예금을 하는 행위는 은행 측에 돈을 빌려주는 것이다. 그러므로 은행 예금을 인출하기 전까지 예금주는 채권자요 은행은 채무자가 되고, 인플레이션의 영향을 피해 갈 수 없다.

직장인도 인플레이션의 희생양이 된다. 직장인은 회사를 위해 일을 하고 그 대가로 정해진 월급을 받을 권리를 지니는 채권자다. 이때 회사는 채무자인 셈이다. 인플레이션이 발생하는 만큼 월급의 구매력이 감소하므로 직장인의 생활이 힘겨워진다.

우리나라 경제가 고성장을 지속하던 과거에는 인플레이션 문제가 심각했다. 근로자의 월급이 많이 오르긴 했지만 인플레이션의 영향으로 월급 상승 정도를 크게 체감하기가 어려웠고, 기업은 상대적으로 부유해졌다. 자산이 근로자에게서 기업으로 이동한 것이다.

이 밖에도 인플레이션 때문에 경제가 입는 피해는 다양하다. 먼저 국산 제품의 가격이 상승하므로 국제적 가격 경쟁력을 잃게 되어 수출이 힘들어진다.

예를 들어 환율이 1달러에 천 원이고 국내에서 생산한 화장품 한 개의 가격이 만 원이라고 하자. 이 화장품은 외국으로 10달러에 수출된다.

이제 국내에서 인플레이션이 발생해 화장품 가격이 만 천 원으로 오르면 수출 가격도 11달러로 올라 국제 시장에서 가격 경쟁력이 떨어진다. 물론 국내 물가 상승과 더불어 환율도 1달러에 1,100원으로 오른다면 수출 가격은 여전히 10달러로 유지되겠지만, 환율이 항상 이렇게 움직여주지는 않는다.

인플레이션이 심하면 가계는 돈을 어디에 써야 할지 판단하는 데 어려움을 겪는다. 기업 역시 미래의 불확실함 때문에 신규 투자를 주저하게 된다. 이와 같은 불확실성의 증대는 장기적으로 경제 성장에 부정적인 영향을 미친다.

경제학자들은 인플레이션을 흔히 고혈압에 비유한다. 당장 쓰러지지는 않더라도 고혈압은 우리 몸에 여러 가지 질병을 초래할 수 있으므로 평소에 잘 다스려야 한다.

마찬가지로 인플레이션 때문에 당장 국가 경제가 무너지지는 않겠지만 장기적인 후유증은 우리가 상상하는 것 이상이며 조금씩 조금씩 국가 경제를 곪게 한다. "화폐를 타락시키는 것(인플레이션)만큼 사회에 존재하는 기초를 확실하게 뒤엎는 수단은 없다"라고 한 케인스의 말을 귀담아 들어야 한다.

🌺 디플레이션을 환영해야 할까

물가가 계속 오르는 인플레이션이 이처럼 경제에 많은 부담을 준다면 물가가 계속 내려가는 디플레이션은 경제에 도움이 될까? 그렇지 않다. 물가가 올라서 자원 배분이 왜곡되는 것과 마찬가지로 물가가 내려도 자원 배분이 왜곡된다.

단, 이번에는 왜곡의 방향이 바뀐다. 디플레이션이 발생하면 채무자가 손해를 보고 채권자가 이득을 본다. 자신의 노력과 관계없이 소득과 자산이 한쪽으로 쏠리는 것이 문제다. 그러므로 디플레이션 역시 바람직하지 못하다.

디플레이션이 발생하면 같은 돈으로 더 많은 재화와 서비스를 살 수 있으니 실질 소득이 증가해서 긍정적인 일이라고 생각할 수도 있지만, 현실적으로 디플레이션은 인플레이션보다 더 환영받지 못한다. 그 이유는 디플레이션이 발생하는 원리에서 찾을 수 있다.

인플레이션이 수요가 과도하게 증가해서 발생하는 현상이라면, 디플레이션은 수요가 과도하게 감소해서 발생한다. 다시 말해 디플레이션은 경기가 극도로 침체될 때에나 나타난다. 가장 대표적인 사례가 1920년대 말부터 미국에서 시작되어 유럽까지 전파된 세계 대공황이다.

1929년에 비해서 3년 후 미국의 물가는 32퍼센트나 하락했다. 이 시기에 미국의 총생산은 절반 수준으로 감소했으며 실업률이 25퍼센트까지 치솟을 정도로 경기가 악화되었다. 그래서 학자들은 이 상황을 단순히 경기 침체(depression)라고 부르기에는 적절하지 않다고 판단하고 대공황*이라는 용어를 만들었다.

상황이 이런데 물가가 내렸다는 이유로 디플레이션을 환영할 수 있을까?

비교적 최근에는 1990년대부터 일본이 경험한 디플레이션을 예로 들 수 있다. 일본 경제가 장기 저성장 국면에 접어들면서 기업은 신규 채용을 억제했다.

일자리를 구하지 못한 젊은이들이 늘어났고, 근로자들의 연평균 급여는 1997년의 467만 엔에서 2014년에는 415만 엔으로 감소했다. 소득이 감소하니 자연히 소비가 부진해졌고 일본 경제는 장기 불황에서 벗어나지 못했다.

> **대공황**
> **(The Great Depression)**
> 1930년대에 발생한 전 세계적 경기 침체 현상을 말한다. 1929년 미국에서 시작된 경기 침체가 유럽으로 확대되면서 1930년대 후반까지 지속되었는데, 역사상 유례없이 길고 심각하고 광범위하게 진행된 경기 침체였다.

디플레이션 시기에는 돈이 있는 사람도 소비를 망설인다. 소비를 늦출수록 같은 돈으로 더 많은 재화와 서비스를 구입할 수 있기 때문이다. 그리고 일단 디플레이션이 발생하면 사람들은 앞으로도 계속해서 물가가 떨어질 것이라고 기대하고 소비를 더더욱 미룬다. 이처럼 가계가 소비를 하지 않을수록 기업 경영은 더욱 악화되고 경기는 침체를 벗어나지 못해 장기 불황으로 이어진다.

디플레이션 상황에서는 돈의 가치가 계속 오르므로 빚을 진 사람들의 부담이 커진다. 텔레비전 한 대 가격에 해당하는 100만 원의 빚을 지고 있는 사람이 있다고 하자. 디플레이션 때문에 텔레비전 가격이 50만 원으로 하락하면 이제 텔레비전 두 대 값에 해당하는 돈을 벌어야 빚을 갚을 수 있게 된다. 그러므로 가계와 기업은 여유 자금이 생기면 서둘러 빚을 갚는 데 주력하고 소비와 투자는 뒷전으로 미룬다.

소비와 투자를 늘리기 위해 시중에 돈을 푸는 것이 한 가지 방법일 수 있지만 안타깝게도 효력은 미약하다. 사람들이 현금을 선호하므로 돈이 늘어나도 소비나 투자를 좀처럼 늘리려 하지 않기 때문이다.

이처럼 디플레이션은 일단 발생하면 좀처럼 악순환에서 벗어나기 힘들다. 그래서 "디플레이션에 빠지지 않는 것이 디플레이션에서 탈출하는 가장 좋은 방법"이라는 말이 경제학자들 사이에 회자되고 있다.

🌸 완만하고 안정적인 인플레이션

이제 인플레이션도 경제에 부담을 주고 디플레이션은 더 심각한 문제임을 알았다. 그러면 물가가 어떤 상태에 있어야 가장 바람직한 걸까? 물가가 변하지 않아 인플레이션도 아니고 디플레이션도 아닌, 즉 물가 상승률이 0퍼센트인 상태가 최선일까?

경제학자들은 연 2퍼센트 정도의 완만하고 안정적인 인플레이션을 선호한다. 물가 상승률이 이보다 낮을 경우에는 경제 여건이 조금이라도 악화되면 바로 디플레이션에 빠지고 장기적인 경기 침체 국면에 접어들 가능성이 높다. 반면에 물가 상승률이 이보다 높으면 자원 배분의 왜곡이 심해지고 경제의 불확실성이 커져 경제 주체들이 합리적으로 의사결정을 하기가 힘들어진다.

경기가 적절한 수준에서 활성화되고 총수요가 꾸준히 증가해 경제 성장이 지속되려면, 물가가 연 2퍼센트 정도로 안정적으로 상승하는 것이 바람직하다. 실제로 한국은행도 우리나라의 2016~2018년 물가 목표를 소비자 물가 상승률 2퍼센트로 잡고 있다.

물가가 평균 2퍼센트로 오른다 해도 매년 들쑥날쑥하다면 이 또한 문제다. 예를 들어 물가가 작년에 4퍼센트, 올해 0퍼센트 상승한 것보다는 2년 연속 2퍼센트씩 오르는 편이 바람직하다.

두 경우 모두 평균적으로 물가가 2퍼센트 올랐다고 할 수 있지만, 후자의 경우에 경제 주체들이 물가 상승률을 충분히 예견하고 이를 자신의 의사결정에 미리 반영할 수 있다.

 알쏭달쏭 경제학 개념 이해하기

81 디플레이션 물가가 지속적으로 하락하는 현상.

82 총수요 재화와 서비스에 대한 한 국가 경제의 수요의 합.

83 총공급 재화와 서비스에 대한 한 국가 경제의 공급의 합.

경기 살리기
대작전

통화 정책, 재정 정책, 양적 완화

     2015년 한 해 동안 우리나라 소비자 물가는 0.7퍼센트 오르는 데 그쳤다. 1997년 경제위기 이후 가장 낮은 수치로, 한국은행이 목표로 삼은 물가 상승률 2퍼센트보다 낮았다.

  수치만 놓고 보면 물가 상승률이 양의 값이므로 디플레이션이라고 말할 수 없다. 그렇다고 우리나라에 디플레이션 위험이 없다고 단정하는 것은 더 위험한 발상이다. 실제로 우리 경제가 오랫동안 침체의 늪에서 벗어나지 못하고 있기 때문이다.

  경험 법칙*도 이런 우려를 뒷받침하고 있다. 우리나라 경제는 1960년에 본격적으로 경제 개발을 시작한 이래 20년 정도의 시차를 두고 일본 경제의 성장 패턴과 유사한 모습을 보여왔다.

  일본 경제는 1960년대에 10퍼센트 내외의 고도성장을 하다가 1980년대에 들어와 성장률이 4퍼센트대로 하락했고, 1990년 대부터 거품이 빠지면서 1퍼센트대로 추락한 이후 장기 불황에 접어들었다. 이에 우리나라도 일본의 전철을 밟아 디플레이션 국면으로 접어드는 것이 아닌지 염려하는 전문가들이 많다.

현재 우리 경제가 디플레이션인지의 여부를 판가름하는 것은 쉽지 않은 일이다. 여기에서는 더 이상의 경기 침체를 막고 경제가 디플레이션으로 이어지지 않도록 하기 위해 정부가 추진하고 있는 여러 가지 정책을 살펴보도록 하자.

✿ 금리를 내리거나 올리는 통화 정책

우선 통화 정책이 있다. 이는 중앙은행이 금리나 통화량을 변화시켜 경기를 조절하는 것을 말한다. 우리나라에서 통화 정책을 실행하는 곳은 한국은행이다. 한국은행은 경기를 부양하기 위해서 2012년부터 매년 금리를 인하해 왔다.

금리가 인하되면 은행의 예금 금리, 대출 금리 등이 따라서 내려가고, 이에 화답해 가계는 저축을 줄이고 소비를 늘린다. 또한 금리가 하락하면 대출 부담이 감소하므로 기업 입장에서는 투자를 확대하려는 동기가 생긴다. 소비와 투자가 증가하면 총수요도 증가해서 경기가 활발해질 수 있다.

반면에 경기가 너무 과열되어 인플레이션이 염려되는 경우에 한국은행은 금리를 인상하는 통화 정책을 실행한다. 금리가 인상되면 소비와 투자가 위축되어 경기가 진정된다.

그런데 경기 침체가 심각할 때는 한국은행이 금리를 아무리 낮추어도 소비와 투자가 기대만큼 증가하지 않는다. 사람들은 프로그램에 따라 움직이는 로봇처럼 늘 기계적으로 행동하지 않으므로, 경기 침체가 앞으로 더 오랫동안 지속될 것이라는 심리가 가계와 기업 사이에 팽배해 있다면 금리가 아무리 낮아져도 오히려 허리띠만 더 졸라맬 뿐 소비와 투자를 늘리려 하지 않는다.

케인스는 이런 현상을 '유동성 함정(liquidity trap)'이라고 말했다. 마치 함정에 빠지기라도 한 것처럼 돈이 돌지 않는다는 뜻이다.

역사적으로 볼 때 이런 일은 여러 차례 발생했다. 일본이 장기 불황을 경험했을 때, 그리고 미국이 2007년 금융위기에 빠졌을 때 두 국가의 중앙은행은 각각 금리를 0퍼센트까지 내렸지만 경제 주체들이 이에 호응하지 않아 경기가 회복될 조짐을 보이지 않았다. 더 이상 금리 인하를 통한 경기 부양 효과를 기대하기가 힘든 최악의 상태에 처한 것이다.

이럴 때에는 금리를 인하하는 통화 정책에만 의존하기 어렵다는 판단을 내린 미국 중앙은행은 2008년부터 경제에 유통되는 화폐의 양을 대폭 늘리는 '양적 완화'라는 매우 특수하고 비전통적인 통화 정책을 실행했다.

중앙은행이 화폐 공급량을 늘린다고 해서 텔레비전 뉴스에서 보듯이 윤전기를 통해 화폐를 대량으로 인쇄한 후 이를 사람들에게 골고루 나누어 주지는 않는다. 이는 화폐 공급을 상징하는 이미지에 불과하다.

그렇다면 중앙은행은 어떻게 화폐 공급을 늘릴까? 중앙은행이 시중에 유통되고 있는 채권을 직접 사들이는 방법을 사용한다. 중앙은행이 채권을 1조 원어치 사면 1조 원만큼의 화폐가 시중에 새로 공급된다. 이를 공개 시장 조작˙이라고 부른다.

양적 완화는 매우 특수한 조치이므로 경기가 어느
정도 회복되고 나면 다시 시중의 화폐를 회수할 필요
가 있다. 이를 위해서는 양적 완화와 정반대로 중앙
은행이 공개 시장에서 채권을 판매한다. 그러면 시중
의 화폐가 중앙은행 금고로 회수된다.

우리나라에서 통화 정책을 결정하는 곳은 한국은행이지만, 보다 구체
적으로 말하면 한국은행 안에 설치되어 있는 금융통화위원회이다.

금융통화위원회는 한국은행의 최고 의사결정 기구로서 총 7명(한국
은행 총재 및 부총재와 경제의 각 분야를 대표하는 5명)의 위원으로 구성
되어 있으며, 정기적인 회의를 거쳐 다수결로 통화 정책을 결정한다.

🌸 세금과 정부 지출을 조정하는 재정 정책

경기를 원하는 상태로 만들기 위해서 사용할 수 있는 경제 정책으로
통화 정책 외에 재정 정책이 있다. 재정은 정부의 살림을 의미하고, 재정
정책은 정부가 조세 수입과 지출을 조정하는 정책을 말한다.

경기를 부양할 필요가 있을 때 정부가 사용할 수 있는 재정 정책 수단
에는 두 가지가 있다. 첫째는 세금을 덜 걷는 방법이다. 가계 소득에 대
해서 세금을 줄여주면 가계가 세금 납부 후 사용할 수 있는 소득이 증
가하므로 소비를 늘릴 여력이 생긴다. 기업이 내야 할 세금을 줄여주면
투자를 확대할 여력이 생긴다. 그러므로 세금 인하는 소비나 투자를 늘
려 경기를 회복시키는 데 도움이 된다.

구분	통화 정책	재정 정책
정의	금리나 통화량을 변경해 물가와 경기를 조절하는 정책	세금이나 정부 지출을 통해 경기를 조절하는 정책
권한	한국은행(중앙은행)	행정부
경기 부양을 위한 수단	금리 인하, 화폐 공급 확대	세금 인하, 정부 지출 확대
경기 과열 억제를 위한 수단	금리 인상, 화폐 공급 축소	세금 인상, 정부 지출 축소

경기 조절을 위한 경제 정책

둘째는 정부가 직접 지출을 늘리는 방법이다. 정부는 제3의 경제 주체로서 많은 재화와 서비스를 구입하며 도로와 댐을 건설하는 등 투자도한다. 민간 부문에서 소비와 투자 확대를 기대하기 어려울 경우 정부가직접 나서서 지출을 확대하는 것이다. 이는 케인스가 대공황 때 제시했던 해법으로서 대공황 이후 세계 각국은 재정 정책을 중요하게 활용하고 있다.

정부가 직접 지출을 확대하면 시장에 수요가 증가해서 경기를 부양하는 효과가 바로 나타날 수 있지만, 이 정책 역시 만능은 아니다. 만약 만능이라면 통화 정책이 필요 없을 것이며, 세계 각국은 정부 지출만으로경제를 원하는 방향으로 자유롭게 조절할 수 있을 것이다.

정부 지출 규모는 경제 전체의 총수요에서 작은 비중을 차지하고 있으므로 정부 지출을 통해 총수요를 확대하는 데에는 한계가 있다. 또한경기를 부양하려고 정부 지출을 무한정 늘릴 수도 없는 노릇이다. 지출을 위해서는 조세 수입이 뒷받침되어야 하는데 경기가 좋지 않을 때는 조세 수입도 감소한다.

만약 조세 수입 이상으로 지출을 하게 되면 재정 수지가 적자를 기록하며 그만큼 국가 부채가 증가한다. 그러므로 정부가 지출을 늘리는 데에는 여러 가지 제약이 따른다.

세금을 인하하는 방법에도 한계가 있다. 불경기일수록 실업자와 빈곤층을 지원하기 위해서 정부 지출을 늘릴 필요가 있는데 세금을 인하하면 지출에 사용할 수입이 줄어든다. 또한 세금 인하는 정부가 단독으로 결정할 수 없는 사안이다. 삼권이 분립되어 있으므로 의회를 거쳐야 하는데, 여러 가지 이유로 세금 인하 법안이 통과되기까지 시간이 오래 걸리는 경우가 많다.

🌺 '경제 독재'를 막는 경제 정책의 이권 분립

정치에는 삼권 분립의 원칙이 철저하게 지켜지고 있다. 입법부, 행정부, 사법부가 있어 각자의 역할을 수행하고 다른 부서의 역할에 개입할 수 없다. 이는 국가 권력이 한군데에 집중되어 독재가 발생할 가능성을 차단하기 위해서다. 권력을 여러 기관에 분산하고 상호 독립시킴으로써 권력의 균형과 견제를 달성할 수 있다.

경제 정책도 이와 유사하다. 두 가지 경제 정책, 즉 통화 정책과 재정 정책을 집행할 수 있는 권한을 한곳에 몰아주면 신속하게 의사결정을 할 수 있다는 장점이 있지만, 잘못된 의사결정으로 경제 상황이 더 악화될 우려도 있다. 이른바 '경제 독재'의 가능성이 있는 것이다.

이를 예방하기 위해서 통화 정책은 중앙은행이, 재정 정책은 행정부가 결정할 수 있도록 힘을 분산해 중앙은행이 정부의 간섭을 받지 않고 통화 정책을 독립적으로 결정할 수 있도록 하고 있다.

우리나라에서 한국은행이 독립된 권한을 갖기까지의 과정이 마냥 순탄했던 것만은 아니다. 과거 고도성장기 경제 개발을 촉진하는 데 초점을 두었던 정부는 한국은행을 장악했고, 한국은행의 통화 정책은 정부의 주문대로 이루어졌다. 금융통화위원회 의장도 정부의 재무부 장관이 맡았다.

그러나 민주화 바람이 불고 국민들의 의식 수준이 높아지면서 한국은행의 독립성에 대한 요구가 거세지자 정부는 1997년 「한국은행법」을 개정했다. 개정된 법률에 따라 한국은행 총재가 금융통화위원회 의장직을 맡기 시작했고, 한국은행은 독립적으로 통화 정책을 운용할 수 있게 되었다.

 알쏭달쏭 경제학 개념 이해하기

⑧ 통화 정책 중앙은행이 물가 목표를 달성하고 경기를 조절하기 위해서 취하는 정책. 금리나 통화량을 변화시킨다.

⑧ 재정 정책 정부가 경기를 원하는 방향으로 조절하기 위해서 세금이나 지출을 변동시키는 정책.

⑧ 양적 완화 중앙은행이 전통적 통화 정책의 한계에 직면했을 때 화폐를 직접 공급하는 정책.

⑧ 유동성 함정 금리가 낮아져도 소비와 투자가 늘어나지 않고 경제가 회복되지 않는 현상.

내 일이 없으면
내일이 없다

실업, 일자리 나누기, 고용률

2015년 소셜 네트워크에서 가장 많이 언급된 단어는 '금수저(타고난 재산이 많아 사회에서 혜택을 보는 계층)'였다. 금수저는 한 조사에서 대학생이 꼽은 2015년의 신조어 1위이기도 했다.

헬조선(우리 사회의 각박함을 지옥에 빗대 풍자한 말)이 2위를 차지했으며 전화기(취업이 잘 되는 전자전기, 화학공학, 기계공학 전공), 열정 페이(최저임금 이하 급여로 20~30대를 착취하는 현상), 노오력(요새 젊은이들은 노력하지 않는다고 평가하는 기성세대를 비꼰 말) 등 고용과 관련된 말들이 10위권 안에 다수 들어 있다.[16]

다른 조사에서는 N포 세대(취업, 결혼, 출산 등 여러 가지를 포기해야 하는 세대), 취업 깡패(상대적으로 취업이 잘 되는 학과나 조건) 등의 신조어가 꼽혔다.

신조어는 당대의 시대상을 고스란히 반영한다. 2015년의 신조어를 통해 파악할 수 있는 우리나라 경제의 현주소는 한마디로 취업난이다. 특히 청년 실업률은 2016년 2월 12.5퍼센트로 사상 최고치를 기록했다. 여기에서 청년은 15~29세를 의미한다.

어느 나라든지 국민 전체의 실업률보다 청년들의 실업률이 몇 배쯤 높은 것은 흔히 있는 일이지만, 우리나라에서 청년 구직자 여덟 명 가운데 한 명이 일자리를 구하지 못한다는 뉴스는 우울하기 그지없다. 과거의 신조어인 이태백(20대 태반이 백수)이나 청백전(청년 백수 전성시대) 등도 여전히 사람들의 입에 오르내리고 있는 형편이다.

실업은 고도성장을 유지했던 과거 우리나라에서는 크게 염려하지 않았던 경제 문제다. 노동은 기업이 생산 활동을 하는 데 필요한 생산 요소이므로 한 나라의 고용은 경제 성장과 비례해서 증가한다. 경제가 빠른 속도로 성장하던 시기에는 오히려 기업이 필요한 근로자를 구하지 못해 어려움을 겪는 구인난이 문제가 되었다.

그러나 우리나라가 저성장 시대로 접어들면서 사정이 180도 바뀌었다. 기업의 채용 규모는 갈수록 위축되었고 취업에 성공하는 사람들의 숫자가 줄어들면서 청년 실업률이 크게 상승했다.

❀ 일자리의 딜레마

청년 실업 문제를 해결할 수 있는 가장 좋은 방법은 경제 성장률을 높이는 것이다. 학교를 졸업하는 젊은이들이 대부분 일자리를 구하려면 경제가 매년 5퍼센트씩 성장해야 하지만, 정부가 여러 모로 노력하고 있

음에도 불구하고 우리나라의 경제 성장률은 그 절반에 머물러 있다.

더욱이 우리 사회가 역사상 유례없는 속도로 빠르게 고령화되면서 청년 실업 문제 해결은 한층 미궁 속으로 빠져들고 있다. 근로자가 나이를 먹어 은퇴를 하면 자동적으로 그 일자리가 청년에게 제공될 테지만, 정부는 고령자의 은퇴를 쉽사리 권장하지 못하고 있다.

고령화 사회에서 조기 은퇴자가 많아지면 국민연금이 빨리 고갈되거나 빈곤 노인의 증가와 같은 복지 문제가 발생할 수 있기 때문이다. 반대로 정년을 연장하면 청년들의 일자리가 줄어든다. 이처럼 우리 경제는 일자리와 관련해서 이러지도 저러지도 못하는 딜레마에 빠져 있다.

이에 정부는 '일자리 나누기(job sharing)'를 하나의 대안으로 추진하고 있다. 현직 근로자의 노동 시간을 조금씩 줄여 임금을 절약하고, 줄어든 시간만큼 신규 근로자를 채용하는 것이다. 대공황 시기에 미국이 이 정책을 도입한 바 있으며, 이를 계기로 미국에서는 주 5일 근무가 시작되었다.

그러나 이 정책에도 어려움이 따르는 건 마찬가지다. 현재 일하고 있는 근로자들이 대승적인 차원에서 근로 시간 단축에 따른 임금 감소를 받아들여야 하는데, 과연 다른 사람을 위해 자신의 소득이 감소하는 처우를 받아들이며 자발적으로 일자리를 나누어 주려 하는 근로자들이 얼마나 될까?

일자리 나누기는 음식 나누기와 같다. 자신의 음식 일부를 떼어내 음식을 차지하지 못한 다른 사람에게 나누어 주려면 허기를 참아야 한다. 자칫 다 같이 배고파질 수도 있다.

기업 역시 근로자에게 지급하는 총 임금이 변하지 않는다 하더라도 일자리 나누기 정책에 대해 거부감을 가질 수 있다. 한 사람이 하던 일을 두 사람이 나누어 한다면 일의 연속성이나 책임 문제가 불거질 수 있기 때문이다. 칼로 두부를 자르듯 간단히 나눌 수 없는 일이 현실에는 매우 많다.

❀ 실업률 대신 고용률을 따져라

앞에서 언급했던 청년 실업률 통계에는 사실상 실업자이지만 실업자로 집계되지 않는 청년들이 다수 누락되어 있다. 그러므로 실업 문제의 심각성은 더욱 큰 셈이다.

취업 준비자 집단이 대표적인 경우다. 우리나라의 고용 시장은 1년에 두 차례만 열린다고 해도 과언이 아니다. 2월에 고등학교나 대학교를 졸업하는 학생들, 그리고 8월에 대학교를 졸업하는 학생들을 채용하기 위해서 대기업들은 신입 사원 모집 공고를 내고 거의 동시에 입사 시험을 치른다. 그리고 이 시기가 지나가면 고용 시장은 사실상 문을 닫는다. 1년 내내 수시로 직원을 채용하는 미국이나 유럽 각국과는 다르다.

학교를 졸업한 해에 취업에 실패한 사람은 다음 채용 시장이 열릴 때까지 몇 개월 동안 기다려야 한다. 이력서를 넣는다거나 구직 활동을 할 기회조차 드물다. 이런 사람들을 취업 준비자라고 부르는데, 현행 통계 기준에 의하면 실업자가 아니다.

적극적으로 구직 노력을 해야 실업자로 분류하는데, 이력서를 넣을 기회조차 없어 아예 손을 놓고 있기에 비경제 활동 인구로 분류된다. 그러나 이들은 사실상 실업자이다.

만약 현재 비경제 활동 인구로 분류되고 있는 약 63만 명(2015년 말 기준)의 취업 준비자들까지 실업자 통계에 포함한다면 우리나라의 청년 실업률은 순식간에 20퍼센트에 육박한다.

실업률 통계에는 근본적으로 이와 같은 한계가 있다. 그렇다고 우리나라가 마음대로 기준을 변경할 수도 없다. 전 세계가 오래전부터 같은 기준으로 실업률 통계를 작성해 왔기 때문이다. 즉 일자리가 없더라도 구직 활동을 하고 있지 않은 사람은 실업자가 아닌 비경제 활동 인구로 보는 것은 전 세계가 공통적으로 적용하는 기준이다.

우리나라의 실업률 통계에서 유념해야 할 또 하나의 집단은 전업주부이다. 우리나라에는 전업주부가 유독 많은데, 이들 역시 구직 활동을 적극적으로 하고 있지 않으므로 비경제 활동 인구에 속한다. 그러나 전업

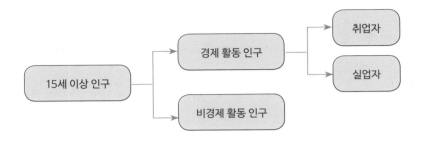

경제 활동 인구와 비경제 활동 인구

주부 가운데에는 일자리만 마련된다면 일할 생각이 있는 사람들이 꽤 많다. 이러한 경우 또한 사실상 실업자로 보아야 한다.

마지막으로 구직 단념자 문제도 있다. 오랫동안 구직 노력을 했지만 성공을 거두지 못하고 자포자기의 심정으로 더 이상 구직 활동을 하지 않는 사람들이다.

이들 역시 현재 구직 활동을 하고 있지 않으므로 비경제 활동 인구로 분류되는데, 사실상 일자리를 필요로 하는 실업자로 볼 수 있다. 우리나라에는 약 50만 명(2015년 말 기준)의 구직 단념자가 있다는 것이 정부의 추산이다.

이처럼 실업률 측정에는 여러 가지 한계가 있으므로 실업률 외에 더 나은 지표를 가지고 우리나라의 고용 상태를 판단하자는 주장이 오래전부터 제기되었다. 그 대안으로 등장한 것이 바로 고용률이다.

고용률은 15세 이상 인구 가운데 일을 하고 있는 취업자가 얼마나 되는지를 측정하는 지표이다. 실업률 통계에 비해 고용 상태를 더 잘 나타낼 수 있다는 장점이 있다.

$$고용률(\%) = \frac{취업자\ 수}{15세\ 이상\ 인구} \times 100$$

우리나라 정부도 실업률의 한계를 충분히 인지하고 이제는 실업률을 낮추는 것뿐만 아니라 고용률을 높이기 위해서 노력한다. 현재 60퍼센트인 우리나라 고용률을 선진국 수준인 70퍼센트까지 끌어올리는 것을 목표로 삼고 있다.

✿ 완전 고용에 대한 오해

일할 능력이 있으면서 일할 의향도 있는 사람이 모두 일하고 있는 상태가 완전 고용이다. 그렇지만 한 국가 경제가 완전 고용 상태에 도달했다고 해서 실업률이 0퍼센트로 떨어지지는 않는다.

경기가 나쁠 때 생겨난 '경기적 실업자'는 경기가 매우 좋은 호황에 접어들면 사라지므로 0퍼센트의 실업률이 가능할 것처럼 보이지만 현실은 이처럼 단순하지 않다. 경기가 아무리 좋아지더라도 다른 형태의 실업자가 존재하는 탓이다. 여기에는 크게 두 가지 원인이 있다.

첫째, 자신에게 더 적합하고 더 좋은 조건의 일자리를 찾는 사람들이 항상 존재한다. 만약 모든 사람과 모든 일자리가 동질적이고 변하지 않는다면 이런 유형의 실업자는 사라질 것이다.

그러나 지역, 임금, 요구 기술, 작업 환경 등에서 각 일자리의 특성과 조건은 천차만별이며, 사람들 역시 기술, 능력, 경험, 욕구 면에서 제각각이다. 그러므로 적합한 일자리를 찾는 탐색 활동에는 많은 시간과 비용이 들고 이 과정에 있는 사람들이 '마찰적 실업자'라는 이름으로 존재한다.

둘째, 경제 구조의 문제 때문에 특정 산업 부문에서는 일자리보다 구직자가 더 많은 상태가 오래 유지되어 실업자를 양산하는 모습을 보인다. 경제 구조가 바뀜에 따라 과거 번창했던 산업이 위축되어 일자리가 크게 줄었지만 기존에 일하던 근로자들이 새로운 첨단 산업이 요구하는 기술이나 능력을 미처 따라잡지 못하기 때문에 이런 일이 발생한다.

이와 같은 원인으로 생겨난 '구조적 실업자'는 일반적으로 마찰적 실업자보다 실업 기간이 훨씬 더 길고 만성적이며, 보다 큰 좌절감을 느낀다.

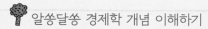

알쏭달쏭 경제학 개념 이해하기

88 실업률 실업자 수를 경제 활동 인구로 나눈 비율.

89 청년 실업률 15~29세 남녀를 대상으로 해서 구한 실업률.

90 고용률 취업자 수를 15세 이상 인구로 나눈 비율.

91 구직 단념자 지난 1년 동안 일자리를 찾다가 현재는 구직 노력을 포기한 사람.

92 경기적 실업 경기 상태에 따라 발생하는 실업.

93 구조적 실업 경제 구조적인 문제로 오래 지속되는 만성적 실업.

94 마찰적 실업 더 나은 조건의 일자리를 찾는 과정에서 발생하는 실업.

자유 무역과 보호 무역,
무엇이 좋을까?

자유 무역, 보호 무역, FTA, 유치산업

성난 농민들의 민심이 도심을 뒤흔들었다. 농민들은 정부가 추진하고 있는 대한민국-칠레 자유 무역 협정(FTA)을 반대하는 집회를 갖고 곳곳에서 경찰과 충돌했다. 많은 부상자와 연행자가 나왔다. 이날 총 7만 명의 농민이 집회에 참가한 것으로 알려졌다.

한미 FTA 비준안 처리에 반대하는 시민들과 경찰이 국회 앞에서 또다시 충돌했다. 시민 3천여 명은 국회를 에워싼 경찰차를 피해 행진을 시작했고 경찰이 이를 막아서자 이들 사이에 거친 몸싸움이 일어났다.

2003년과 2011년에 있었던 자유 무역 협정 반대 시위를 보도한 뉴스의 일부분이다. 다른 나라와 자유 무역 협정을 체결한다는 소식이 전해지면 기사의 내용처럼 많은 사람들이 길거리에서 반대 시위를 하거나 언론을 통해 반대 논리를 전개한다.

또 어떤 경제학자들은 자유 무역을 지지하는 반면에, 시장 문을 열어서는 안 된다며 자유 무역을 반대하는 경제학자들도 있다. 도대체 누구 말이 맞는 걸까?

✿ 서로 상반된 주장을 하는 경제학

자유 무역과 보호 무역을 둘러싼 논쟁의 역사는 중상주의 시대로까지 거슬러 올라갈 만큼 오래되었다. 미국에서 있었던 남북 전쟁의 배경에도 자유 무역과 보호 무역을 둘러싼 경제적 갈등이 있었다.

목화나 곡물 생산을 주업으로 삼던 남부 사람들은 영국에 이들 생산물을 많이 수출하기 위해서 자유 무역을 주장한 반면, 유럽에 비해 아직 경쟁력이 취약한 공업에 의존하던 북부 사람들은 국내 산업을 보호하기 위해 보호 무역이 필요하다고 주장했다.

이 세상에 공짜는 없다고 했다. 모든 사람에게 이득이 되기만 하는 경제 정책은 없다. 좋은 정책은 많은 사람에게 이득을 가져다주지만 그 와중에 기회비용이 발생해서 손해를 보는 사람도 나타난다. 정부의 정책이 가져온 효과를 평가하는 데 있어서도 편익과 비용, 득과 실을 비교해 가며 따져야 하는 이유가 여기에 있다.

개인의 의사결정과는 달리 국가가 수립하는 정책이 가져오는 편익과 비용은 국민 모두와 관련이 있다. 국민 개개인마다 처한 상황과 가치관이 다르므로 스스로 평가하는 편익과 비용의 크기 또한 제각각이다. 의

견 충돌과 갈등이 발생할 수밖에 없는 것이다. 자유 무역이 가져다주는 편익이 비용보다 크다고 판단하는 사람이 있는가 하면 반대로 생각하는 사람도 있다.

"서로 상반된 주장을 하는 두 사람이 모두 노벨상을 받을 수 있는 분야가 경제학이다"라는 말이 있다. 실제로 경제학은 각자의 논리와 가치관에 따라 상반된 입장을 보일 수 있는 대표적인 분야다.

🌸 자유 무역이 좋은 이유

> 우리들은 우리에 비해 월등한 조건에서 생산하고 있는 막강한 경쟁자 때문에 고통을 받고 있습니다. (……) 그 경쟁자는 (……) 바로 태양입니다. 우리는 의원 여러분에게 창, 지붕창, 채광창을 닫고 셔터, 커튼, 블라인드 등으로 빛을 가려서 태양광이 집안으로 들어오지 못하게 하는 법안을 통과시켜 주시기를 요청합니다. (……) 이렇게 되면 국내 조명 산업이 크게 발전하지 않겠습니까?

바스티아*가 수입 제한 조치를 풍자하기 위해 작성한 글의 일부다. 국내 산업을 보호하려고 외국 상품의 수입을 제한하면 국내 소비자에게 품질도 좋지 않으면서 값도 비싼 국산품을 소비하라고 강요하는 셈이라는 뜻을 비유적으로 드러내며 보호 무역을 신랄하게 비판하고 있다.

먼저 자유 무역이 우리에게 주는 편익에 대해 생각해 보자. 첫째, 스미스나 리카도가 주장했듯이 자유 무역을 통해 각국은 분업과 특화를 충분히 실현할 수

> **클로드 프레데릭 바스티아**
> **(Claude Frédéric Bastiat, 1801~1850)**
> 프랑스 고전학파 경제학자. 자유 무역의 타당성을 지지하고 경제 개념을 소개하는 다양한 활동을 펼쳤다.

있으므로 같은 자원으로 더 많은 재화와 서비스를 생산할 수 있다.

둘째, 소비자의 효용이 증가해 사회 전체의 후생이 증가한다. 청소년들이 즐겨 먹는 음식 가운데에는 외국 과자가 많이 있다. 만약 이런 것들이 수입되지 않는다면 해외여행을 통해서나 접할 수 있을 것이다.

과자 하나를 먹으려고 비행기를 타야 한다면 외국 과자를 먹을 수 있는 소비자는 극히 부유한 일부 계층에 한정될 것이며, 대부분의 소비자는 외국 과자를 구경조차 할 수 없을 것이다. 자유 무역을 통해 외국 과자가 저렴하게 국내에 공급된다면 국내 소비자들은 안방에서 자신의 입맛에 따라 다양한 과자를 골라 먹을 수 있다.

셋째, 비교우위에 따라 특정 산업에 특화하면 규모의 경제를 기대할 수 있다. 기술이 발달한 오늘날에는 일반적으로 상품을 대량으로 생산할 경우에 상품 한 개당 생산 비용이 줄어드는 규모의 경제 현상이 나타난다.

무역을 하지 않고 협소한 국내 시장만을 대상으로 할 경우에는 규모의 경제 효과를 실현하기 어려워 생산의 효율성이 떨어진다. 반면에 세계 시장을 대상으로 대량 생산을 할 경우에는 규모의 경제 효과를 충분히 거둘 수 있다.

넷째, 자유 무역은 전 세계에 걸친 경쟁을 촉진한다. 경쟁을 거치면서 효율적인 기업만이 살아남게 되고 소비자의 효용은 증가한다. 무역을 하지 않을 경우에는 국내 시장에서 수입 제품과 경쟁할 일이 없으므로, 기업이 양질의 제품을 생산하고 기술 혁신을 할 필요를 느끼지 못한다.

이와 달리 시장이 개방되어 세계의 기업들과 경쟁해야 한다면 생존하기 위해서 기업은 꾸준히 상품의 품질 향상에 힘쓰고 기술 개발에 적극 나선다. 이에 성공한 기업은 국제 시장에서 경쟁력을 보유하게 되고 엄청난 이윤을 벌 수 있다. 삼성전자나 현대자동차 같은 경우가 여기에 해당한다.

🌸 보호 무역이 필요한 이유

자유 무역에 반대하는 사람들도 위와 같은 편익을 인정하며, 몇몇 조건이 충족되기만 한다면 자유 무역이 바람직하다는 데 이의를 제기하지 않는다. 문제는 그 몇몇 조건이 현실 세계에서 충족시키기에는 너무 이상적이라는 점이다. 그러므로 이들은 무조건 시장을 개방하기보다는 어느 정도 국내 산업을 보호해 줄 필요가 있다고 주장한다.

자유 무역이 경제에 초래하는 비용 측면을 생각해 보자.

첫째, 자유 무역을 해서 외국 제품이 수입되면 일반적으로 국내 소비자는 이득을 얻지만 경쟁력이 약한 국내 기업은 타격을 입는다. 국내 시장에서 삼성전자만 스마트폰을 생산한다고 가정할 때 아이폰이 수입되기 시작한다면 삼성전자의 시장 점유율은 어느 정도 하락할 것이다. 삼성전자의 수익성이 악화되면 근로자의 임금이 줄어들거나 최악의 경우 일부 근로자를 해고해야 할 수도 있다.

스미스나 리카도는 해고된 근로자가 비교우위 분야에서 새로운 일자리를 구할 수 있다는 전제하에 자유 무역을 지지했다. 그렇지만 현실적으로 모든 해고 근로자가 새로운 분야에서 일자리를 구할 수 있는 것은 아니다. 예를 들면 전자 산업에서 일하던 사람이 적성이나 기능 면에서 전혀 다른 영화나 패션 산업에서 일자리를 구할 수는 없다.

일자리를 구하지 못한 사람들은 매우 심각한 피해를 입는다. 만약 새로이 개방된 분야가 농업이라면 상황은 더욱 심각할 수도 있다. 평생 농사만 지어온 농부가 시장 개방으로 농업을 포기하고 다른 산업에 취업하기를 기대하는 것 자체가 무리다.

둘째, 비교우위는 계속 변할 수 있다. 현재 비교우위가 없다는 이유로 생산을 완전히 포기하면, 경제가 성장하고 기술이 발전하더라도 해당 산업에 특화하기가 힘들다. 기본적인 생산 기반이 갖추어져 있어야 나중에 비교우위가 생겼을 때 그 산업을 발전시킬 수 있다.

그러므로 지금 당장 비교우위가 없다고 포기해서는 안 되며 일정 기간 동안 국내 기업을 보호해 주어 생산 경험을 쌓고 기술 축적을 도모해야 한다는 주장이 제기될 수 있다. 이른바 유치산업 보호론[*]이다.

중화학 공업의 경우를 생각해 보자. 조선이나 철강의 비교우위는 1970년대에 미국에서 일본으로, 1990년대에 다시 한국으로 넘어왔으며, 현재는 중국이 우리를 위협하고 있다.

만약 우리나라가 1960년대에 시장을 완전히 개방했다면 비교우위가 없던 중화학 공업을 포기할 수밖에 없었을 테고, 오늘날 중화학 공업 선진국으로서의 모습은 상상도 할 수 없었을 것이다.

셋째, 대외 의존도가 심화되는 문제가 있다. 자유 무역을 하면 경쟁력 있는 분야에 특화하고 나머지 분야는 외국에 의존해야 한다. 이런 상황에서 외국의 어떤 국가가 마음을 바꾸어 갑자기 상품을 수출하지 않기로 하면 국내 경제와 소비자가 심각한 타격을 입을 수 있다.

극단적인 사례가 식량이다. 외국산 쌀에 의존하다가 국제 전쟁이 발발하거나 세계 기후 변동으로 쌀 가격이 급등하면 그 피해를 고스란히 받아들여야 한다. 석유를 생산하지 못하는 우리나라가 국제 유가가 급변할 때마다 몸살을 앓는 것과 마찬가지다. 그래서 식량 안보 차원에서 국내 쌀 시장을 어느 정도 보호해 주어야 한다는 주장이 제기된다.

유치산업 보호론
아직 걸음마 단계에 있는 유치산업을 보호하다가 경제가 어느 정도 성장한 후에 자유 무역을 실시하는 것이 바람직하다는 주장이다.
19세기 독일의 경제학자 리스트가 제기했다. 실제로 독일은 보호 무역을 실시해 영국으로부터 자국의 유치산업을 보호했고 오늘날 선진국으로 성장했다.

🌸 노력하는 자만이 살아남는다

앞에서 자유 무역이 초래할 수 있는 부작용에 대해 살펴보았지만 한 가지 더 고려해야 할 사항이 있다. 시장 개방을 한다고 해서 비교우위가 없는 국내 기업이나 산업이 전멸하지는 않는다는 점이다.

예를 들어 우리나라 쌀은 가격 측면에서 국제적으로 비교우위가 없는 대표적인 상품이다. 그렇지만 쌀 시장을 개방한다고 해서 우리나라 쌀 생산량이 0이 되지는 않는다.

일부 농가는 쌀 생산을 포기할 테지만 여전히 많은 농가가 계속해서 쌀을 생산할 것이다. 가격이 비싸더라도 우리나라 쌀을 선호하는 소비자들이 존재하기 때문이다.

삼성전자의 스마트폰 시장에 아이폰이 들어오면 두 가지 상품이 나란히 팔린다. 패스트푸드 시장에 맥도날드와 버거킹이 들어왔지만 롯데리아는 여전히 성업 중이다. 중국의 값싼 의류가 대량 수입되고 있지만 여전히 우리나라 의류 회사들은 엄청난 양의 옷을 국내 소비자에게 공급하고 있다.

이는 소비자의 취향과 소득 수준이 제각각이기 때문이다. 저렴한 외국산 제품을 구입하는 소비자가 있지만 다른 한편으로는 값이 비싸더라도 국산품을 선호하는 소비자도 있다.

국내산이 가격 측면에서 우위를 점하지 못하는 경우 이에 대한 대응책은 분명하다. 저렴한 수입품에 맞서 국내산 제품을 차별화하는 것이다. 오스트레일리아산 소고기가 저렴한 것은 사실이지만 몇 배나 비싼 한우의 인기는 여전하다. 수입 쌀보다는 국내 쌀이 밥맛이 훨씬 좋다며 소비자들은 여전히 값비싼 국내산 쌀을 찾는다.

역시 한우가
최고야!

우리가 시장 문을 열어야 우리도 다른 나라 시장 문을 열고 들어갈 수 있다. 우리는 문을 닫아걸고 수입을 억제하면서 수출만 많이 하기를 기대할 수는 없다. 어느 국가가 이를 좋다고 허용하겠는가? 우리 문을 열되 외국인의 입맛에 맞는 신품종 쌀을 개발해서 역으로 쌀도 수출하고 한우도 수출하려는 노력이 필요하다.

시장 개방과 자유 무역이 현실에서 여러 문제를 일으키고 있다는 데에는 누구나 동의한다. 세상에 공짜는 없는 법이니까. 자유 무역이 가져다주는 축복은 분명히 공짜가 아니다. 그러니 비용보다 더 많은 것을 얻도록 노력해야 한다.

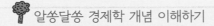

🌳 알쏭달쏭 경제학 개념 이해하기

�95 **자유 무역 협정(FTA)** 관세 및 무역 장벽을 철폐해 국가 상호 간 배타적인 무역 특혜를 부여하는 협정.

우리가 미국 금리 인상에
신경 쓰는 이유

미국은 금융위기 이후 금리를 0퍼센트 수준으로 낮추고 화폐량 공급을 대폭 확대하는 통화 정책을 통해 경기 회복을 꾀했다. 이러한 정책에 힘입어 미국 경제는 어느 정도 회복되었고, 이에 미국 중앙은행인 연방 준비 제도(Federal Reserve System)는 2015년 말부터 금리를 다시 인상하기 시작했다.

미국 금리 인상 소식에 우리나라 경제는 긴장감이 감돌았으며 주식 시장도 동요했다. 미국이 금리를 인상하는데 왜 멀리 떨어져 있는 우리나라 경제가 심하게 요동치는 걸까?

벌어지는 한미 간 금리 격차

오늘날 세계 경제는 서로 밀접하게 연결되어 있고 시장 또한 개방되어 있기에 돈이나 재화의 자유로운 이동이 가능하다. 게다가 미국이 세계 경제에 막강한 영향력을 행사하고 있다는 사실도 간과해서는 안 될 것이다.

미국 금리 인상의 여파로 우리나라 경제에 즉각적으로 나타날 현상은 외국인 자금의 유출이다. 돈은 금리가 낮은 곳에서 높은 곳으로 이동하는 속성이 있다. 그래야 수익성이 좋아지기 때문이다.

미국 금리가 인상되면 우리나라에서보다 미국에서 벌 수 있는 수익의 기댓값이 상대적으로 높아진다. 뿐만 아니라 미국 시장은 안전하기까지 하다. 그러므로 우리나라에 투자되었던 외국 자본이 대거 미국 쪽으로 빠져나갈 가능성이 있다.

만약에 한국은행도 미국 금리 인상에 발맞춰 비슷한 속도로 금리를 인상한다면 이러한 현상이 나타나지 않을 수도 있다. 그러나 금리 인상은 우리 경제의 회복에 부정적인 영향을 미친다. 미국과 달리 우리나라 경제는 아직 경기 침체에서 완전히 벗어나지 못하고 있기에 한국은행이 섣불리 금리를 인상할 수가 없다.

우리나라가 금리를 쉽게 인상하지 못하는 데는 한 가지 이유가 더 있다. 바로 가계 부채 문제다. 가뜩이나 가계 부채가 많아 우리 경제의 주름살이 되고 있는데, 만약 외국인 자본의 이탈을 막으려고 금리를 인상한다면 우리 가계의 이자 부담이 대폭 증가해 상환이 어려운 가계가 속출하고 새로운 경제 문제를 촉발할 수도 있다.

미국의 금리 인상은 환율에도 영향을 미친다. 참고로 환율은 '1달러'라는 물건을 구입하기 위해서 지불해야 하는 우리나라 돈의 양이다. 다시 말하면 1달러라는 물건의 가격인 셈이다.

물건의 가격이 수요와 공급에 의해 결정되듯이 환율은 달러 수요와 공급에 의해 결정된다. 우리나라에서 달러 수요가 증가하면 달러 가격인 환율이 상승하고, 달러 공급이 증가하면 환율이 하락한다.

미국 금리가 인상되면 우리나라에서 달러화를 구매하려는 사람들이 많아질 터이므로 환율이 상승할 것이다. 달러화가 강세, 원화는 약세가 된다는 뜻이다. 달러화 가치가 상승하면 우리나라 주식 시장에 투자했던 외국인들이 미국 시장으로 이동하기 위해서 우리나라 주식을 대량으로 팔 테고, 우리나라 주가가 하락하게 된다.

또한 미국의 금리 인상으로 신흥국 경제가 타격을 받아 경제위기가 발생하면 간접적으로 우리 경제도 충격을 받을 가능성이 있다. 이처럼 미국의 금리 인상은 전 세계 경제에 쓰나미 같은 충격을 가져다줄 우려가 있다.

중국 경제도 중요한 변수다. 우리나라 수출에서 중국이 차지하는 비중이 가장 높다. 그동안 중국이 고성장을 지속해 온 덕분에 우리의 대중국 수출이 크게 증가했고, 경제 성장에도 많은 도움을 받았다. 그러던 중국 경제 역시 부진의 늪에 빠졌다.

만약 중국 경제가 회복되지 못한다면 우리나라 상품의 대중국 수출에 큰 타격을 입을 것이며 미국 금리 인상으로 우리 경제가 받을 충격은 가중된다.

내수 시장을 키워야 한다

이와 같은 파급 영향들을 고려할 때 우리는 한 가지 소중한 교훈을 얻을 수 있다. 우리 경제의 대외 의존도가 너무 높다는 사실이다. 특히 국내 총생산에서 무역이 차지하는 비율로 계산되는 무역 의존도가 지나치게 높아서, 외국에서 어떤 사건이 발생하면 우리 경제 또한 바로 직격탄을 맞는 경향이 있다. 일본도 무역을 통해 성장했지만 무역 의존도는 우리나라가 일본보다 서너 배나 높다.

자원이 부족한 우리나라는 무역을 통해 경제 성장을 할 수밖에 없었다. 그러나 내수(국내 수요) 시장도 중요하다는 것을 잊어서는 안 된다. 해외 시장 환경은 우리가 마음대로 조절할 수 없다. 이에 비해 내수 시장은 정부의 정책에 의해 어느 정도 조절이 가능하다.

경제의 안정성을 유지하고 지속적인 성장 가능성을 확보하려면 내수가 탄탄하게 뒷받침되어야 한다. 해외 시장 여건이 악화되더라도 내수 시장이 경제의 버팀목이 되어줄 수 있기 때문이다. 무역을 계속 확대해 나감과 동시에 내수 시장도 육성하는 일이 우리 경제가 직면한 과제라 할 수 있다.

우리 수출이 미국과 중국 등 특정 국가에 너무 집중되어 있다는 것도 마찬가지로 해결해야 할 과제다. 여기에서도 '다각화를 통한 위험 분산의 원리'를 적용할 수 있다. 특정 국가에 대한 수출 의존도를 줄이고 수출 국가와 상품을 다변화하도록 노력해야 한다.

주(註)

1) "저가 항공, 훨훨 날다…10년 만에 국제선 14% 점유, 5년내 30% 차지", 《조선일보》, 2015년 12월 24일.

2) "무상급식 재원 올해 2조6천억원…4년새 5배로 증가", 《연합뉴스》, 2014년 11월 18일.

3) "관광지도 노쇼 골머리…위약금 물리자 21%→5%", 《조선일보》, 2016년 2월 23일.

4) "'새뱃돈 몰려온다' 특수 기대…얼어붙은 내수 반짝 훈기?", MBC 뉴스, 2015년 2월 18일.

5) 요시모토 요시오 저, 홍성민 역, 『스타벅스에서는 그란데를 사라』, 동아일보사, 2008.

6) 한국소비자단체협의회는 영화관에서 5천 원에 팔고 있는 팝콘 '대'자의 원재료 가격이 613원에 불과하다고 2014년 6월에 발표했다.

7) "[마케팅 이야기] 시식코너 식품 매출 7배", 《중앙일보》, 2003년 2월 14일.

8) "학부모 80.8%, 교복 공동구매방식 찬성", 《연합뉴스》, 2013년 12월 18일.

9) "토끼 인형이 56만원?…공정위, 아이돌그룹 상품 가격 조사 나서", 《동아일보》, 2015년 8월 16일.

10) 장하성, 『왜 분노해야 하는가?』, 헤이북스, 2015.

11) 하준경, 21세기 성장 동력으로서의 동반 성장, 동반성장포럼, 2013년 5월 9일.

12) 랍스터는 수입에 의존해야 하므로 이 식당은 독특하게 요금을 미화 100달러로 정해 놓고 있어 환율에 따라 식사 요금이 달라진다.

13) "'무만 아니면 누구나'…현혹하는 대부업 광고, 하루 평균 402회", 《매일경제》, 2014년 10월 15일.

14) "'변동금리가 낫다' 은행권 유혹…경보음 켜지는 '가계 빚뱅'", 《한국일보》, 2015년 5월 26일.

15) 《한국경제》, 운세(http://fortune.hankyung.com/).

16) "'금수저' 남자가 '취향저격'…'지여인'은 '전화기'가 부럽다", 《조선일보》, 2015년 12월 30일.

청소년을 위한 경제학 에세이

초판 1쇄 2016년 12월 5일
초판 21쇄 2024년 5월 15일

지은이 | 한진수
펴낸이 | 송영석

주간 | 이혜진
편집장 | 박신애 **기획편집** | 최예은 · 조아혜 · 정엄지
디자인 | 박윤정 · 유보람
마케팅 | 김유종 · 한승민
관리 | 송우석 · 전지연 · 채경민

펴낸곳 | (株)해냄출판사
등록번호 | 제10-229호
등록일자 | 1988년 5월 11일(설립일자 | 1983년 6월 24일)

04042 서울시 마포구 잔다리로 30 해냄빌딩 5 · 6층
대표전화 | 326-1600 **팩스** | 326-1624
홈페이지 | www.hainaim.com

ISBN 978-89-6574-585-3

파본은 본사나 구입하신 서점에서 교환하여 드립니다.